高职高专旅游与酒店管理类教学改革系列规划教材

酒店前厅
运营与管理

李肖楠 刘 艳 主 编

胡顺利 许爱云 副主编

HOTEL FRONT OFFICE
OPERATION AND MANAGEMENT

★ HOTEL ★

U0367111

化学工业出版社

·北京·

《酒店前厅运营与管理》以前厅主要岗位的工作内容为主线，并按照客人在酒店前厅的活动过程设计教学内容，确定了走进酒店前厅部、客房预订服务、礼宾服务、总台接待服务、问讯服务、电话总机服务、商务中心服务、收银服务和宾客关系管理共九个工作模块。在每个模块之内，依据相应岗位的服务职责、关键环节、操作流程与操作技能安排3～4个工作项目，每个工作项目中设置数个工作任务，每个任务的内容都精心设计了服务情景，便于教师利用工作情景提供的条件充分调动学生的学习与实践兴趣。同时内容中穿插了案例导读、案例链接、知识链接和内容丰富、形式多变的课后练习，既开阔学生的视野，又培养了学生解决实际问题的能力。

图书在版编目（CIP）数据

酒店前厅运营与管理/李肖楠，刘艳主编．—北京：化学工业出版社，2016.2（2024.3 重印）
高职高专旅游与酒店管理类教学改革系列规划教材
ISBN 978-7-122-25980-6

Ⅰ.①酒…　Ⅱ.①李…②刘…　Ⅲ.①饭店－商业管理－高等职业教育－教材　Ⅳ.①F719.2

中国版本图书馆CIP数据核字（2016）第000027号

责任编辑：王　可　蔡洪伟　于　卉　　　　　　装帧设计：张　辉
责任校对：边　涛

出版发行：化学工业出版社（北京市东城区青年湖南街13号　邮政编码100011）
印　　装：北京虎彩文化传播有限公司
787mm×1092mm　1/16　印张16¾　字数402千字　2024年3月北京第1版第7次印刷

购书咨询：010-64518888　　　　　　售后服务：010-64518899
网　　址：http://www.cip.com.cn
凡购买本书，如有缺损质量问题，本社销售中心负责调换。

定　　价：36.00元　　　　　　　　　　　　　　版权所有　违者必究

编写人员名单

主　　编　李肖楠　刘　艳

副 主 编　胡顺利　许爱云

编写人员（按姓名笔画顺序排列）

　　　　　刘　艳（天津海运职业学院）

　　　　　许爱云（厦门南洋职业技术学院）

　　　　　李军委（山东交通职业学院泰山校区）

　　　　　李肖楠（天津海运职业学院）

　　　　　张　艳（天津海运职业学院）

　　　　　张　超（山东交通职业学院泰山校区）

　　　　　胡顺利（天津海运职业学院）

　　　　　黄　瑞（湖北工程职业学院）

前　言

进入21世纪以来，中国已成为世界上最可靠的投资热土和最安全的旅游胜地。2008年北京奥运会和2010年上海世界博览会的成功举办，极大地带动了中国旅游业和酒店业的发展。未来中国将迎来更多的海外游客，据世界酒店组织预测，到2020年，中国可能超过法国成为世界最受欢迎的旅游目的地。中国未来GDP（国内生产总值）接近8%的年均增长有望带动酒店客房数量年增长12%，中国酒店业未来发展前景乐观。由此，社会对旅游或酒店管理/服务专业人才需求也在不断增长。据业内人士介绍，酒店行业人才的奇缺，不仅表现在人数上，而且突出地体现在"质"的差距上。作为国际化酒店人才，不仅要有较高的语言能力、沟通能力和文化素养，而且要有把握市场动态及发展趋势的能力，要精通服务理念，要善于营造一个"宾至如归"的氛围。目前，酒店行业中"最大量需要的人才"是前厅礼仪接待、西餐厨师、餐饮客房服务、日韩料理厨师等技能型人才。因此，尽快形成一支具有较高服务水平，熟悉国际酒店业行规、法规、操作模式的酒店专业人才队伍，已是当务之急。本教材的编写旨在满足高职高专旅游或酒店管理/服务专业学生系统学习训练及酒店从业人员在职培训的实际需要，为酒店培养面向服务第一线的高素质、高技能、复合型酒店前厅专业人才。

《酒店前厅运营与管理》一书以学生就业为导向，以服务酒店行业为宗旨，以前厅主要岗位工作任务为主线，以提高学生的服务水平为目的编写而成。教材通过对酒店前厅的实际调研，确定前厅对客服务的核心岗位即预订员、门童、行李员、接待员、问讯员、电话总机话务员、商务中心文员、收银员、大堂经理，按照客人在酒店前厅的活动过程即"客人抵店前"、"客人抵店时"、"客人住店中"、"客人离店时"四个阶段设计教学内容，将九大核心岗位的相关内容整合为走进酒店前厅部、客房预订服务、礼宾服务、总台接待服务、问讯服务、电话总机服务、商务中心服务、收银服务和宾客关系管理九个工作模块。在每个模块之内，依据相应岗位的服务职责、关键环节、操作流程与操作技能安排3～4个工作项目，每个工作项目中设置数个工作任务，每个任务都精心设计了服务情景，便于教师利用工作情景提供的条件充分调动学生学习与实践的兴趣。首先，以相关岗位案例作为每个任务的导入，提出问题，带动学生思考，激发学生兴趣；其次，进行相关专业知识阐述，以此解决案例导入中提出的问题，阐述中加入大量的酒店前厅案例，培养学生利用酒店标准作业流程（SOP）解决实际问题的能力，为了开阔学生的视野，更好地为客人提供对客服务，课程内容中出现的课外知识以知识链接的方式穿插在相关知识中；再次，每个模块中都精心设计了内容丰富、形式多变的课后练习，旨在加强每个模块的练习，巩固学习效果。

《酒店前厅运营与管理》由天津海运职业学院李肖楠副教授和刘艳副教授担任主编，天津海运职业学院胡顺利老师和厦门南洋职业技术学院许爱云副教授担任副主编。山东交通职业学院泰山校区李军委老师和张超老师、天津海运职业学院张艳老师、湖北工程职业学院黄瑞老师参与编写，写作具体分工如下：模块一，李肖楠、刘艳；模块二，李肖楠、黄瑞；模块三，张艳；模块四，李肖楠、李军委；模块五，许爱云；模块六，刘艳，胡顺利；模块七，张超、许爱云；模块八，李肖楠、刘艳；模块九，李肖楠，胡顺利。此外，天津市饭店协会常德胜会长及天津水游城假日酒店前厅部魏华经理也对本书提出了不少意见和建议。本书在调研和编写的过程中得到了天津喜来登大酒店、利顺德饭店、水晶宫饭店等知名酒店专业人士与天津海运职业学院领导、国际邮轮乘务和旅游管理系领导及教师的鼎力支持与热情指导。

《酒店前厅运营与管理》的编写着眼于高职阶段学生的能力培养，适用于职业院校旅游或酒店管理与服务专业学生和有志于从事酒店前厅工作的人士学习使用，亦可作为旅游或酒店前厅从业人员进修与培训的专业教材。

书中疏漏与不足之处在所难免，敬请高职教育同仁、莘莘学子以及广大读者批评指正。

编者
2015 年 11 月

目　录

模块一
走进酒店前厅部

Module Ⅰ　Front Office Introduction

前厅部是酒店对客服务的"前台",既是酒店的接待部门,又是销售部门(销售以客房为主的酒店产品),它与客房部一起构成酒店的房务部门(Rooms Division)

学习与训练总目标

- 掌握酒店前厅部的地位、作用及主要任务。
- 了解酒店前厅部的组织机构及设置原则。
- 熟悉酒店前厅部各岗位的基本职责。
- 掌握酒店前厅部员工的素质要求。
- 熟悉酒店前厅部的布局及其设备要求。

项目一　掌握酒店前厅部的地位、作用及主要任务

📖 **学习与训练子目标**

1. 掌握酒店前厅与前厅部的概念。
2. 明确前厅部在酒店中的地位和作用。
3. 熟悉酒店前厅部的主要工作任务。

 案例导读

宜必思（Ibis）的市场调查

雅高（Accor）是全球最大的酒店管理集团之一，旗下的品牌有索菲特（Sofitel）、诺富特（Novotel）、美居酒店（Mercure）、Motel6等，在全球140多个国家和地区拥有超过4000家店。近几年，雅高向中国市场引入了其旗下的经济型酒店宜必思（Ibis）。

佛罗里达州立大学的一个调查小组曾为宜必思（Ibis）做过一项市场调查：调查酒店众多设施对客人的吸引程度。调查结果显示：居于众多酒店设施前两位的分别是酒店前厅和卫生间，由此可以看出前厅对酒店的重要程度。

知识点与技能点

一、前厅部的地位和作用

前厅（Front office）通常设置在酒店入口处比较显著的位置，是包括酒店大门、大堂、总服务台在内的为客人提供综合服务的区域，又称大厅或大堂（Lobby）。

前厅部（Front Office Dept.），也称大堂部、前台部或客务部，是指设在酒店前厅的负责招徕并接待客人，推销客房及餐饮等酒店服务，同时为客人提供各种综合服务的部门。

前厅部并不是酒店主要的营业部门，但它对酒店市场形象、服务质量乃至管理水平和经济效益都有至关重要的影响。

（一）前厅部是酒店的营业橱窗，反映酒店的整体服务质量

一家酒店服务质量和档次的高低，从前厅部就可以反映出来，有一位客人曾经说道：

"每当我们走进一家旅游酒店，不用看它的星级铜牌，也不用问它的业主是谁，凭我们'四海为家'的经验，通常就可以轻而易举地嗅出这家酒店是否为合资酒店，是否为外方管理以及大致星级水平……"正是从这个意义上讲，有人把前厅誉为酒店的"脸面"，这张脸是否"漂亮"，不仅取决于大堂的设计、布置、装饰、灯光等硬件设施的豪华程度，更取决于前厅部员工的精神面貌、办事效率、服务态度、服务技巧、礼貌礼节以及组织纪律性。

（二）前厅部决定着客人的第一印象和最后印象

前厅部是客人抵店后首先接触的部门，因此，它是给客人留下第一印象的地方。从心理学上讲，第一印象非常重要，客人总是带着这种第一印象来评价一家酒店的服务质量。如果第一印象好，那么即使在住宿期间遇到有不如意的地方，他也会认为这是偶尔发生的，可以原谅；反之，如果第一印象不好，那么，他就会认为这家酒店出现这类服务质量差的事是必然的，酒店在他心目中的不良形象就很难改变，而且他还会对酒店服务横挑鼻子竖挑眼。此外，客人离开酒店时也是从前厅部离开的，因此，这里也是给客人留下最后印象的地方，而最后印象在客人脑海里停留的时间最长。最后印象的好坏，在很大程度上取决于前厅部服务员的礼貌礼节和服务质量，如果服务员态度不好，办事效率不高，就会给客人留下不良的最后印象，使其在客人住店期间为客人提供的良好服务"前功尽弃"，如果用一个公式表示就是99+1=0，即最后印象决定着客人对酒店的最终印象。所以，前厅部员工应当充分认识到自身在酒店服务工作中所处的重要地位，提高对客服务质量和管理水平，塑造良好的服务形象。

（三）前厅部是酒店的信息集散中心

前厅部是酒店信息集散的枢纽。作为酒店业务活动的中心，前厅部直接面对市场、直接面对客人提供各种服务，是酒店中最敏感的部门。前厅部能收集到有关市场变化、客人需求和整个酒店对客服务、经营活动的各种信息。

这些信息为酒店提供优质服务奠定了基础，客人从预订开始，其信息就进入到酒店的信息管理系统，随着客人在酒店消费活动的开展，客人的更多信息不断被获取和充实，这些信息将成为酒店对客服务的依据。另外，通过对这些信息的整理和分析，形成真实反映酒店经营管理情况的数据报表和工作报告，作为制订和调整酒店计划和经营管理的参考依据。

（四）前厅部具有一定的经济作用

酒店前厅部不仅可以通过提供邮政、网络服务、票务、委托代办以及出租车服务等直接取得经济收入，而且可以灵活地向客人推销各种酒店产品，从而获得隐性收入，并且销售工作的好坏还直接影响到酒店接待客人的数量和营业收入的多寡，因此，每一名合格的前厅部员工同时还应该是销售人员。

（五）前厅部具有一定的协调作用

前厅部犹如酒店的大脑，在很大程度上控制和协调着整个酒店的经营活动。首先，前厅部通过酒店产品的销售带动酒店其他各部门的经营活动；其次，前厅部还要及时将客源、客情、客人需求及投诉各种信息通报有关部门，共同协调整个酒店的对客服务工作，以确保服务工作的效率和质量。所以，前厅部通常被视为酒店的"神经中枢"（Nerve Center），是整个酒店承上启下、联系内外、疏通左右的枢纽，而前厅部员工的素质和水平，则直接影响到酒店其他部门的对客服务质量。

（六）前厅部是建立良好宾客关系的重要环节

在市场经济条件下，客人就是"上帝"，酒店是为客人提供食、宿、娱乐等综合服务的行业，酒店服务质量的好坏最终是由客人作出评价的，评价的标准就是客人的"满意程度"，建立良好的宾客关系有利于提高客人的满意度，争取更多的回头客，从而提高酒店的经济效益，因此，世界各国的酒店都非常重视改善宾客关系。

前厅部是客人与酒店联系的纽带，与酒店其他部门相比，前厅部是酒店中的一线部门，前厅部员工就是一线员工，直接为客人提供各种服务，并且前厅服务贯穿于客人在店活动的整个周期中，因此，作为与客人接触最多的前厅部是建立良好宾客关系的重要环节。

二、前厅部的主要工作任务

前厅部处于酒店接待服务的第一线，它接触面广、业务复杂，在整个酒店的运营过程中起着不可替代的作用，肩负着重要的接待任务。前厅部的主要工作任务包括客房销售、房态控制、前厅服务、协调沟通、信息管理、客账控制、客史建档等。

（一）客房销售（Rooms Sales）

销售客房商品是前厅部的首要任务。客房是酒店提供给客人的主要产品，客房收入也是酒店收入的主要来源，占酒店总收入的50%～70%。同时，客房商品具有不可储存性的特征，是一种"极易腐烂"的商品，因此，前厅部员工必须具有强烈的营销意识和推销能力，通过各种手段吸引客源，提高客房出租率，增加酒店经济收入。除了销售客房商品，前厅部还要积极销售酒店的其他商品，如餐饮产品、康体娱乐项目等。

（二）房态控制（Room Status Control）

前厅部一方面要配合销售部协调客房销售，另一方面要协助客房部进行客房管理，这两方面工作的展开有赖于正确、及时的客房状态。协调客房的销售工作是指前厅部应准确、及时地向营销部提供客房的状态信息，避免有房未卖或过多的超额预订给酒店带来的耗费。协助客房的管理工作是指前厅部应及时向客房部提供准确的销售情况，便于客房部调整工作部署。准确、有效的房态控制有利于提高客房利用率以及对客人的服务质量。要正确反映并掌握客房状况，除了实现控制系统电脑化和配置先进的通信联络设备等设施外，还必须建立和健全完善的、行之有效的管理规章制度，以保障前厅部与相关部门之间的有效沟通及合作。

（三）前厅服务（Providing F.O Service）

前厅部是酒店中的一线部门，直接为客人提供各种相关服务，前厅服务的范围涉及客房预订、机场和车站接送、迎宾和行李、委托代办、入住登记、离店结账服务，还涉及换房、退房、问讯、订票、邮件报刊（函件）、电话通信、商务文秘等。

在完成前厅各项服务过程中，前厅服务应与酒店其他服务，诸如客房服务、餐饮服务、安全服务等方面共同构成酒店的整体服务，强调服务到位，使客人对酒店留下满意、深刻的印象。

（四）协调沟通（Negotiation and Communication）

前厅部根据客人要求和酒店营销部门的销售计划衔接前、后台业务以及与客人之间的联络、沟通工作，达到使客人满意以及内部业务运作顺畅的目的。例如：客人向前厅服务人员反映房间温度问题，前厅服务人员就应立即通过管理渠道向设备维护部门反映客人意见，并给予客人圆满的答复。

（五）信息管理（Information Management）

前厅是客人汇集活动的场所，与客人保持着最多的接触，因此前厅部要随时准备向客人提供其所需要和感兴趣的信息资料。如酒店近期推出的美食周、艺术展览等活动的活动信息，以及有关商务、交通、购物、游览、医疗等详细和准确的信息，为客人提供方便。

　　前厅部还要收集有关客源市场、产品销售、营业收入、客人意见等信息，并对这些信息进行加工、整理，并将其传递给酒店决策管理机构，并与有关部门协调沟通。

（六）客账控制（Bills）

　　客人入住后酒店应及时为客人建立消费账户，核算和管理客人在店期间的消费状况，根据规定及时回收账款，保证酒店营业收入，避免出现"逃账"、"漏账"现象。同时负责编制各种会计报表，及时反映酒店的经营状况。

（七）客史建档（Setting up Guest History Record）

　　前厅部为更好地发挥信息集散和协调服务的作用，一般都要为住店一次以上的客人建立客史档案。建立客史档案时，一般都要将客人的姓氏、身份、公司、抵离店日期、消费记录及特殊要求作为主要内容予以记载，作为酒店提供周到、细致、有针对性服务的依据。这也是寻求和分析客源市场，研究市场走势，调整营销策略、产品策略的重要信息来源。

项目二 了解酒店前厅部的组织机构及岗位职责

📖 **学习与训练子目标**

1.了解酒店前厅部的组织机构及设置原则。
2.明确酒店前厅部各部门岗位组成。
3.掌握客人的在店活动周期及前厅部在各个活动周期中的工作任务。
4.熟悉酒店前厅部各岗位的工作职责。

 案例导读

酒店完整入住经历

安娜女士是世界著名的钢琴演奏家，长期侨居海外。此次应邀到天津进行钢琴演奏表演，为此安娜女士通过网络在天津某一五星级酒店预订了一间大床房（Double Room）。2015年7月10日，演奏表演前2天，酒店的出租车载着首次归国的安娜女士到达了该五星级酒店的门口，酒店的门童面带微笑地为安娜女士打开车门，实施护顶服务，行李员将行李搬下车，并送安娜女士办理入住登记手续，手续完成后，行李员护送安娜女士到她的房间。稍微整理一下，安娜女士就通过电话总机向远在海外的家人报平安，并且发了几封邮件。由于是首次归国，安娜女士非常想感受一下祖国的气息，向服务员询问了该城市的旅游景点情况后，便立即乘坐出租车前往著名景点游览。5天后，安娜女士的钢琴演奏结束，同时在国内的行程也结束，办理了结账手续之后便踏上了回家的飞机。

本次酒店入住从客人预订，到结账（Check-out）离店为止，涉及客房预订服务、礼宾服务、接待服务、总机服务、商务中心服务、问讯服务、收银服务等前厅系列服务。

知识点与技能点

合理的组织机构与明确的岗位职责是保证组织正常运转的前提。对于酒店前厅部，其组织机构的设置应当根据酒店的规模、性质、接待特点、地理位置及管理方式等因素综合考虑，避免机构重叠臃肿，同时，各部门之间应做到任务明确、分工协作、统一指挥。

一、前厅部机构组成

（一）前厅部主要机构

前厅部一般由以下部门（Section）组成：预订处、礼宾处、接待处、问讯处、电话总机、商务中心、收银处等。前厅部的主要核心机构如图1-1所示。同时，大堂经理、金钥匙（Concierge）、宾客关系主任（Guest Relations Officer）也附属于前厅部。

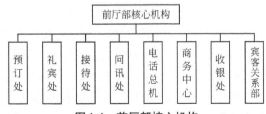

图1-1 前厅部核心机构

1.预订处（Reservation）

预订处的主要职能是负责酒店的客房预订业务，提高酒店客房销售，增加营业收入，是前厅业务活动的重点，其人员构成通常包括预订主管（领班）和预订员。其具体职责包括：接受、确认和调整来自各个渠道的预订要求，办理订房手续；制作预订报表，对预订进行计划、安排和控制；掌握并控制客房出租状况；负责对外宣传和联络客源；定期进行房间销售预测并向上级提供预订分析报告等。

2.礼宾处（Concierge）

礼宾处又称为"委托代办处"、"大厅服务处"或"行李处"，主要为客人提供迎送服务、行李服务和各种委托代办服务。礼宾处主要由礼宾主管（领班）、门童、行李员、委托代办员、机场代表（Hotel Representative）、车队等组成。其主要职责包括：负责酒店门口或机场、车站、码头迎送客人；调度门前车辆，维持门前秩序，确保畅通和安全；代客卸送行李，陪客进房，介绍客房设备和服务，并为客人提供行李寄存和托运服务；分送客人邮件、报纸，转送留言、物品；回答客人问讯、为客人指引方向；代办客人各项委托事务等。

3.接待处（Reception）

接待处又称为"开房处"（Check in），主要为客人办理入住登记手续（Registration），提供各种不同规格的接待服务。接待处通常配备有接待主管（领班）和接待员。其主要职责包括：负责接待抵店住宿的客人，包括散客、团体、长住客、非预期抵店以及无预订客人；办理客人住店手续，分配房间；为客人提供换房及退房服务；与预订处、客房部保持联系，及时掌握客房出租变化，准确显示房态；制作客房销售情况报表，掌握住店客人动态及信息资料等。

4.问讯处（Information/Inquiry）

问讯处配备问讯主管（领班）和问讯员，主要负责回答客人的问讯，提供各种有关酒店内部和外部的信息（包括介绍酒店内部服务及有关信息、市内观光、交通情况、社团活动等）；接待来访客人；处理客人邮件、留言以及分发和保管客房钥匙。许多酒店不单独设立问讯处，而是由接待处完成此项职能。

5.电话总机（Telephone Switch Board）

电话总机房配备有总机主管（领班）和话务员，主要负责：接转酒店内外电话，回答客人的电话询问；提供电话找人、电话投诉、留言服务；叫醒服务；出现紧急情况时充当酒店的临时指挥中心；播放背景音乐等。

6. 商务中心（Business Center）

商务中心配备有商务中心主管（领班）和文员，主要为客人提供打字、翻译、复印、打印、装订、传真、订票、Internet以及小型会议室出租等商务服务，此外，还可根据需要为客人提供秘书服务。

7. 收银处（Cashier）

收银处主要功能是为客人办理离店结账手续，因而又被称为"结账处"。收银处一般由收银主管（领班）、收银员和外币兑换员组成。根据其业务活动的特点，收银处通常隶属于酒店财务部，由财务部管辖，但是因其所处的特殊位置，直接面对客人提供相关服务，所以，它又是总台不可缺少的一个部分。其主要的工作职能包括：收取住店客人的住宿押金；管理客人在店期间的消费客账；为客人办理离店结账手续；提供外币兑换业务；为住客提供贵重物品的寄存和保管服务；与酒店各营业部门的收银员联系，催收、核实账单；夜间审核全酒店的营业收入及账务情况等。

8. 宾客关系部（Guest Relations Department）

目前，不少高星级酒店在前厅设有宾客关系部，主要代表总经理负责前厅服务协调、贵宾接待、投诉处理等服务工作。在不设宾客关系部的酒店，这些职责由大堂副理（Assistant Manager）负责，大堂副理还负责大堂环境、大堂秩序的维护等事宜。

（二）客人在酒店的活动周期（Guest Cycle）

图1-2　客人在酒店的活动周期

了解对客服务流程，了解客人在每个流程中的需求，对酒店提供有效服务是非常重要的。客人在酒店的活动分为四个阶段：首先是抵店之前，此时客人需要提前进行客房预订，需要前厅部推销客房并为客人办理客房预订手续；其次是抵店时，此时客人需要顺利入住房间，需要前厅部员工提供接待服务并办理入住登记手续；再次是住宿期间，此时客人的需求非常广泛，不单单前厅部，酒店所有部门都需要满足客人需求，提供优质满意的服务；最后是离店时，此时客人需要顺利离开酒店并赶往下一目的地，需要前厅部提供诸如出租车等服务。客人在酒店的活动周期如图1-2所示。

（三）前厅部在客人各个活动周期中的主要工作任务

前厅部在客人各个活动周期中发挥着举足轻重的作用。其主要工作任务有：推销客房并进行客房预订；提供优质的接待服务；为客人提供各种综合服务；负责客房账务等。前厅部在客人各个活动周期中的主要工作任务如表1-1所示。

二、前厅部机构设置

（一）前厅部组织机构设置的原则

1. 从实际出发

前厅部组织机构的设置应从酒店实际出发，根据酒店的性质、规模、地理位置、管理方式和经营特色等设置不同的组织机构。例如，大型酒店或以接待外宾为主的酒店，前厅部

表1-1　前厅部在客人各个活动周期中的主要工作任务

区域	任务	岗位	备注
Stage 1	客房预订	预订处	
Stage 2	行李接待与分发	礼宾处	
	入住登记	接待处	
	客房分配		
	发放钥匙		
Stage 3	入账	收银处	
	贵重物品保存	礼宾处	
	换房	接待处	
	问讯及邮件服务	问讯处	
	商务服务	商务中心	
	电话转接	电话总机	
Stage 4	行李处理	礼宾处	
	交通安排		
	结账退房	收银处	

核心机构设置应健全；而小型酒店或以内宾接待为主的酒店，可以考虑将前厅接待服务划入客房部管辖，不必单独设置。

2.机构精简

机构精简遵循"因事设岗、因岗定人、因人定责"的劳动组织编制原则，防止出现机构重叠、人浮于事的现象，同时要处理好分工与组合、方便客人与便于管理等方面的矛盾。

3.分工明确

在明确各岗位人员工作任务的同时，应明确上下级隶属关系以及相关信息传达、反馈的渠道、途径和方法，防止出现职能空缺、业务衔接环节脱节等现象。

（二）前厅部组织机构图

1.大型酒店前厅部组织机构

大型酒店前厅部的组织机构健全、分工明确、层级清晰，分设预订处、礼宾处、接待处、问讯处、电话总机、商务中心、收银处等对客服务岗位，设有部门经理（Manager）、主管（Supervisor）、领班（Captain）和服务员（Staff）四个层级。图1-3为常见的大型酒店前厅部组织机构示意图。

2.中型酒店前厅部组织机构

与大型酒店相比，中型酒店的前厅部机构组成有所减少，设有预订处、礼宾处、接待处、电话总机、商务中心等对客服务岗位，但职能完备，满足接待服务的需要。管理层级减少，一般设部门经理、主管（或领班）、服务员三个层级。图1-4为常见的中型酒店前厅部组织机构示意图。

3.小型酒店前厅部组织机构

小型酒店一般不单独设立前厅部，往往将前厅纳为客房部统一管理，在客房部下设总台服务机构，负责预订、接待、问讯、收银、总机等对客服务，通常设立领班和服务员两个层级。图1-5是常见的小型酒店前厅部组织机构示意图。

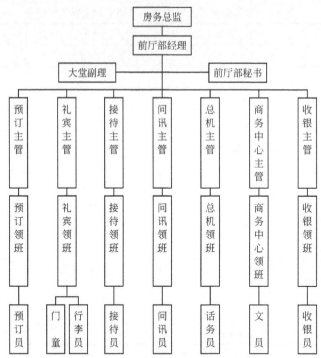

图1-3　大型酒店前厅部组织机构图

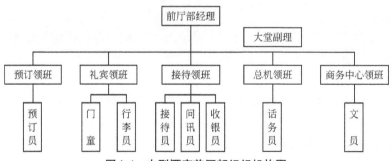

图1-4　中型酒店前厅部组织机构图

图1-5　小型酒店前厅部组织机构

三、前厅部各主要岗位工作职责

（一）前厅部经理岗位职责

（1）岗位名称　前厅部经理。

（2）岗位级别　经理。

（3）直接上司　总经理、驻店经理、房务总监。

（4）下属对象　大堂副理、前厅各主管岗位。

（5）岗位概要　直接管理所有前厅部员工并确保正确履行前厅职责。负责对大堂副理、礼宾处、预订处、接待处、问讯处、电话总机、商务中心、收银处、商场等各区域和各项对客服务进行指挥协调。

（6）主要职责

① 按照上级的要求完成上级下达的任务。

② 配合上级对部门的管理和政策的调整提出实施意见并保证顺利执行。

③ 协助上级完成团队、会议、VIP（即 Very Important Person）等的接待。

④ 定期与员工沟通，及时处理员工的问题。

⑤ 处理客人客史档案的统计及存档工作。

⑥ 定时收集客人意见，并根据问题的情况总结，上报整改意见和整改后的执行。

⑦ 定期对员工团队进行培训，培养有发展潜能的管理干部。

⑧ 及时与客房区域进行沟通，满足客人最大的要求。

⑨ 做好各种计划及总结类的文本工作。

⑩ 组织召开部门的各种会议。

（7）任职条件

① 基本素质：年龄25～45岁，仪表端庄，性格外向，有良好的心理素质，能承担来自外界的压力。

② 文化程度：至少大学以上或相关学力。

③ 语言能力：英语听、说、读、写、译达到大专以上水平。

④ 工作经验：至少担任酒店主管两年以上和五年以上前厅工作经历，掌握酒店管理一般理论知识；熟悉前厅管理专业知识、市场销售知识和接待礼节礼仪；熟练运用电脑。

（二）前厅部秘书岗位职责

（1）岗位名称　前厅部秘书。

（2）岗位级别　督导。

（3）直接上司　前厅部经理。

（4）岗位概要　在前厅部经理的领导下，负责部门的文书档案和内务管理工作。

（5）主要职责

① 确保与有关部门及各部门内各班组保持有效的沟通。

② 负责保管和整理前厅部办公室的进出信函，为经理准备各种报告及处理部门内的一些事务性工作。

③ 保持良好的档案系统，确保所有信息资料能准确、及时地归档。

④ 落实由经理布置的有关申请购买设备和维修的事宜，负责本部门的各项工程维修单和财务请购单的填报。

⑤ 维持办公室的正常运作，确保工作区域清洁整齐。

⑥ 做好各项文字记录的工作，按时送到有关部门，收发、保管好各部门送来的文件和通知，并做好告示牌的宣传工作。

⑦ 整理每月的员工考勤表并于指定日期报到人力资源部。

⑧ 协助部门经理调整工作日程表。

⑨ 为经理参加的会议准备好有关文件和资料。

⑩ 做好本部门员工工资、奖金以及各项福利的领用和派发工作。

（6）任职条件

① 基本素质：年龄20～35岁，性格外向，有良好的心理素质，具有熟练的中英文打字和翻译一般资料的能力。

② 文化程度：高中及以上文化程度。

③ 语言能力：掌握一般英文会话。

④ 工作经验：具有1年以上前厅工作经验，工作积极，责任心强。

（三）大堂副理岗位职责

（1）岗位名称　大堂副理。

（2）岗位级别　督导。

（3）直接上司　前厅部经理。

（4）下属对象　各岗位督导。

（5）岗位概要　监督前厅部各岗位的服务工作，保持前厅的良好运作，处理客人投诉，解决客人提出的问题，与其他部门保持良好的沟通与协作，负责接待酒店贵客。

（6）主要职责

① 代表酒店迎送VIP客人，处理主要事件及记录特别贵宾、值得注意客人的有关事项。

② 处理关于客人结账时提出的问题及其他询问。

③ 迎接及带领VIP到他们的房间，并介绍房间设施。

④ 做好VIP客人离店记录的工作，落实贵宾接待的每一个细节。

⑤ 处理管家部房态表上与总台状态不同的房间及双锁房间。

⑥ 处理客人投诉，解决客人问题。

⑦ 遇紧急事件时，必须（没有上司可请示时）能够采取及时、果断的措施，视情况需要疏散客人。

⑧ 有时间应尽量参与总台接待的工作，了解当天及以后几天房间走势。

⑨ 监督检查前厅各岗位的服务工作，发现问题及时指正并与督导沟通。

⑩ 负责贵重物品遗失和被寻获的处理工作。

⑪ 向管理层反映有关员工表现、客人的意见。

⑫ 负责酒店行政楼层客人的接待。

⑬ 每天坚持在值班记录本上记录当天发生的事件及投诉处理情况，并向前厅汇报。

⑭ 完成管理人员如总经理、驻店经理、及直接上司指派的工作。

（7）任职条件

① 基本素质：年龄23～35岁，仪表端庄，热爱酒店工作，钻研业务，反应敏捷，善于交际。

② 文化程度：中专学历或同等文化程度。

③ 语言能力：能用流利的英语从事前厅服务。

④ 工作经验：具有前台工作2年以上的经历，前厅工作3年以上经历。

（四）预订主管岗位职责

（1）岗位名称　预订主管。

（2）岗位级别　督导。

（3）直接上司　前厅部经理。

（4）下属对象　预订领班、预订员。

（5）岗位概要　具体负责组织酒店客房商品的销售和预订工作，保证预订员与接待员之间的衔接和协调，以提供优质服务，提高客房销售效率。

（6）主要职责

① 督导本处日常工作，编制预订处人员轮值表。

② 及时编制和更新酒店订房记录，协助前厅部经理定期编制房间出租预测计划。

③ 审核所有收到的订房要求，亲自处理需要特别安排的订房事宜。

④ 参与前厅部对外订房业务谈判及签订合同。

⑤ 制订本部门培训计划，并对员工进行培训。

⑥ 将客满日期及时通报有关部门。

⑦ 与销售联系，协调团体订房事宜。

（7）任职条件

① 基本素质：年龄20～35岁，仪表端庄，身高女1.65米以上，男1.73米以上，性格外向，善于与人接触，并且有较强的自控能力。

② 文化程度：中专以上学历或同等文化程度。

③ 语言能力：能进行英语日常会话，开展对客服务。

④ 工作经验：具有2年以上前厅实际工作经历，熟练使用电脑。

（五）预订员岗位职责

（1）岗位名称　预订员。

（2）岗位级别　员工。

（3）直接上司　预订处主管。

（4）岗位概要　负责用邮件、电话、传真等方式或通过电脑预订管理系统与客人、旅行社和加盟店网络就预订事宜进行沟通。起草确认预订的信函，准确受理各种预订取消、预订变更和更新预订。

（5）主要职责

① 通过邮件、电话、传真等方式或电脑预订管理系统处理订房业务。

② 负责处理从市场营销部、其他酒店以及旅行社那里获得订房资料。

③ 了解所有报价产品的销售状况、价格和优惠内容。

④ 以抵店日期和字母顺序建立预订资料库和管理预订资料。

⑤ 受理预订取消和预订变更事宜，并将这些信息正确传递到总台。

⑥ 帮助制作客房营业收入和出租率预测。

⑦ 制作预期抵店客人名单供前厅使用。

⑧ 需要时帮助做好客人抵店前的各种准备工作。

⑨ 确保及时更新订房资料。

（6）任职条件

① 基本素质：年龄19～27岁，身高男1.73米以上，女1.65米以上，相貌端庄，熟悉酒店电脑管理系统，通晓前台接待、问讯、客房预订电脑操作程序；善于建立人际关系，办事稳重、踏实，有强烈的服务意识。

② 文化程度：高中毕业或同等学力。

③ 语言能力：能进行英语日常会话，开展对客服务。

④ 工作经验：经历过总服务台管理的专业培训，懂得一般旅游心理学知识。从事前台工作半年以上。

（六）接待主管岗位职责

（1）岗位名称　接待主管。

（2）岗位级别　督导。

（3）直接上司　前厅部经理。

（4）下属对象　接待领班、接待员。

（5）岗位概要　接待主管具体负责组织酒店客房商品的销售和接待服务工作，保证下属各班组之间及与酒店其他部门之间的衔接和协调，以提供优质服务，提高客房销售效率。

（6）主要职责

① 向前厅部经理负责，参加部门的每周部门会议和每日例会。

② 主持并参加每日前台的班前会，负责开房预订的日常工作，审阅前台的工作交接记录，监督前台员工的工作完成情况。关心员工，以身作则，搞好员工间的团结合作，安排好班次，每月按时制作员工考勤表和考核表。

③ 负责做好本岗位的巡查工作，并及时做好书面记录工作。

④ 负责做好重点客人、团队、会议的准备工作。

⑤ 掌握酒店的房间分类情况，了解酒店的设施设备，根据订房情况于每周日夜班制作每周客情统计和下周客情预测工作，确保预订客房的客人要求得到落实。

⑥ 负责检查每日员工的散客、团队、会议电脑输入和客人的预订、进店的电脑输入情况，确保电脑信息准确。

⑦ 负责核查房租报告和每日营业报告，并根据次日和当日订房数、预算当日和次日及昨日客房实际出租率。

⑧ 负责并亲自做好进店团队、会议、行政楼层客人和重点客人的接待工作，与陪同、领队、接待单位确认团队、会议的用房数、人数、用餐情况和其他情况，完成确认书和团队一览表的填写与信息发放工作。

⑨ 收集案例，制订培训计划，负责本班组员工的培训，提高前台员工的业务技能和素质。

⑩ 带领员工积极推销，统计员工销售的总数，以确保酒店客房的出租率。

（7）任职条件

① 基本素质：年龄20～35岁，仪表端庄，身高女1.65米以上，男1.73米以上，性格外向，善于与人接触，并且有较强的自控能力。

② 文化程度：中专以上学历或同等文化程度。

③ 语言能力：能进行英语日常会话，开展对客服务。

④ 工作经验：具有2年以上前厅实际工作经历，熟练使用电脑。

（七）接待员岗位职责

（1）岗位名称　接待员。

（2）岗位级别　督导。

（3）直接上司　接待主管。

（4）岗位概要　在客人住店期间，代表酒店与客人打交道，确认客人的预订种类和居住天数。帮助客人填写入住登记表、安排客房。尽可能地落实客人特殊要求。弄清客人付款方式、按检查步骤跟踪监管客人信用，把客人和客房的有关信息分别记录在前厅栏目中，并将有关信息通知到酒店相关人员。

（5）主要职责

① 为客人办理入住登记手续，安排客房，尽可能落实客人的特殊需求。

② 做好预订客人抵店前的准备工作，并把已预订房留存起来。

③ 透彻理解和准确贯彻酒店有关挂账、支票兑现和现金处理的政策和程序。

④ 懂得查看房态和记录房态的方法。

⑤ 了解客房位置，可出租房的类型和各种房价。

⑥ 用建议性促销法来销售客房并推销酒店其他服务。

⑦ 掌握预订工作知识，必要时能办理预订当日房和他日订房。

⑧ 办理结账和离店手续。

⑨ 做好行政楼层客人的接待工作。

⑩ 把住店散客、团队发生的账单登入进客账，并管理好客账。

⑪ 了解有关安全和紧急事故处理程序，懂得预防事故的措施。

（6）任职条件

① 基本素质：年龄19～27岁，身高男1.73米以上，女1.65米以上，相貌端庄，熟悉酒店电脑管理系统，通晓前台接待、问讯、客房预订电脑操作程序；善于建立人际关系，办事稳重、踏实，有强烈的服务意识。

② 文化程度：高中毕业或同等学力。

③ 语言能力：能进行英语日常会话，开展对客服务。

④ 工作经验：接受过总服务台管理的专业培训，懂得一般旅游心理学知识。从事前台工作半年以上。

（八）问讯主管岗位职责

（1）岗位名称　问讯主管。

（2）岗位级别　督导。

（3）直接上司　前厅部经理。

（4）下属对象　问讯领班、问讯员。

（5）岗位概要　负责监督问讯处员工的服务工作，为客人提供问讯、查询、处理客人信件服务，接待访客留言，掌管客房钥匙等。

（6）主要职责

① 向前厅部经理负责，参加部门的每周部门会议和每日例会。

② 主持并参加每日前台的班前会，监督问讯员的工作完成情况。关心员工，以身作则，搞好员工间的团结合作，安排好班次，每月按时制作员工考勤表和考核表。

③ 负责做好本岗位的巡查工作，并及时做好书面记录的工作。

④ 熟悉酒店服务设施及特色；掌握当地主要餐馆、康乐场所和购物中心的营业时间、交通情况、电话号码；掌握酒店附近银行、邮局、教堂、医院的情况；了解飞机航班、车次的到离时间；懂得公共关系学的基础知识。

⑤ 熟悉酒店各项规章制度、涉外政策与法规、主要客源国历史、地理及风土人情，掌握酒店房价结构、房间种类及位置、住客情况与保密规定。

（7）任职条件

① 基本素质：年龄20～35岁，仪表端庄，身高女1.65米以上，男1.73米以上，性格

外向，善于与人接触，并且有较强的记忆能力。

② 文化程度：中专以上学历或同等文化程度。

③ 语言能力：能进行英语日常会话，具有较强的语言表达能力。

④ 工作经验：具有2年以上前厅实际工作经历。

（九）问讯员岗位职责

（1）岗位名称　问讯员。

（2）岗位级别　员工。

（3）直接上司　问讯主管。

（4）岗位概要　主要为客人提供问讯、查询、代客联络、代客订餐、找人会客、代言留言、钥匙保管、邮件处理等服务。

（5）主要职责

① 服从问讯主管的工作安排。

② 熟悉酒店各种服务项目和营业时间，向客人介绍酒店的设施。

③ 掌握酒店当天宴请和会议的安排，为客人提供店内活动和市内旅游、购物等问讯服务。

④ 严格按照服务规范做好代客留言工作并及时送请客人签收。

⑤ 懂得外事接待礼仪礼节，对客人提出的各种问题能给予圆满的回答和处理，具有较强的口头表达能力。

⑥ 熟悉当地各级政府机关、社会团体、外事机构的办公地点和电话号码。

（6）任职条件

① 基本素质：年龄19～27岁，身高男1.73米以上，女1.65米以上，相貌端庄，熟悉酒店电脑管理系统，善于建立人际关系，办事稳重、踏实，有强烈的服务意识和较强的记忆能力。

② 文化程度：高中毕业或同等学力。

③ 语言能力：能进行英语日常会话，具有较强的语言表达能力。

④ 工作经验：接受过总服务台管理的专业培训，从事前台工作半年以上。

（十）礼宾主管岗位职责

（1）岗位名称　礼宾主管。

（2）岗位级别　督导。

（3）直接上司　前厅部经理。

（4）下属对象　礼宾领班、门童、行李员。

（5）岗位概要　负责监督礼宾部员工的服务工作，为客人提供迎送、搬运行李、代订出租车以及代办客人提出的其他杂项服务。

（6）主要职责

① 主持每日班前会，布置当班需特别注意的事项。

② 班前检查门童、行李员的仪容仪表及各类用具的准备。

③ 检查行李员在楼层服务时的工作状况，保证客人得到满意的服务，并且督促行李员的服务水准达到酒店规定的要求。

④ 与前台接待、团队负责人及时联系，保证散客及团队客人的行李运送及时、准确。

⑤ 检查所有寄存行李是否均有行李牌并且已经登记。

⑥ 按宴会预订提供的信息，调整大厅告示牌上的信息。

⑦ 制订好培训计划，定期培训本班组实习生。

（7）任职条件

① 基本素质：男性，年龄19～27岁，身高1.73米以上，工作认真、作风细致、吃苦耐劳、反应灵活。

② 文化程度：高中学历或同等文化程度。

③ 语言能力：能进行英语日常会话，开展对客服务。

④ 工作经验：具有两年以上从事大厅服务工作经历。

（十一）门童岗位职责

（1）岗位名称　门童。

（2）岗位级别　员工。

（3）直接上司　礼宾主管。

（4）岗位概要　门童位于酒店服务的最前沿，对所有光顾酒店的客人。他们都要代表全酒店人员致以问候，迎送前来酒店的客人；维持酒店正门前的交通秩序。

（5）主要职责

① 协助车管人员保持大堂门前车道畅通。

② 为来店客人提供拉车门、拉门服务。

③ 热情招呼进、出店客人。

④ 配合行李员完成客人行李运送一条龙服务。

⑤ 记住老客人、商务客人的姓名，对于重点客人应尽量用姓名称呼客人。

⑥ 注意大门口的灯光照明、环境卫生，发现问题及时上报。

⑦ 了解酒店各项服务设施以及营业时间。

⑧ 遇到雨雪天气，应为客人存放雨具。

⑨ 帮助老弱病残客人上下车以及进出酒店。

⑩ 负责收集、装卸团队行李，并请领队和司机确认交接。

（6）任职条件

① 基本素质：男性，身高1.74米以上，年龄18～30岁，体态端庄，站立端正，工作责任心强，吃苦耐劳，对客人热情友好，不卑不亢，有强烈的服务意识。

② 文化程度：高中以上文化程度。

③ 语言能力：能进行一般的英文会话。

④ 工作经验：经过3个月以上的专业训练，掌握迎宾工作的规范要求。

（十二）行李员岗位职责

（1）岗位名称　行李员。

（2）岗位级别　员工。

（3）直接上司　礼宾主管。

（4）岗位概要　行李员是大堂服务的主体。主要任务是：为客人提供迅速、准确的行李运送服务。

（5）主要职责

① 记住老客人、商务客人的姓名，对于重点客人应尽量用姓名称呼客人。

② 了解酒店各项服务设施以及营业时间。

③ 遇到雨雪天气，应为客人存放雨具。

④ 为进出店散客提供行李服务。

⑤ 负责收集、装卸团队行李，并请领队和司机确认交接。

⑥ 礼貌引领客人进客房，并根据实际情况，正确熟练地用中英文向客人介绍酒店的各项服务设施。

⑦ 负责留言、信件、快件的投递。

⑧ 提供呼唤找人服务。

⑨ 熟悉应急处理程序，一旦有紧急情况，能单独处理。

（6）任职条件

① 基本素质：男性，身高1.74米以上，年龄18～30岁，体态端庄，站立端正，工作责任心强，吃苦耐劳，办事扎实，为人诚实，对客热情友好，不卑不亢，有强烈的服务意识。

② 文化程度：高中及以上文化程度。

③ 语言能力：能进行一般的英文会话。

④ 工作经验：经过3个月以上的专业训练，熟悉酒店情况，了解酒店的各项服务设施。

（十三）总机主管岗位职责

（1）岗位名称　总机主管。

（2）岗位级别　督导。

（3）直接上司　前厅部经理。

（4）下属对象　总机领班、话务员。

（5）岗位概要　在前厅部经理的领导下，负责总机的管理工作，保证通信的及时有效。培训下属为店内外客人提供优质的窗口服务。

（6）主要职责

① 熟悉总机话务室内一切工作程序并能熟练操作。

② 检查、督促各话务员的考勤、服务态度、服务质量及工作程序、纪律执行情况。

③ 主动帮助属下解决疑难问题，对难以搞清楚的问题，视情况请有关方面人员协助解决。

④ 有VIP接待时，要了解入住时间、房号及姓名，提醒当班人员加以重视，并做好检查工作。

⑤ 检查叫醒电话填写情况，提醒组员注意VIP叫醒服务，遇有字迹不清或潦草，及时核实并提醒组员。

⑥ 对总机话务室的工作程序和操作流程不断补充及修改。

⑦ 制订出不同时期、不同阶段的工作和培训计划，负责安排话务员的培训工作。

（7）任职条件

① 基本素质：口齿清楚，音质优美，待人热情，工作负责；通晓酒店的服务设施、各营业点的服务项目、服务时间以及收费标准，掌握总机房所有设备的操作程序、机器性能。

② 文化程度：具有中专以上的文化程度。

③ 语言能力：必须会说和听懂客人使用的主要语种，英语流利。

④ 工作经验：具有总机话务员2年以上工作经历。

（十四）总机话务员岗位职责

（1）岗位名称　总机话务员。

（2）岗位级别　员工。

（3）直接上司　总机主管。

（4）岗位概要　使用聆听技巧使来电者能流畅地说出需求以便获得正确完整的信息。接听电话并通过总机系统转接客房或店内的个人和部门。

（5）主要职责

① 把进店电话接转到客房和相关部门。

② 负责接收电信局送来的话费账单。

③ 为客人接受、分发留言。

④ 记录所有叫醒服务的要求，提供电话叫醒服务。

⑤ 向客人提供对客服务信息。

⑥ 回答酒店内举办各种活动的有关问讯。

⑦ 懂得电话总机的操作方法。

⑧ 为客人和员工提供寻呼服务。

⑨ 负责酒店背景音乐的播放。

⑩ 懂得一旦收到报警电话时应采取的相应行动。

（6）任职条件

① 基本素质：年龄18～30岁，说话口齿清楚，音质优美，反应敏捷；掌握电话交换机操作技能，懂得电脑终端、自动直播电话计费、打印机以及叫醒服务机的操作方法。

② 文化程度：高中毕业或同等学力。

③ 语言能力：能用英语与外宾进行流利的会话。

④ 工作经验：经历3个月以上的话务员专业训练。

（十五）商务中心主管岗位职责

（1）岗位名称　商务中心主管。

（2）岗位级别　督导。

（3）直接上司　前厅部经理。

（4）下属对象　商务中心领班、文员。

（5）岗位概要　商务中心是为客人提供传真、复印、中英文打字、国际国内长途直拨电话、洽谈室服务、国际互联网接入、特快专递等商务服务的岗位，商务中心主管负责商务中心的服务管理和监督。

（6）主要职责

① 根据商务中心的具体情况，制订有效的工作计划，经前厅部经理审批后实施。

② 负责制作各种报表及工作设备和环境的保养及清洁，保证各种设备的正常进行。

③ 熟悉酒店的各种规章制度，熟悉电信业务、秘书服务及工作程序，对业务质量进行把关。

④ 遇有重要客人住店，适当调配上班人员，以便在商业服务方面更大限度地配合酒店的接待工作。

⑤ 负责本中心员工的培训工作，包括业务培训、操作技巧、素质等，并定期进行考核。

⑥ 负责所属员工的班次安排，监督员工的考勤，了解员工的思想动态、工作情况，帮助员工解决工作上的难题。

⑦ 督促商务中心员工履行各自的职责，并指导他们的工作，根据下属的工作表现给予奖罚。

⑧ 检查下属的礼貌服务、工作态度及自觉执行工作规程、管理制度的情况，在商务中心的工作范围内，妥善解决客人提出的问题。

（7）任职条件

① 基本素质：仪表端庄、性格开朗、待人热情、工作认真、有良好的心理素质。掌握打字技能，通晓商务中心各类设备的操作程序和使用要求。

② 文化程度：具有中专学历或同等文化程度。

③ 语言能力：能使用英语对客服务。

④ 工作经验：从事商务中心服务工作2年以上。

（十六）商务中心文员岗位职责

（1）岗位名称　商务中心文员。

（2）岗位级别　员工。

（3）直接上司　商务中心主管。

（4）岗位概要　商务中心是为客人提供传真、复印、中英文打字、国际国内长途直拨电话、洽谈室服务、国际互联网接入、特快专递等商务服务的岗位。

（5）主要职责

① 为酒店客人提供长途电话、传真、打字、复印、洽谈室服务、互联网接入、特快专递等服务工作。

② 服从上级指挥、努力完成交办的每一项业务工作，力求保质、保量提供各项服务。

③ 具备外语知识和打字技术、熟悉和掌握所用仪器设备的性能、保养和简单维修，以便迅速、准确地为客人提供服务。

④ 熟悉长途电话、传真、打字、复印、洽谈室服务、互联网接入、特快专递等各项业务，工作中严格按照规程操作。

⑤ 微笑服务，对客人热情有礼、有问必答，尽量满足客人的要求，耐心解释客人的各种疑问。

⑥ 刻苦钻研业务，对技术精益求精，努力提高业务工作水平，提高整体的服务质量。

（6）任职条件

① 基本素质：仪表端庄、性格开朗、待人热情、工作认真、有良好的心理素质。掌握打字技能，通晓商务中心各类设备的操作程序和使用要求。

② 文化程度：具有中专学历或同等文化程度。

③ 语言能力：能使用英语对客服务。

④ 工作经验：经过3个月以上的专业训练，掌握商务中心工作的规范要求。

项目三 熟知前厅部员工的素质要求

📖 **学习与训练子目标**

1. 了解酒店前厅部员工的作用。
2. 掌握酒店前厅部员工需具备的素质要求。
3. 能具备酒店前厅部员工的职业素质。

 案例导读

广州天河希尔顿酒店前厅经理招聘

岗位要求：

（1）5星级国际品牌酒店或类似行业相同职位2年以上工作经验；

（2）优秀的沟通和谈判技巧；

（3）流利的书面和口头英语；

（4）优秀的客户关系，具备解决问题、时间管理和人员管理能力；

（5）具备前厅业务相关的综合知识和服务操作技能，能读懂财务报告；

（6）具有市场意识，随时关注对手信息；

（7）能够培训下属；

（8）能够在高压力下进行工作。

讨论：如何成为一个好的前厅员工？

知识点与技能点

前厅是酒店的"脸面"，那么前厅员工就是"脸面"的体现者和维持者。因此前厅员工顶着众多的头衔，担负着"酒店的外交大使"、"酒店商品的推销员"、"问题的解决者"、"矛盾的调解人"、"信息的提供者"、"活动的协调人"、"金钱的处理者"、"资料记录的保存者"、"酒店的公关代理"等多种角色。作为一名合格的前厅部员工，应该具备以下素质。

一、具有良好的外部形象

这一要求是与前厅员工所担负的酒店外交职能和公关职能相联系。前厅是客人集散的地方，前厅员工则是代表整个酒店接待每一位客人。挺拔的身材、良好的外部形象，能使客人的心理得到某种愉悦的感受，给客人留下美好的印象。这里的外部形象既包括外貌、仪容，也包括仪表、仪态、举止等。哲学家培根有句名言："相貌的美高于色泽的美，而秀雅合适的动作美又高于相貌的美，这才是美的精华。"举止是展示自己才华和修养的重要的外在形态，恰到好处的举止，能帮助一个人走向成功。

（一）端庄大方的仪容仪表

仪表即人的外表，一般来说，它包括人的容貌、服饰、个人卫生和姿态等方面。仪容主要是指人的容貌，是仪表的重要组成部分。端庄大方的仪容仪表是一个综合概念，它包括三个层次的含义：一是指人的容貌、形体、仪态等的协调优美；二是指经过修饰打扮以后及后天环境的影响形成的美；三是指其内在美的一种自然展现。

1. 头发

不可漂染颜色艳丽的发色，不可烫发，坚持勤洗头发，定期修剪，经常梳理，保持头发干净整齐。男性员工头发长度后不盖领、侧不遮耳；可使用发胶，但不可过于油腻或潮湿。女性员工前刘海不过眉毛，鬓发不盖过耳部，头发不能触及后衣领，过肩长发必须束起，不佩带色彩艳丽的饰物，发夹须为黑色或深色。

2. 面容

要注意清洁与适当的修饰，保持容光焕发。保持皮肤不油、不干、无皮屑，不能佩戴有色眼镜。男性员工不准留胡须且必须每天剃须，经常留意及修剪鼻毛，使其不外露。女性员工可适当化妆，但应淡妆为宜，不能浓妆艳抹，并避免使用气味浓烈的化妆品。

3. 手部

常洗手，保持手部尤其是指甲洁净；定期修剪，指甲长短适宜。男性员工要保持手部干净，不可有吸烟留下的污渍，指甲长度仅能遮盖指尖，不涂指甲油。女性员工不能涂有色指甲油。

4. 着装

着公司规定的制服，做到整齐、清洁、挺括、大方、美观、得体。穿衬衫要束在长裤、裙里面，长袖衫袖口不能卷起，袖口的纽扣要扣好。注意内衣不能外露，不掉扣、漏扣、不挽袖、不卷裤，领带、领结、飘带与衬衫领口的吻合要紧凑且不系歪，工号牌要佩戴在左胸的正上方。着黑色皮鞋或布鞋，皮鞋擦拭光亮，无破损，球童所穿的运动鞋须保持洁净，搭配深色无鲜艳花纹的袜子，并勤换洗，保持无异味。

5. 饰品

前厅员工佩戴饰品应当符合岗位要求，且制作精良。前厅员工可佩戴一枚式样简约的戒指，但只能是一枚，且佩戴位置正确。女性员工可佩戴耳钉或耳环，但耳环长度不能超过耳垂，还可佩戴质地较轻、体积不大、较精致的金项链或银项链，但男性员工则不宜佩戴项链。

（二）优雅得体的仪态举止

仪态是指人在行为中的姿势和风度。姿势是指身体呈现的各种形态；风度是人的举止行为，待人接物时的一种外在表现方式，属于气质方面的表露。风度美是一种综合的美、完善的美，这种美应是身体各部分器官相互协调的整体表现，同时也包括了一个人内在素质与仪态的和谐。

在前厅接待中，要求服务人员的仪态风度是端庄稳重，落落大方。端庄是服务人员的形象，大方是服务人员应有的风度。热情和蔼、大方得体地为客人服务，才能赢得信任、赢得更多的客人。

1.挺拔的站姿

前厅员工在站立时，头要正，双目平视，嘴唇微闭，下颌微收，面容平和自然，双肩放松，稍向下沉，人体有向上的感觉，躯干挺直，做到挺胸、收腹、立腰，双手要自然下垂于身体两侧，中指贴拢裤缝，双腿应直立，并拢，脚跟相靠，双脚成60°角。

此外，男女的站立姿势有所不同：男士应身体立直，右手搭在左手上，贴在臀部，双腿分开，双脚平行，与肩同宽或略宽些；女士则身体立直，双臂下垂，右手搭在左手上，贴在腹部，双腿并拢，脚跟靠紧，双脚前后略分开或分开成"V"字形或丁字形。如图1-6所示。

以上站姿是酒店前厅员工一般应采取的站姿，倘若有重要客人抵达时，根据礼宾接待规则，迎接人员有时也采取肃立的姿势以示尊重程度。肃立的姿势应当是身体立直，双手置于身体两侧，双腿自然并拢，脚跟靠紧，脚掌分开呈"V"字形。

图1-6　女士站姿

特别值得注意的是，前厅员工站立时不要过于随便，不要探脖、塌腰、耸肩，双腿弯曲或不停地颤抖。在庄重场合，双手不可放在衣兜里或插在腰间，这些站姿会给人留下不好的印象。在非正式场合下，如果累了可以稍微调整一下姿态，如：可以将一条腿向前跨半步或向后撤半步，身体中心轮流放在两条腿上，如果这些姿态掌握得好，则既可以防止疲劳，又不失风度美。

2.优雅的坐姿

坐姿文雅，并非一项简易的技能，坐姿不正确，不但不美观，而且还使人体畸形。基本要领是：上体自然坐直，两腿自然弯曲，双脚平落地上，双膝应并拢，男士可稍稍分开，但女士的双膝、脚跟必须靠紧，两手半握拳放在膝上、或小臂平放在座椅两侧的扶手上，注意由肩到臂，紧贴胸部，胸微挺，腰要直，目平视，嘴微闭，面带笑容，大方、自然。

按照国际惯例，坐姿可以分为端坐、侧坐、跪坐、盘坐等，根据不同国家的生活方式和风俗习惯，各有要求。国际上公认的也是最普遍的坐姿是端坐和侧坐。端坐时间过长，会使人感到疲劳，这时可变换为侧坐。侧坐分左侧和右侧两种，在保持坐姿的基本要领基础上，向左（右）摆45°，两脚、两膝靠拢。无论是哪一种坐法，都应以娴雅自如的姿态来达到对别人的尊重，给他人以美的印象。图1-7是酒店女服务员的两种坐姿。

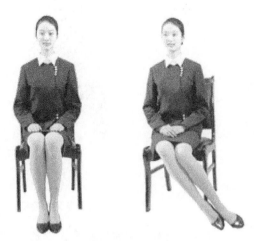

图1-7　女士坐姿

3.稳重的走姿

起步时，上身略向前倾，身体重心放在前脚掌上。行走时，应目视前方，上体正直，挺胸收腹立腰，重心稍向前倾，双肩平稳，双臂以肩关节为轴前后自然摆动。女子要行如和风，两脚行走线应是正对前方成直线，而不是两平行线，也就是通常所说的"一字步"（一条直线）。因为踩两条平行线，臀部就会失去摆动，腰部会显得僵硬，失去步态的优美。男子行走，两脚跟交替前进在一线上（两条直线），两脚尖稍外展。

走路时不可弯腰驼背，不可大摇大摆或左右摇晃，脚尖外八字或内八字，脚拖在地面上等不良习惯都要纠正，走路时也不能把双手插在裤袋内。另外，酒店服务人员行走时还要注意以下问题。

（1）行走在走廊、通道、楼梯时应靠右行走，见到客人要主动问好。

（2）两人行走，不要拉手搭肩；多人行走，不要横排成行；与客人同进出，要礼让客人。

（3）通道比较狭窄，有客人从对面走来时，服务员应主动停下工作，侧身站立，用手示意，请客人通过。

（4）遇有急事或手提重物需超过行走前面的客人时，应先向客人致歉，在征得客人同意后方可超前走，并注意从客人的一侧通过，如有两位客人并列时，不能在其中间穿过。

（5）遇到十分紧迫的事，可加快步伐，但不可慌张奔跑。

（6）行走时，不得吸烟、吃东西、吹口哨、整理衣服等。

4.雅致的蹲姿

很多欧美国家的人认为"蹲"这个动作是不雅观的，所以只有在非常必要的时候才蹲下来做某件事情。前厅服务中，蹲下捡东西或者系鞋带时一定注意自己的姿态，尽量迅速、美观、大方，应保持大方、端庄的蹲姿。雅致的蹲姿，一般采取下列两种方法。

（1）交叉式蹲姿　下蹲时右脚在前，左脚在后，右小腿垂直于地面，全脚着地。左腿在后与右腿交叉重叠，左膝由后面伸向右侧，左脚跟抬起脚掌着地。两腿前后靠紧，合力支撑身体。臀部向下，上身稍前倾。如图1-8所示。

（2）高低式蹲姿　下蹲时左脚在前，右脚稍后（不重叠），两腿靠紧向下蹲。左脚全脚着地，小腿基本垂直于地面，右脚脚跟提起，脚掌着地。右膝低于左膝，左膝内侧靠于左小腿内侧，形成左膝高右膝低的姿势，臀部向下，基本上以右腿支撑身体。男性员工选用这种蹲姿时，两腿之间可有适当距离。女性员工则要两腿并紧，穿旗袍或短裙时需更加留意，以免尴尬。如图1-9所示。

图1-8　交叉式蹲姿

图1-9　高低式蹲姿

仪容仪表对一名服务员来说，是其自身的"硬件"，是自身自有的条件，也是一名服务员的先决条件，是不可改变的。但是我们可以通过洒脱的风度，迷人的气质以及优雅的举止等内在因素来补充。优美的风度和举止实质上是人的高尚情操、渊博的知识、独到的思辨能力等心理状态的自然流露，所以，酒店前厅员工应该追求自身品格、知识、能力等诸多内在因素的提高，从而使自己的仪容、仪表展现一种内外协调的和谐之美。概括起来就是：动作舒缓轻盈、态度温和大方、举止端庄稳重、表情热情含蓄。

二、具备较强的应变能力

前厅部是酒店的神经中枢，事务繁杂，每天会接触到各种各样的人和事，都必须予以妥善地处理。因此，要求前厅部员工必须机智灵活，有较强的应变能力。

案例链接

酒店意外停电，一位客人来退房，总台收银员小张帮这位客人退房，核对夜审打印的宾客余额表给客人进行手工结账，因宾客余额表是夜审在夜间过账后打印的，该客人的部分电话（一般在晚24:00后）计费无法统计。客人因为要赶飞机，很急。如果你是小张，你该怎么做？

【解析】

解决本案例中的问题，要坚持两点原则：尽可能减少酒店损失；同时，争取时间以免客人飞机晚点。小张礼貌地向客人解释并请客人自诉后面估计打了多少电话，通话时间多久。经客人自诉和通知总机核对，很快办理了退房手续。

小张这一做法，一方面考虑了电话费用的问题，为酒店减少了损失，另一方向为客人争取了时间。在实际工作中，不仅要有扎实的业务技能，还要有应变技巧，还要考虑到特殊情况下会发生什么情况、可能会给酒店造成什么损失。

三、具有较高的沟通能力和人际关系能力

酒店是服务业的一部分，是直接与人打交道的行业，尤其是作为前厅部的员工，几乎每时每刻都要与各种各样的客人打交道，处理各种各样的突发事件，因此，他（她）必须喜欢与人打交道。

四、具备一定的推销能力

在前厅工作的员工，就是在销售酒店的产品，因此，必须具备推销员的素质，工作积极主动，掌握销售技巧。当然，这就要求员工对于本酒店的产品和服务能够清楚地了解和准确地描述，做到这一点是不容易的。但是如果做得到，将会增加客人的信任感。有些客人虽然已经作了预订，但预订的房间价格较为低廉，当这类客人来到酒店登记入住时，前台接待员存在对他们进行二次销售的机会。即告诉客人，只要在原价格基础上稍微提高一些，便可得到更获得好处和优惠。比如，"您只要多付50元，就可享受包价优惠，除房费外，还包括早餐和午餐。"此时，客人通常会听从服务员的建议。结果，不仅使酒店增加了收入，还使客人享受到了更多的优惠和在酒店更愉快的经历。

五、具备较高的语言表达能力

前厅员工必须"能说"、"会道"，有过硬的语言表达能力。

"能说"，即能够用客人使用的语言与客人交流。由于酒店的客人来自世界各地，因此，在我国，除了普通话之外，总台员工必须会讲外语，英语为必备语种，否则，必将影响接待工作和对客人的服务质量。

前厅员工不仅要"能说"，还要"会道"，即讲究语言的艺术性。语言是人际关系的润滑

剂。总台员工在接待客人的过程中，与客人交流的机会很多，如果不掌握语言艺术，会在不知不觉中得罪客人，甚至是"刺伤"客人，更谈不上使客人满意。比如，应该说"您运气真好，我们恰好还有一间漂亮的单人房！"而不能说："单人房就剩一间了，您要不要？"

案例链接

在北京的台湾酒店，一次有位客人在离店时把房内一条浴巾放在提箱内带走，被服务员发现后报告给大堂副理。根据酒店规定，一条浴巾需向客人索赔50元。如何不得罪客人，同时要维护酒店利益，前厅员工思索着。

大堂副理在总台收银处找到刚结完账的客人，礼貌地请他到一处不引人注意的地方说："先生，服务员在做房时发现您的房间少了一条浴巾。"（意思是"你带走了一条浴巾已被我们发现了。"）此时，客人和大堂副理都很清楚浴巾就在提箱内，客人秘而不宣，大堂副理也不加点破。客人面色有点紧张，但为了维护面子，拒不承认带走了浴巾。为了照顾客人的面子，给客人一个台阶，大堂副理说："请您回忆一下，是否有您的亲朋好友来过，顺便带走了？"（意思是"如果你不好意思当众把东西拿出来，您尽可以找个借口说别人拿走了，付款时把浴巾买下。"）客人说："我住店期间根本没有亲朋好友来拜访。"从他的口气理解他的意思可能是：我不愿花50元买这破东西。大堂副理干脆就给他一个暗示，再给他一个台阶下，说："从前我们也有过一些客人说是浴巾不见了，但人们后来回忆起来是放在床上，毯子遮住了。您是否能上楼看看，浴巾可能压在毯子下被忽略了。"这下客人理解了，拎着提箱上楼了，大堂副理在大堂恭候客人。客人从楼上下来，见了大堂副理，故做生气状："你们服务员检查太不仔细了，浴巾明明在沙发后面嘛！"这句话的潜台词是："我已经把浴巾拿出来了，就放在沙发后面。"大堂副理心里很高兴，但不露声色，很礼貌地说："对不起，先生，打扰您了，谢谢您的合作。"要索赔，就得打扰客人，理当表示歉意。可是"谢谢您的合作"则有双重意思，听起来好像是客人动大驾为此区区小事上楼进房查找，其合作态度可谢。然而真正的含义则是："您终于把浴巾拿出来了，避免了酒店的损失。"如此合作岂能不谢？为了使客人尽快从羞愧中解脱出来，大堂副理很真诚地说了句："您下次来北京，欢迎再度光临我们酒店。"整个索赔过程结束了，客人的面子保住了，酒店的利益保住了，双方皆大欢喜。

【解析】

这是把"对"让给客人的典型一例。客人拿走了浴巾，又不肯丢面子，若直截了当地指出错在客人，就如"火上浇油"，客人会跳起来，会为维护自己的面子死不认账，问题就难以解决了，若以客人"对"为前提，有利于平稳局势。本例中的大堂副理，站在客人的立场上，维护他的尊严，把"错"留给酒店，巧妙地给客人下台阶的机会，终于使客人理解了酒店的诚意和大堂副理的好意，而拿出了浴巾，使客人体面地走出了酒店，又避免了酒店损失。这位大堂副理用心之良苦，态度之真诚，处理问题技巧之高超，令人折服，他的服务真正体现了"客人永远是对的"的服务意识。

除了以上几点，作为一名优秀的前厅部员工，还应该具有良好的服务意识、稳定的心理素质、认真负责的工作态度、娴熟的专业技能、丰富的专业知识和广阔的知识面等素质。

项目四　熟悉酒店前厅布局及设备

📖 **学习与训练子目标**

1. 明确酒店前厅设计的基本原则。
2. 认识酒店前厅构成及布置。
3. 能进行简单的前厅环境和服务设计。

 案例导读

喜来登酒店的"大堂香氛"

喜来登（Sheraton）酒店集团旗下每家酒店都有自己独特的大堂香氛"辽阔天空"（Open Skies）。这些香气都是根据酒店的消费人群、装修风格等，由国际知名公司量身定制的，全球每一家喜来登酒店的大堂都是同样的香味，让客人在潜意识里产生一种眷恋，就像是回到了家中。

喜来登酒店集团一共管理着142家福朋喜来登品牌的酒店，这些酒店分布在全球24个国家（地区）。这么多福朋喜来登酒店量身定做香味并在同一时间内换上了这种新香味——"Pinwheels in the Breeze"，中文翻译为"风车味"，"那种感觉就如同春日里清新舒爽的户外气息。""风车味"是福朋喜来登酒店的特有气味。喜来登酒店集团旗下有瑞吉、豪华精选、W酒店、威斯汀、艾美国际、喜来登、福朋喜来登等多个品牌，每个酒店都有自己的特有味道，根据酒店的风格、定位专属定制。

事实上，在酒店大堂中应用不同香气愉悦客人，并非喜来登一家的专利。就像法国的香水一样，法国索菲特西湖大酒店到处都是浓烈的香气，春天是绿茶味，夏季就会是姜花味，而且，不仅是大堂，几乎酒店所有角落，都有这样的神秘的香味。

知识点与技能点

前厅，包括酒店的大门、大厅、楼梯、电梯和公共卫生间等。前厅是酒店建筑的重要组成部分，是客人进出酒店的必经之处和活动汇集场所，也是给客人留下第一印象和最后印象的地方。因此，一个设计合理、功能齐全、环境幽雅的前厅，能赢得客人的好感。如图1-10所示，即为万豪酒店的前厅。

图1-10　万豪酒店前厅

一、前厅设计的基本原则

前厅的设计随着酒店业的发展不断更新，各类酒店在前厅设计上都突出自己的特点，但是前厅的设计都要遵循一些基本原则，以利于前厅的运转。

（一）经济性原则

前厅一般是设在酒店的大堂，而大堂是酒店的寸金之地。经济性原则即要在"力求在酒店的每寸土地上都要挖金"的经营理念下，充分利用大堂空间。大堂的面积取决于酒店的类型和客流量。一般来讲大堂的建筑面积与酒店客房数之间有一定关系的，约为0.4～0.8平方米/间套，也可以根据酒店的目标客人来确定大堂面积。比如会议酒店需要大面积的大堂，小型酒店或只有住宿设施的酒店，大堂的面积就小。

酒店大堂的空间就其功能来说，既可作为酒店前厅部各主要机构（礼宾、接待、问讯、收银、商务中心等）的工作场所，又能当成商务洽谈、会议、餐饮娱乐等来使用。香港半岛酒店的开放式大堂设计，使酒店大堂从一开始开业就成为许多航空公司和旅行社的服务基地，也曾作为机场出港登记处；现在，它的大堂已成为商人洽谈生意，新闻界收集信息，社会名流聚会、闲坐、聊天消磨时光的好场所。因此，前厅的设计要讲究经济性原则，充分利用大堂空间。

（二）明显性原则

前厅的位置应该是明显的，也就是前厅的可见度比较强。客人一进入酒店就能发现前厅，同时前厅的员工也能够看清酒店大堂出入的过往客人。如果一家酒店的前厅不易让客人找到，那么其设置是不合理的。此外，前厅的明显性原则还包括前台各业务处的明确中英文标识。

（三）美观性原则

前厅不仅要高效、准确完成客人的入住登记手续，而且要能够给客人留下深刻的良好形象。因此，前厅的布局、灯光、色彩以及气氛都是不容忽视的内容。例如，北京中国大饭店的大堂非常气派，金碧辉煌，壮丽非凡，宛如皇宫。酒店大堂的几根红色大柱，配上大理石底座和金色顶饰，俨然皇家气派，给客人以美的视觉享受。

（四）独特性原则

大堂的设计应该以酒店的经营特色为依据，设计效果应充分显示和烘托酒店的特色，讲究独特性。千万不可盲目仿效其他酒店，只有风格独特、创意新颖的前厅设计，才能给客人带来赏心悦目的感觉，也才能增强酒店的品牌价值和竞争优势。因此酒店的大堂设计一定要形成自己独特的形象定位，增加形象识别特点。泰国东方大酒店、北京的香山饭店、阿拉伯塔酒店的大堂（图1-11）都以其独特的设计风格而著称。

图1-11　阿拉伯塔酒店大堂

二、前厅的构成及布置

（一）酒店大门

酒店的大门由正门和边门构成，大门的外观要新颖，有特色，能对客人有较强的吸引力。一般的酒店都采用玻璃门作为正门。酒店的玻璃门要选用厚度、强度、颜色适当的玻璃制作，安装要牢固，防止玻璃落下碰伤客人。玻璃门要有醒目的中英文及图形标志，酒店的店名牌、店徽及星级标志要醒目、美观，不易被来往的车辆挡住。大多数酒店的正门分成两扇，便于客人进出及门童为客人提供开门服务，也可以根据客流量的大小增设更多扇门，正门两侧应各开一两扇边门，以便于酒店员工及团队客人的行李进出酒店。正门安装自动感应门的酒店，应同时开设手开边门，以防感应失灵时客人无法进出酒店。有些酒店使用双道门，即两道有一定间距的门，内道门开则外道门关，外道门开则内道门关，这样可以节约能源。使用旋转门为正门的酒店，旋转门的性能应可靠，螺丝要牢固以防夹伤客人。为安全起见，酒店的正门在夜间应关闭只留边门。

酒店的大门前，应有供客人上下车的空间及回车道、停车场，车位数不少于客房总数的15%，使客人进出方便、安全；正门外还应留有足够的空间，以暂时摆放进出团队客人的行李；有些酒店正门前还设计了小花园和喷泉，以给客人留下良好的第一印象；正门前台阶旁还应设立专供残疾客人轮椅出入店的坡道，以方便残疾客人出入店；通常在大门口还铺设一块地毯，供客人擦干净鞋底后进入前厅，以维持前厅的整洁，防止湿鞋带入前厅的水珠滑倒客人；边门旁应设置伞架，供客人存放雨伞；酒店大门外的空地，通常应设置旗杆，一般设置三根，分别用来挂店旗、国旗和在酒店下榻的各国国家元首所在国的国旗。

（二）服务区域

前厅的对客服务区域主要包括总服务台（图1-12）、大堂副理处和礼宾处等。

图1-12　酒店总服务台

总服务台（General Service Counter），简称"总台"，也叫前台，是为客人提供住宿登记、结账、问讯、外币兑换等综合服务的场所。总台是前厅活动的主要焦点，应设在大堂中醒目的位置，最好正对大堂入口处，这样可以使工作人员观察到整个前厅、出入口、电梯、商场等的活动情况，也能清楚地观察到正门外客人车辆的到达，从而做好接待准备工作，也有利于及时发现各种可疑的人或物，确保酒店的安全。总服务台的柜台长短和台内面积视酒店的规模、等级而定。如，喜来登酒店集团的服务台国际指标是：200间客房的酒店，柜台长8米，台内面积23平方米；400间客房的酒店，柜台长10米，台内面积31平方米；600间客房的酒店，柜台长15米，台内面积45平方米。总服务台的外观形状与整个大堂的建筑密切相关，较常见的有直线形、折线形、半圆形等。

大堂副理的办公地点应设在离总台或大门不远的某一视野开阔的安静之处。通常放置一张办公桌，放一两张座椅，以供办公和接待客人。

礼宾处一般设在大门内侧，使行李员可尽早看到汽车驶进通道，以便及时上前迎接。柜台后设行李房。小型酒店不单设礼宾处，礼宾处与总台合二为一。

另外，前厅部办公室、总机房、账务室等机构，与前厅接待服务密切相关，但又不必直接与客人打交道，因而一般设在总服务台后面联络方便但较为隐秘之处。

（三）休息区域

休息区域是客人来往酒店、等候、休息或约见亲友的场所（图1-13）。它既要位置明显又需保持相对安静和不受打扰。休息区域的主要家具是供客人休息的沙发座椅和配套茶几。沙发可根据需要围成几组方形，也可围着柱子设置，在人流进出频繁、充满动感的大厅空间中，构筑一个隔而不断、既围又透的宁静舒适的小环境。前厅休息区域的风格、面积必须与酒店的规模和星级相适应，前厅中应有足够的空间供客人活动和休息。例如，美国的Ramada国际酒店规定，要按每15间客房一个座位的比例配备免费休息座。

图1-13　酒店大厅休息处

（四）公共设施

前厅内应有齐备的公用电话等公用设施，较高档的酒店还应配备供客人查询有关酒店服务设施位置及时间等信息的电脑。前厅内或附近应设有用中英文文字及图形明显标志的供男女客人使用的洗手间，洗手间要宽敞，各种用品如手纸、面巾纸、香皂、干手器、小毛巾、擦鞋机等要齐全，洗手间应干净无异味。洗手间位置的选择要充分考虑客人的需求，要能给客人提供方便，尤其是酒店中设有大堂吧时，客人从大堂吧到洗手间的距离不宜过长，酒店的设计标准手册明确写着：酒吧和餐厅到洗手间的距离，绝对不能超过45米。

三、前厅的环境

前厅作为整个酒店的中心，其环境和氛围是非常重要的。为了创造好的气氛和环境，必须重视前厅的装饰美化，把满足功能需求与创造环境、氛围的艺术效果结合起来，把体现民族风格、地方特色与适应国际环境艺术新潮流结合起来。

（一）前厅的光线

前厅内要有适宜的光线，要能使客人在良好的光线下活动，员工在适当的光照下工作。前厅内最好通入一定数量的自然光线，同时配备层次、类型各不相同的灯光，以保证良好的光照效果。客人从大门外进入大厅，是从光线明亮处进入到光线昏暗处，如果这个转折过快，客人会很不适应，睁不开眼睛，所以，灯光的强弱变化应逐步进行。要使每位客人的眼睛都能逐步适应光线明暗的变化，可采用不同种类、不同亮度、不同层次、不同照明方式的灯光，配合自然光线达到上述要求。

为追求热烈的气氛，大厅一般采用高强度的华丽吊灯。客人休息处设有便于阅读和交谈的立灯或台灯，灯光昏暗，形成舒适、安静和优雅的格调。而对总服务台的工作人员则要使用照明度偏高的灯光，创造一种适宜的工作环境。各种光色都应和谐、柔和而没有眩目的感觉。灯具除用以照明外，其本身就是一种装饰品，所以大厅内的各种灯具必须配套，其造型应与大厅内的建筑风格相呼应。

（二）前厅的色彩

前厅环境的好坏，还受到前厅内色彩的影响。色彩经人的心理和生理反应会产生不同的感觉，色彩具有感情象征。例如，红色有迫近感、扩张感，使人兴奋，可以造成热情、温暖、喜庆的气氛；绿色意味着自然和生长，使人情绪平静而稳定等。因此，前厅内客人主要活动区域的地面、墙面、吊灯等，应以暖色调为主，以烘托出豪华热烈的气氛。而前厅的服务环境及客人休息的沙发附近，应以冷色调为主，使人能有一种宁静、平和的心境，适应服务员工作和客人休息对环境的要求，创造出前厅特有的安静、轻松的气氛。

（三）前厅的气味

气味也是影响前厅环境的因素之一。一位资深的前厅管理人员说过：一进大堂，看看酒店地面是否干净光洁，再闻闻大堂的气味，你就可以知道酒店管理水平如何。空气中的臭气对人体健康造成的损害，一方面是身体上的，会影响呼吸系统和感染疾病，甚至会危及生命；另一方面是心理上的，使人情绪不稳，甚至暴躁。以前很多酒店是在大堂洒空气清新剂，现在一些酒店开始推行"大堂香氛"，即在酒店大堂里释放酒店自己特制的香气。中国大饭店的大堂据说是整个CBD（中央商务区）地区最香的地方。一进门，檀香里带着玫瑰香甜，那是酒店集团独特研制的"香格里拉大堂香氛"。这种嗅觉记忆绝对会是酒店印象的增值项。

（四）前厅的声音

前厅声源多、音量大。如噪声过于集中，就会超过人体感觉舒适的限度，使人烦躁不安，容易出错，易于激动和争吵，降低效率。因而在建造前厅时，应考虑使用隔音板等材料，降低噪声。酒店员工工作交谈时，声音应尽量轻些，有时甚至可以使用一些体态语言，代替说话进行沟通（如用手势招呼远处的同事）。要尽量提高工作效率，使客人在高峰时间不致长久滞留于大厅，破坏大厅安静的气氛。酒店应尽可能播放轻松动听的背景音乐，以减少噪声对客人的危害。

思考与训练

一、单项选择题

1.被称为酒店的"Nerve Center"，代表酒店对外形象是_____。

A.前厅部　　　　B.客房部　　　　C.工程部　　　　D.销售部

2.不属于前厅部业务范围的是_____。

A.销售客房　　　B.客房清洁　　　C.委托代办　　　D.投诉处理

3.前厅内客人主要活动区域的地面、墙面、吊灯等，应以_____色调为主。

A.暖　　　　　　B.冷　　　　　　C.冷暖色调结合　　D.无所谓

4.一般来讲每间客房应该占有大堂_____平方米的建筑面积。

A. 0.1～0.4　　　B. 0.4～0.8　　　C. 0.8～1.2　　　D. 1.2～1.6

二、问答题

1.前厅部的地位和作用表现在哪些方面？

2.请根据前厅部组织机构设置的原则，画出大型酒店前厅部的组织机构图。

3.谈谈自己如何成为一名优秀的前厅部工作人员？

4.谈谈你对酒店前厅氛围的理解。

三、案例分析

香港的文华东方酒店（Mandarin Oriental Hong Kong）是香港历史最悠久的酒店之一，在国际上颇具声望。作家Simon Winchester抖出了酒店开业之初的这样一件"糗事"。

Simon Winchester想让酒店的礼宾部替他买几张贝多芬的唱片，所以他就给礼宾部打电话，以下是他和酒店礼宾部的对话：

"你好，我是1010房间的Simon Winchester。"

"哦，Simon Winchester，你今天过得怎么样？"礼宾部说。

"很好，很好，谢谢——您知道贝多芬吗？"

"贝多芬先生？让我查一下——请问他住哪个房间？"

"不不，贝多芬不是一个客人，他是一个作曲家，他已经死了。"

"哦，天哪！天哪！"礼宾部顿时大惊失色，叫道："那我们得赶紧报警啊！"

思考题：

1.你如何看待酒店前厅服务？

2.请结合案例，分析作为一名优秀的前厅部员工应该具备哪些素质？

四、实训项目

项目名称：酒店前厅部调研。

练习目的：使学生能全面把握酒店前厅部的业务范围、组织架构、员工素质要求、各岗位工作职责等。

实训内容：调研一家五星级酒店前厅部，了解前厅部的组织机构、人员配备、岗位职责，并根据所学内容进行分析。

测试考核：实训结束后，完成一份酒店前厅部的调研报告。

模块二
客房预订服务

Module II   Rooms Reservation

　　预订（Reservation），是指在客人抵店前对酒店客房的预先订约。客房预订是酒店的一项重要业务，酒店一般在前厅部（或销售部）设有预订部（Reservation Division），专门受理预订业务。

学习与训练总目标

- 了解和掌握酒店客房的房型、房态和房价。
- 掌握国际通行的酒店常用的五种计价方式。
- 了解和掌握客房预订的方式、渠道和种类。
- 熟悉和掌握客房预订的服务程序。
- 了解和掌握超额预订及其处理的方法。
- 熟悉预订管理中常见问题的处理方法。

项目一　酒店的房型、房态和房价认知

📖 **学习与训练子目标**

1. 掌握酒店客房的基本房型。
2. 掌握酒店前厅和客房常用的房态类型。
3. 熟悉酒店房价的构成和类型。

 案例导读

连通房和相邻房的区别

大堂副理接到某旅行社电话，要求为客人预订一间套房，大堂副理根据客人抵达日期查询电脑后，确认有房，将房间设施和价格告知对方，并请对方发传真到预订部确认。对方发来的传真预订房间的数量由一个套间变为一个套间和一个标准间，并注明两间房为连通房。大堂副理和预订员由于没有理解客人的要求，为客人订了一个套间和与套间相邻的标准间。当旅行社的客人到店入住后，发现房型与预订要求不符，提出投诉。

思考：

上述案例中由于大堂副理和预订员没有搞清楚连通房和相邻房的区别导致客人投诉，连通房（Connecting Room）是可以不经走廊在两室之间自由往来的房型。相邻房（Adjoining Room）是两间靠在一起，互不相通的房间。

作为预订部员工要了解酒店的各种房型、房态和房价，并能向客人准确描述，按照客人的房型要求做好预订工作，如无所需房型应及时与客人联系商洽。

知识点与技能点

预订工作（Reservation）是酒店进行推销的重要手段之一，通过有效的、高质量的预订工作，可争取更多的客源，为酒店增加经济收益和社会效益。因此，大型酒店前厅部设立专职的预订处（Reservation Desk），配备预订主管（领班）和预订人员（Reservation Clerk），24小时提供服务。预订人员是预订服务质量高低的关键，他们应分工明确，责任清楚，熟悉酒店客房等级、类型、设备、位置、朝向、楼层、优缺点、价格标准、房间状态，还应熟练掌握预订工作程序、预订方法和要求，准确、熟练地掌握计算机输入、存储、输出预订资料和制表等技术。

任务一　认识酒店的房型

一、按房间内床的设置划分

（一）单人间（Single Room）

房间内只设规格为2米×1.2米或2米×1.5米的单人床一张。有的酒店为了增加客人白天起居活动的面积，单人间内采用沙发床（Sofa Bed）。见图2-1。

（二）标准间（Standard Room/Twin-Bed Room）

也称为双人房，房内设规格为2米×1.2米或2米×1.5米的单人床两张，供两位客人同时使用，或只供一位客人使用即标准间单人住（Twin for Sole Use，简称TSU），如图2-2所示。

图2-1　单人间

图2-2　标准间

（三）大床房（Double Room）

房间内设一张双人床，双人床的规格是2米×1.8米，即大号双人床（Queen-Size Bed），或2米×2米，即特大号双人床（King-Size Bed）；随着酒店豪华等级的提高，有的酒店甚至配备2米×2.2米的双人床，一般情况下，大床房内设置大号双人床（Queen-Size Bed），而特大号双人床（King-Size Bed）一般出现在套房（Suite）里面。大床房内可睡两位客人或一位客人。如图2-3所示。

（四）三人间（Triple Room）

房间内设三张规格为2米×1.2米或2米×1.5米单人床，有的酒店也称为家庭房（Family Flat）。有的酒店还有四人间（Quad），房间内设四张规格为2米×1.2米或2米×1.5米单人床，或设两张规格为2米×1.8米的双人床。目前星级酒店中该类房型较少或没有，多在度假型酒店中设置。除此以外，也有些中低档酒店或青年旅社会有按照床位收费的多人间。如图2-4～图2-6所示。

二、按房间的规格和等级划分

（一）经济间（Economic Room）

顾名思义，经济间比较经济实惠，设施简单，价格低廉，如三人间和四人间都属于经济间。

图2-3 大床房

图2-4 三人间

图2-5 四人间（单人床）

图2-6 四人间（双人床）

（二）标准间（Standard Room）

标准间是一间房带一间卫生间，这类客房在酒店所有客房中所占比例较大，适用面也最广，主要适用于旅游团体和会议客人的需要。

（三）高级间（Superior Room）

高级间的面积略大于标准间，房内设施、客房用品都比标准间高档。

（四）豪华间（Deluxe Room）

豪华间的面积略大于高级间，房内设施、客房用品都比高级间高档。

（五）商务间（Business Room）

商务间是专门为从事商务、公务活动的客人设计的。面积比一般标准间略大，设有办公桌和诸如传真机等办公设备。随着商务客人的增多，这类客房的需求也不断增多。目前很多高星级酒店设立了行政楼层（Executive Floor），以便向客人提供有针对性的服务。

（六）套房（Suite）

套房就是房间中有单独的客厅，有时是一间房，分成睡眠区域和活动区域，有时是两间及以上的房间组成，这就视套房的等级和豪华程度而定。根据等级和豪华程度，套房可以进一步分为小套房（Petite Suite）、普通套房（Junior Suite）、商务套房（Business Suite）、豪华套房（Deluxe Suite）、复式套房（Duplex Suite）和总统套房（Presidential Suite）。

（1）小套房（Petite Suite） 只有一间房外加卫生间组成，在房间里分出一个小客厅，形成单独的活动区域，如图2-7所示。

（2）普通套房（Junior Suite）　又称为双套房，由两个连通的房间组成，一般是客厅和卧室。卧室内通常配备一张特大号双人床（King-Size Bed）或两张单人床，并设有独立卫生间。如图2-8所示。

（3）豪华套房（Deluxe Suite）　设施豪华齐全，室内注重装饰布置与温馨气氛的营造。一般房间数及卫生间均在两间以上，也可以分卧室、起居室、餐厅、书房、会议室或酒吧。

（4）复式套房（Duplex Suite）　由两层构成，通过室内楼梯连接。见图2-9。

（5）总统套房（Presidential Suite）　一般是酒店最豪华、价格最高的房间。总统套房一般由五间以上的房间构成，最多的可达十间，包括男女主人卧室、侍从室、警卫室、起居室、书房、餐厅、厨房、酒吧等。装饰布置极为考究，设置用品高雅豪华。见图2-10。

图2-7　小套房（Petite Suite）

图2-8　普通套房（Junior Suite）

图2-9　复式套房（Duplex Suite）

图2-10　总统套房（Presidential Suite）

三、按房间的位置和朝向划分

（一）内景房（Inside Room）

内景房的客房窗户朝向酒店内院，例如背街房（Rear View Room）。

（二）外景房（Outside Room）

外景房的客房窗户朝向街道、公园、湖泊、大海等，视野开阔，景色宜人，例如朝街房（Front View Room）、城景房（City View Room）、园景房（Garden View Room）、海景房（Sea View Room）、湖景房（Lake View Room）等。

（三）角房（Corner Room）

角房位于酒店楼层走廊的尽头。

（四）连通房（Connecting Room）

连通房是可以不经走廊在两室之间自由往来的房型，房间由公共门连通，平时可作为一间房出租，旺季可以把门锁上，作为两间房使用。见图2-11。

图2-11　连通房

（五）相邻房（Adjoining Room）

相邻房是指两间靠在一起，有公共墙，互不连通的房间。还有一种相邻房是两间离得很近，但没有公共墙，我们称为Adjacent Room。

四、特殊房型

（一）无烟房（Non Smoking Room）

无烟房是专门为非吸烟人士准备的客房。房间门上有禁烟的标志，房间里不放置烟灰缸、火柴。有些高星级酒店还专门设有无烟楼层，体现了酒店绿色、环保的理念。

（二）无障碍房（Accessible Room）

无障碍房是专门为腿脚不方便的客人准备的客房，房间的设计与装饰，充分考虑腿脚不方便的客人的生理特征。房间一般设在较低的楼层，进出方便，地面无障碍。房间的把手、窥视镜、扶手的位置应方便坐轮椅的客人，房间内还设有与客房中心相连的呼叫按钮等。无障碍房的设立充分体现了酒店以人为本、注重人文关怀的经营理念。见图2-12。

（三）带厨房的客房（Room with Kitchen）

有的酒店会设置一些带厨房的客房，主要为部分喜欢自己下厨的客人准备的，厨房里配备简单的厨房用具，客人可以在方便的时候自己下厨，享受做饭的乐趣，让客人有"家"的感觉。带厨房的客房的设立既体现了酒店充分满足客人需求的服务理念，也体现了"体验经济"在酒店业发展中的趋势。

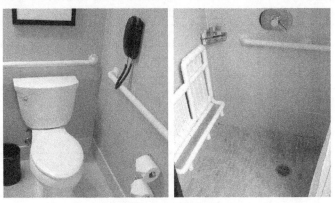

图2-12　无障碍房

（四）女士客房（Lady Room）

女士客户主要是为女性客人准备的房间。这类房间充分考虑到女性的特点，房间布置温馨典雅，有些酒店还装有壁炉，体现家庭气氛。房间内备有时尚的女性杂志，衣橱内配有多种衣架适合挂不同的衣物，卫生间内的一些客用品讲究品牌与种类，化妆镜的光线设计适合客人化妆。见图2-13。

图2-13　女士客房

任务二　学习酒店的房态

客房状态（Room Status）又称为客房状况，简称房态，是指对每一间客房在一定时段上正在占用、清扫、待租或维修等不同情况的标志或描述。准确了解房态的种类和标志对预订员准确无误地为客人办理客房预订是非常重要的。基本房态有可出租房（Vacant Room）、脏房（Dirty Room）、住客房（Occupied Room）、维修房（Out of Order）等四种。另外，还有诸如酒店自用房（House Use）、转换房（On Change）等特殊房态，详见表2-1，不同的酒店操作软件系统里的房态也是不一样的。

表2-1　酒店房态汇总表

房态	缩写	中文	房态描述
Vacant Clean	VC	可出租房	干净的空房，可随时出租给客人
Vacant Dirty	VD	走客房	客人结账离开后，酒店未来得及打扫
Occupied Clean	OC	已做住客房	住客房已打扫干净
Occupied Dirty	OD	未做住客房	住客房尚未打扫
Out of Order	OOO	维修房	房间需要维修或改造，暂时不能出租给客人
Out of Service	OOS	维修房	因各种原因，已被暂时停用的房间，在旺季时可折价出租给客人
Estimated Check Out	ECO	预退房	预计当天退房结账的房间
House Use	HU	自用房	酒店自用房，不能出租给客人
Complimentary/Free		免费房	免费向某一客人提供客房下榻或服务（通常用于企业宣传，或奖励客人来酒店下榻）
Sleep Out	SO	外宿房	客人外宿。客房已经被客人登记下榻和付款，但客人并没有在里面居住
Blocked Room	B	保留房	为已预订客房的客人和团队的留房
Double Locked	DL	双锁房	客人从房内双锁客房，服务员用普通钥匙无法打开房门
No Baggage	N/B	无行李房	客人住店时没有携带任何行李
Light Baggage	L/B	少量行李房	客人住店时只携带少量行李
Extra	E	加床	表明房间里有加床
Do Not Disturb	DND	请勿打扰房	说明该房间客人不希望被打扰
Make Up Room	MUR	请即打扫房	客人希望房间尽快得到打扫，客房部清洁人员优先为此类房间清扫客房
Refuse Service	RS	拒绝服务	该房间客人拒绝服务员提供各种服务

对于以下几种状态的客房，客房部在查房时，应多加注意并及时与前厅联系。

一、外宿房（Sleep Out）

客人办理了入住登记手续，但外出没有回酒店住宿。前厅部工作人员做好记录工作之后通知大堂副理和客房部，请大堂副理双锁客房，客人返回时，再为客人打开房门，客房部服务人员平时应多加关注此类客房的安全问题。

二、保留房（Blocked Room）

保留房是一种内部掌握的客房，也叫管制房，提前将某几间客房管制起来，这些房间在指定期间已留给了特定的客人，不再安排别的客人，别的客人需要这些客房时只能在管制开始或结束后的日期才能安排。主要用于对会议、团队或重要客人进行排房，满足他们对某种房型、房号的偏好或特殊要求的安排。

三、双锁房（Double Locked）

双锁房即客人从房间内双锁客房，服务员使用普通钥匙是无法打开房门的，很多时候是客人防止被打扰才从房内双锁客房，对这类房间，服务员要加强观察和定时检查，防止客人出现意外。

四、无行李房（No Baggage）和少量行李房（Light Baggage）

酒店要对没有携带行李或携带少量行李的客房进行监管，密切关注这类房间客人的签单消费情况，防止出现逃账情况。

五、请勿打扰房（Do Not Disturb）

为免受打扰，客人会亮起房门口的"请勿打扰"灯，或在门把手上挂上"请勿打扰"牌（图2-14），这时，服务员是不能进入客人房间提供服务的。超过酒店规定时间，总台或客房部会打电话与客房联系，以防止客人发生意外，确保客人安全。

六、请即打扫房（Make up Room）

如果客人希望客房清洁员能优先打扫房间，可以在门把手上挂上"请即打扫"牌（图2-14），这时，客房清洁员应优先安排清洁整理，满足客人的要求。

图2-14 "请即打扫"和"请勿打扰"牌

任务三 了解酒店的房价

房价（Room Rate）是指客人住宿一晚所应支付的住宿费用。它由客房成本和合理利润组成，是客房商品价值的货币表现形式。作为预订人员需要了解酒店房价的种类并能根据接待对象、接待时间的不同选择使用不同的房价。

一、标准房价（Rack Rate）

标准房价又称为门市价（Rack Rate）、挂牌价、散客价、公布房价，是指酒店写在房价表（Room Tariff）上或在柜台上向散客（Walk in）公开推销客房所采用的价格，该价格不含任何服务费（Service Charge）、税金或折扣（Discount）等因素。结账时，通常要在标准房价的基础上收取15%的附加费（Surcharge），其中10%为服务费，5%为政府税收，因此，不含服务费的房价又称为净价（Net Rate）。若酒店房价表上（图2-15）豪华套房的标价为RMB1980元，并在房价下方标有"以上房费另收10%服务费"的提示，则该房间在实际结账时需要支付：RMB1980元×1.1=RMB2178元。

客房价目表
Room Tariff

	价格 (人民币) Rate (R.M.B)
高级客房(双床或大床) Superior(Double cr Twin)	880
豪华套房 Deluxe Suite	1980
高级套房 Superior Suite	2980
加床 Extra Bed	130

◆ 以上房费另收15%服务费
◆ 12岁以下儿童与家人同住而不加床者不另收费
◆ 退房时间为中午12点前，下午六时前退房前加收半日房租
◆ 客人主要信用卡均可适用
◆ 所有预定房如无信证将保留至下午四时
◆ 价格如有更改，恕不另行通知

香港城
H.K CITY
国际会所

门房热线
Reservation Hotline
+(86 755) 2778 3488 转 5112

图2-15 房价表

根据房价是否包含餐费及其他费用，标准房价又有五种常用的计价方式。

（一）欧洲式计价（European Plan，简称"EP"）

此种计价只包括房费，而不包含任何餐费的收费方式，这种计价方式为世界上大多数酒店所采用，在中国比较适合于散客，尤其是本地散客。

（二）美国式计价（American Plan，简称"AP"）

此价格不但包括房费，而且还包括一日三餐的费用，因此，又被称为"全费用计价方式"，多为远离城市的度假型酒店或团队客人所采用，在中国比较适合于会议团体客人。

（三）修正美式（Modified American Plan，简称"MAP"）

此价格中包括房费和早餐，除此而外，还包括一顿午餐或晚餐（二者任选一个）的费用。这种收费方式较适合于普通旅游客人，在中国比较适合于旅游团体客人。

（四）欧洲大陆式计价（Continental Plan，简称"CP"）

此价格包括房费及欧陆式早餐（Continental Breakfast）。欧陆式早餐的主要内容包括冷冻果汁（Juice）、烤面包（Bread Served with Butter & Jam）、咖啡或茶。欧陆式计价方式也称为"床位连早餐"报价，此类报价方式较多地被不设餐厅的汽车旅馆所采用。

（五）百慕大式计价（Bermuda Plan，简称"BP"）

此价格包括房费及美式早餐（American Breakfast）。美式早餐除了包含有欧陆式早餐的内容以外，通常还包括鸡蛋（Egg）和火腿（Ham）或香肠（Sausage）或咸肉（Bacon）等肉类。这种报价方式，对商务旅客具有较大的吸引力。

二、追加房价

追加房价是在标准房价的基础上，根据客人的住宿情况，另外加收的房费。追加房价主要有以下几种情况。

（一）白天租用价（Day Rate）

根据国际惯例，酒店行业退房时间是中午12:00以前，如果客人的退房时间超过了规定的时间，需要根据时间长短加收房费，通常情况下，退房时间超过中午12:00需要加收半天房费，超过18:00需要加收一天的房费。

（二）加床价（Rate For Extra Bed）

加床价是酒店根据客人要求额外增加床具而推出的一种价格，该价格可根据客房种类、床具种类和住宿天数而定。

（三）深夜房价（Midnight Charge）

这种房价指客人凌晨抵店，酒店将向客人加收一天或半天的房费。

三、减免房价

（一）优惠房价（Commercial Rate）

优惠房价又称为折扣房价（Discount Rate），在标准房价的基础上给客人降价。根据国际多数国家的惯例，酒店应该为下列客人提供优惠房价：

① 翻译、导游人员；

② 外交人员、高级军事人员；

③ 航空公司职员；

④ 常客（Regular/Frequent Guest）和常住客人（Long Staying Guest）；

⑤ 贵宾（VIP）；

⑥ 单人占用双人房价格；

⑦ 酒店原因造成房价升级（Upgrade）。

（二）免费房价（Complimentary/Free）

酒店会给予非常重要的或与酒店发展密切相关的人士或与酒店有双边关系的客人予以免费价，以鼓励他们为本酒店作更多贡献或显示酒店对其的尊重。免费的范围既可以包括餐费，也可以仅限房费，由相应的部门经理提出申请，由总经理和财务经理签字方可生效。

四、特别房价

（一）团队价（Group Rate）

团队价是酒店提供给团队客人的一种价格。由于团队客人数量大、用房多，故团队价格通常低于标准价格，通过低房价确保酒店客源稳定。团队价可根据旅行社等团队的重要性、客源的多少以及淡、旺季等不同情况具体确定。

（二）合同价（Contract Rate）

酒店与客源单位或中间商签订房价合同，并按合同规定向对方客人以优惠价格提供客房。房价优惠的幅度根据对方能够提供的客源量以及客人在酒店的消费水平而定。

（三）家庭租用价（Family Plan Rate）

此房价是酒店为携带孩子的父母提供的一种低于门市价的优惠价，以刺激和带动其他消费。

（四）小包价（Package Plan Rate）

酒店为便于推销和方便客人报销而制订的一种价格，此价格是酒店向宾客提供的一揽子报价，通常包括房租、餐费、游览、交通等项目的总和，以方便宾客作预算。

（五）季节差价（Season Rate）

酒店营业可以分为旺季（High Season/Top Season/Peak Season）、平季（Shoulder Season）、淡季（Low Season/Slack Season），不同季节制订不同的价格。有些酒店标准价格以平季为准，旺季在平季价格的基础上上浮一定的百分比，淡季在平季价格的基础上下浮一定的百分比。

（六）日期差价（Date Rate）

酒店根据当地客源状况的基本规律，在标准房价的基础上，在预计客人较少的日期，给客人较大的折扣，如大部分酒店周日至周四客人比较少，通常给客人较大的折扣；而在预计客人较多的日期，给客人较小的折扣，如大部分酒店节假日或周五、周六客人较多，通常给客人较小的折扣，这种做法就称为日期差价。

（七）会员价（Member Rate）

会员价是由酒店根据具体情况分发或出售不同的优惠卡或会员卡给客人，客人凭不同种类的卡享受酒店给该类卡持卡人的优惠价格。

项目二 客房预订的方式、渠道和种类认知

📖 **学习与训练子目标**

1.掌握酒店客房预订的概念和作用。

2.了解酒店客房预订的不同方式及其优、缺点。

3.熟悉酒店客房预计的不同渠道。

4.区分并掌握酒店客房预订的不同种类。

📊 案例导读

盛夏，正值旅游旺季，某酒店客房经常爆满。这时一位先生打电话要求预订4间标准间，并将房间保留到晚11点。值班员小张查看了房态，正好有客人需要的房间，就接受了此预订。由于是旅游旺季，期间来了许多客人，但由于没有房间，小张都婉言拒绝了客人的要求。离与预订客人约好的时间，还有几分钟，这时又来了一批客人要求住店。看到眼前着急的客人，小张看了看时间，心想也许预订客人不会来了，于是就把那4间房租出去了。可就在这时，刚才预订房间的那位客人带着朋友来到总台，要求入住。此时，酒店已经客满。当小张把情况如实地告诉客人后，客人愤怒地大声指责酒店不讲信誉，明明还没到预订时间却把客房给了别人，要求小张给予解决，否则要投诉。

客人事先进行订房就是为了避免到达酒店时客满而没有住房。如果没有可供出租的客房，酒店应婉拒预订。本案例服务员小张答应了客人的订房后，就涉及在掌握房价、房型、口头确认（临时性预订）等方面的有关预订业务知识与技能。预订员一旦接受了客人预订，就必须严格守信，绝不能单方面毁约。

知识点与技能点

客房预订（Reservation）是客人预先要求酒店为其将来某一段指定时间内保留客房所履行的手续，也称为订房（Booking）。预订工作对酒店自身和客人都有重要意义，对酒店来说，首先，可以在对客服务上掌握主动权，从而方便了客人，增加了客人的满意度，使客人能放心前来；其次，预订工作是酒店进行客房推销的重要手段之一，通过高效优质的预订工作，可争取更多的客源，为酒店增加经济收益和社会效益；再次，通过预订工作，使酒店更好地掌握未来的客源情况，为酒店做好总体工作安排提供基本依据，有利于酒店提高管理成效。

任务一　熟悉客房预订的方式

一、电话订房（Telephone Reservation）

这种订房方式能够迅速传递信息，当场恢复和确认客人的订房要求，不仅快捷、方便，而且能够使双方达到迅速有效的沟通。因此，电话订房的方式在客房预订中应用最为广泛，尤其为散客喜爱。电话预订的方式有受付电话（Collect Call）和专线电话预订，如800免费预订热钱、400市话预订热线等，既省时、快捷、又减少了消费者的费用，方便客人进行预订。

二、网络订房（Internet Reservation）

网络订房是现代酒店广泛使用的一种预订方式，也是当前国际上最先进的订房方式。通过网络进行预订既快捷又方便，还可以将自己网页与国内外著名旅游网友情链接，如谷歌、百度、携程等，使客人方便接触酒店信息和订房。另外，酒店也可以通过计算机网络订房系统，将连锁酒店的订房系统和航空公司、各大旅行社等机构联网，资源共享。

三、传真订房（Fax Reservation）

传真订房方式具备现代化通信的特点，传递迅速、即发即收、内容详尽，并尽可能传递传送者的真迹，如签名、印鉴等，还可传递图表，并且操作方便，不容易出现订房纠纷。因而商务会议主办者和旅行社一般乐于采用这种订房方式，成为仅次于电话订房的使用频率最高的订房通信方式。

四、信函订房（Letter Reservation）

信函订房是订房人以明信片或信函的方式预订客房，这是一种传统的订房方式，由于信函传递的时间较长，因此比较适用于提前预订时间较长和要求预订相当数量客房的客户。信函订房的优点是：信息可靠，客人可以写明特殊要求，作为书面的预订协议，对酒店和客人均起到约束作用。

五、口头订房（Verbal Reservation）

口头订房即客人亲自到酒店与酒店预订人员洽谈订房事宜。这种订房方式可以使预订员有机会运用推销技巧巧妙推销酒店客房产品，必要时，可以请客人参观客房以供客人选择。

六、合同订房（Contract Reservation）

合同订房指酒店与旅行社、中间商或其他企业签订商务合同，未来的一段时间内，以合同中规定的房价、房间数等为客户提供客房，这种订房方式效果非常好，具有较强的法律效力。

订房合同（参考样式）

　年　月　日，由　　　　酒店（以下简称甲方），与　（以下简称乙方）经友好协商，达成如下协议：

一、推销

1.乙方同意利用其销售网络推销甲方，并向来到本市的所有客户和即将成为乙方客户的人士推荐甲方的服务设施。

2.乙方保证在任何可能的情况下，在本市接待旅客时，将选择甲方作为其客人的下榻处。特别是以下项目：

1）系列团队；

2）旅游团队。

3.乙方同意把甲方编入其宣传项目及宣传册之中，并在合适之处采用甲方的彩色照片。这些宣传品及小册子一经出版应立即送甲方一些样本。

二、价格

考虑到乙方可能提供的客源量，甲方同意按下列条件和价格（不含佣金）接待乙方的客源。

团队预订——单人间／双人间（10人及10人以上）：

·淡季（十二月，一月，二月，三月）=_____元人民币

·平季（四月，六月，七月，八月）=_____元人民币

·旺季（五月，九月，十月，十一月）=_____元人民币

散客预订——单人间／双人间（10人以下）：

·淡季（十二月，一月，二月，三月）=_____元人民币

·平季（四月，六月，七月，八月）=_____元人民币

·旺季（五月，九月，十月，十一月）=_____元人民币

·所有套间一律享受_____%的优惠；所有客用房加床为_____元人民币，陪同床为_____元人民币。

注：所有价格不含任何早餐及城市建设费。

三、餐费

中式早餐=_____元人民币

美式早餐=_____元人民币

午餐套餐（西餐）=_____元人民币

晚餐套餐（西餐）=_____元人民币

注：餐费不含酒水。

四、价格保护

在任何情况下，乙方不得以比柜台价更高的价格将甲方的客房出让给第三者，当甲方柜台价随季节改变时，甲方应通知乙方。

五、预订

团队入住前，乙方应在甲方销售部办理团队预订手续。甲方将根据订房情况和接待能力于接到预订通知的三天内，决定是否接受此预订并以书面形式通知乙方。未经甲方接受并确认的预订，甲方概不负任何责任。

六、客房占用期限

按预订经确认的客房在入住日下午2:00之后方可入住。离店时间为正午12:00。

七、客房分配单

乙方同意在客人到达前30天向甲方提供将入住甲方团队的所有成员名单及住房分配方案，包括航班消息，用房标准。如果乙方未能按上述要求及时提供这些信息（除非另有协议），甲方有权取消已预订的客房及设施并转售给其他客户。

八、免费房

甲方同意为每16位付费客人提供半个双人间免费房，但每团的免费房不超过4个双人间。

九、取消预订

乙方如果需要取消或减少预订房，应按下列条件书面通知甲方。

房间数	最少要求期限
10间以下	到客前10天
10～25间	到客前15天
26～50间	到客前20天
51间以上	到客前30天

在最少期限之后，如果团队要求取消或减少10%以上的预订房间数，甲方将收取每间取消房一天的房租作为乙方未及时取消预订的费用。

十、确认未到预订

如果整个团队在入住日未到，乙方应支付甲方当日所损失的房费，同时支付整个实际居住期应付的房费。

十一、押金/付款

乙方同意在做系列团预订时付给甲方押金_____元人民币。如果乙方未能履约，甲方可以从押金中抽取全部或部分作为甲方应得的押金。如果乙方完成合约，全部押金（不包括利息）将如数退还乙方或作为乙方应付甲方费用的一部分。

除了上述押金外，乙方承诺在团队离店后30天内支付团队下榻在甲方期间所产生的一切费用。否则甲方有权向乙方收取其超出天数的相应租息，利率按中国人民银行公布的同期活期存款利率计算。

十二、保密

此文件中的全部内容都为绝密性的，不管是出于何种原因或目的，乙方都不能透露给第三者。乙方应对此表示理解并遵照执行。

十三、合同期限

本合同条款期限为从　　年　月　日开始至　　年　月　日截止。合同一式两份，由乙方签字后在　　年　月　日之前交给甲方，由甲方监督执行。

十四、违约责任

双方在执行合同过程中有违约行为时，本着友好协商的办法处理。确实不能达成一致意见的，双方同意由当地仲裁机构仲裁或交当地法院裁判。

甲方代表同意接受　　　　　　乙方代表同意接受

授权签名：　　　　　　　　　授权签名：

姓名：　　　　　　　　　　　姓名：

职务：　　　　　　　　　　　职务：

以上订房方式中，以电话订房和网络订房最为普遍。各种订房方式都有其各自的优点和缺点，在接受订房时，要注意各种订房方式的特点，应尽量以客人订房的同等方式予以答复，以显示对客人的尊重，当然电话订房时酒店应尽量以书面形式答复，而时间紧迫时，酒店应以最快捷的方式答复客人的预订。

任务二 掌握客房预订的种类

尽管客人预订时采取不同的方式，但通常根据客人是否支付定金，可以将各种预订归纳为临时类预订、确认类预订、保证类预订和等候类预订四种。

一、临时类预订（Advanced Reservation）

临时类预订是指客人在即将抵达酒店前很短的时间内或在到达的当天联系订房。酒店一般没有足够的时间给宾客以书面确认，只能予以口头确认。

二、确认类预订（Confirmed Reservation）

确认类预订是指酒店通过书面形式答应为预订的宾客保留房间至晚上18点或某一事先声明的规定时间，但如果到了这一规定时间（即留房截止日期，Shut off Date），宾客仍未抵店，也无任何声明，则在用房紧张时期，酒店可将所保留的客房出租给等候类宾客或其他有需要的宾客。

三、保证类预订（Guaranteed Reservation）

保证类预订是指宾客通过预付定金或订立合同等方式来保证自己的订房要求，或者在旺季时酒店为了避免因预订客人临时取消订房或擅自不来而引起的损失，要求客人预付定金加以保证。这类预订称为保证类预订，否则双方都将承担相应的责任。

（一）保证订房的形式

1.预付定金保证（Advanced Deposit）

对于酒店来说，最理想的保证订房的方法就是要求客人预付定金，如现金、支票、汇款等酒店认可的形式。预付金可以由预订处收取后交财务部，也可由财务部收取后通知预订处。酒店收到定金后，必须为客人保留所需房间到规定时间。如果客人不来住宿，则酒店有权视具体情况没收定金的全部或部分来补偿酒店可能出现的空房损失。

（1）预付定金的金额　定金的金额应该是客人所定客房数一日的房费，有些酒店根据需要与可能，会预收两天甚至客人所有订房天数全额的房费作为定金，但这一现象并不多见。定金通常只在客房供不应求时才可能收到同时客人也才愿意交。

（2）预付定金的形式　定金可以是现金，也可以是汇款，酒店有时也接受支票。

（3）收取定金的期限　散客的定金一般应在客人预计到达酒店时间之前的24小时前让酒店收到，以便酒店完成保证订房的手续。团体的定金应视酒店的具体规定及团体订房单位和酒店的关系在每次签订协议或合同时商定定金的金额、形式和期限，一般情况下团体定金的全部或一部分至少应在客人到店前一个星期支付。

（4）收取定金的前提　对于晚到的客人，在订房时事先声明要收取定金。

定金的收取涉及酒店和客人双方的利益，同时牵涉不同的具体情况，因此，酒店不是对所有客人都收取定金，只有在以下情况下，酒店才视具体情况收取定金：

① 旺季客房供不应求，一般应该收取定金，避免出现空房损失，这时客人一般也愿意预付定金；

② 淡季客源不足，收取定金会限制客人订房，所以要少收定金或尽量免收定金；

③ 客人为得到保证订房，主动要求预付定金，这种情况下应收取定金；

④ 对于团体客人一般应收取定金，由于团体客人订房数量大，如果取消会给酒店造成巨大经济损失，因此对团体客人一般应收取定金，而且定金的金额、期限和形式应比散客更严格。

（5）收取定金的手续　客人电话订房时，在电话中告诉客人定金的金额、形式、期限以及取消时定金处理的办法；客人以书面方式订房时，预订员应发书面的预收定金通知单给客人，上面注明定金的金额、形式、期限以及取消或更改时定金时的处理办法，见表2-2。

表2-2　预收定金通知单

对您在××酒店的订房表示十分感谢。我们很高兴地确认下列订房内容： 客人姓名：　　　　　　住店日期：　　　　　客房类型： 一天的房价（单位×间数） 承蒙您在此信的下联签字、盖章确认，并于　　年　月　日前把下列定金汇至我店，不胜感激。 定金（¥）： 开户行名称： 地址： 　　　　　　　　　　　　　　　　　　　　　　　　　　　日期：　　年　　月　　日 　　　　　　　　　　　　　　　　　　　　　　　　　　　预订经理： 如您要取消上述订房要求，我们将按下列规定收取消费： 抵店当日18:00后通知，付100%的取消费； 抵店当日18:00前通知，付50%的取消费； 抵店前2天内通知，付30%的取消费； 抵店前2天通知，无需付取消费。 　　　　　　　　　　　　　　　　　　　　　　　　　　　日期： 　　　　　　　　　　　　　　　　　　　　　　　　　　　签字： 　　　　　　　　　　　　　　　　　　　　　　　　　　　公司名称：（盖章）

2.商务合同保证（Contract）

商务合同保证是指酒店与有关旅行社及其他企业签订住房保证合同，内容包括双方单位的地址、账号及同意为未按期抵店又未事先取消的订房承担付款责任的声明。这种保证方式具有较强的法律约束效力，效果好。

3.信用卡保证（Credit Card）

信用卡保证是指在订房时，酒店预订员取得客人所持信用卡的预授权，如果客人既未取消预订又未按期抵店，酒店可以根据订房客人的信用卡号码、姓名及预订未到记录等情况向客人所持信用卡公司或授权机构收取相关费用作为补偿。

由于各地区、各酒店的实际情况不同，保证的方法也不尽相同。有些酒店将其认可的个人名誉担保视为订房保证；有些酒店目前尚无法接受以信用卡作为订房保证，故采取何种有效的订房保证，应视情况而定。

（二）保证类订房酒店的义务

在向客人收取了定金后，酒店应把客房保留到客人预计抵店日次日中午12时，也就是把客人看作是已付了一天房费且预住一天（即使客人不到）；如果客人未事先取消，酒店也应把客房保留到上述时间，同时没收定金的全部或部分来补偿酒店可能出现的空房损失，如果客人事先取消订房，则视酒店的规定及客人提前通知酒店取消的时间的长短来处理。

（三）保证类订房客人的权利

当客人通过预付定金或其他方式保证了预订后，他至少获得了从声明入住日到次日中午12时对一间预订客房的使用权，即使他未按时到达，酒店也应留房直至规定的期限；如果酒店已把该客房另外作了安排，则客人有权要求酒店另外替他作出妥善安排。客人的义务是预付定金或用其他方式保证不到店时酒店也能得到补偿，这也是酒店的权利，除非在规定的时间之前客人取消了订房。

四、等候类预订（On-Wait Reservation）

在客房预订已满的情况下，再将一定数量的订房客人列入等候名单（Waiting List），对这类订房客人，酒店应事先向客人声明，如果有人取消预订，或有人提前离店，酒店就会给予优先安排，通知等候类客人来店。

项目三　客房预订服务程序

📖 **学习与训练子目标**

1. 了解和熟悉酒店客房预订业务。
2. 掌握酒店客房预订的标准服务程序。
3. 学会受理散客电话订房。
4. 了解团体订房服务程序。

 案例导读

石小姐错在哪里?

销售公关部接到一日本团队住宿的预订,在确定了客房类型和安排在10楼同一楼层后,销售公关部开具了"来客委托书",交给了总台石小姐。由于石小姐工作疏忽,错输了电脑,而且与此同时,又接到一位台湾石姓客人的来电预订,因为双方都姓石,石先生又是酒店的常客与石小姐相识,石小姐便把10楼1015客房许诺订给了这位台湾客人。

台湾石先生如期来到酒店,当得知因为有日本客人来才使自己不能如愿时,表现出了极大的不满。换间客房是坚决不同意的,也无论总台怎么解释和赔礼,这位台湾客人仍指责酒店背信弃义,崇洋媚外,"东洋人有什么了不起,我先预订,我先住店,这间客房非我莫属。"

销售公关部经理向石先生再三致歉,并道出了事情经过的原委和对总台失职的石小姐的处罚,还转告了酒店总经理的态度,一定要使石先生这样的酒店常客最终满意。

通过沟通得知,这位台湾石先生每次到这座城市,都下榻这家酒店,而且特别偏爱住10楼。据他说,他的石姓与10楼发音相同,有一种住在自己家的心理满足;更因为他对10楼客房的陈设、布置、色调、家具都有特别的亲切感,会唤起他对逝去的岁月中一段美好而温馨往事的回忆,因此对10楼情有独钟。

【解析】

总台的石小姐不仅工作出现了差错,而且违反了客人预订只提供客房类型、楼层且不得提供具体房号的店规。这样一来,酒店处于潜在的被动地位。

任务一 掌握客房预订服务的标准作业流程

为了确保客房预订工作的高效运行，前厅部必须建立健全客房预订程序。通常，客房预订的程序可概括成下列7个阶段：通信联系→明确客人要求→受理预订或婉拒预订→确认预订→预订资料储存、修改和取消→抵店准备。见图2-16。

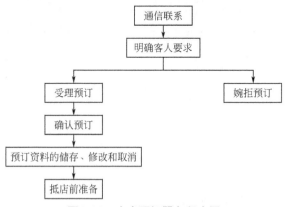

图2-16 客房预订服务程序图

一、通信联系（Communication）

客人常常通过电话、面谈、传真、互联网、信函等方式向酒店客房预订处提出订房要求。

二、明确客人要求（Knowing Requirements）

预订员应主动向客人询问，以获悉客人的住宿要求。通过查看电脑或预订控制总表，以判断宾客的预订要求是否与酒店的实际接待能力相吻合。其因素包括以下四点：抵店日期、客房种类、用房数量、住店夜次。

三、受理预订或婉拒预订（Accepting or Turning Down）

（一）受理预订（Accepting）

如果酒店有符合客人要求的房间就要受理客人的预订，将其所需预订信息填入客房预订单，包括宾客姓名、人数、国籍、抵离店日期、车次或航班、所需客房种类、数量、房价、付款方式、特殊要求以及预订人姓名（或单位）及地址、电话号码等信息。详见表2-3。

（二）婉拒预订（Turning Down）

婉拒预订，即因客满而婉言拒绝宾客的预订要求，婉拒预订并非意味着终止对客服务。如征求宾客调换另一类型的客房，可提供如下建议："……实在遗憾，××先生，您所需的套房我们已订满了。不过，在您抵店那天，我们可以为您提供一间客房，其面积与套房一样，而且朝向庭院，……"另外，也可将宾客的预订要求、电话号码等记录在"等候名单"上，随后每天检查落实，一旦拥有客房，立即通知宾客。

表2-3　客房预订单

客房预订单

Reservation Form

预订号

NO.

☐ New Booking 新预订　　☐ Amendments 更改　　☐ On Waiting List 等候　　☐ Cancellation 取消

客人姓名 Guest Name	房间数量 NO.of Rooms	房间种类 Room Type	住客人数 NO.of Guests	房价 Room Rate	公司名称 Company Name

预订到店日期 Original Arrival Date	预订离店日期 Original Departure Date		到达航班 A.Flight	离开航班 Departure Flight

付款方式 Payment	☐公付　　☐含中早　　☐含西早 ☐自付15%服务费 Service Charge 15%	是否确认 Confirmation	☐是 ☐否 Yes　No
备注 特殊要求 Remarks	☐预付款或支票 Deposit　☐信用卡 Credit Card　☐走付 COD ☐加床 Extra Bed　　☐婴儿床 Crib　　　☐双人床 Double Bed		

联系人姓名 Guest Name	联系电话或传真电话 Tel.No.&Fax.No.	预订人 Taken By	预订日期 Date Taken

总之，当酒店没有符合客人要求的房间时，用建议代替简单的拒绝是很重要的，它不但可以促进酒店客房的销售，而且可以在客人中树立酒店良好的形象，此时酒店可提供如下建议：

① 建议客人改变来店日期、房间类型、房价；

② 征询客人的意见是否愿意接受等待类订房；

③ 征询客人的意见是否愿意接受为他代订其他酒店的客房。

婉拒之后，订房部通常为了更好地树立酒店形象，要为客人寄送一份预订致歉信（Regret Card）和传真。酒店常使用的婉拒预订的书信（中英双语）句型如下。

……我店为没能满足您的要求深表歉意，希望下次能有机会为您提供服务。

顺致崇高敬礼！

…We regret that we have been unable to be of service to you.However we hope to be in a position to accommodate you at a future date.

Yours Faithfully.

四、确认预订（Confirming）

确认预订不但使酒店进一步明确客人的预订要求，而且在酒店与客人之间就房价、付款方式、取消条款等声明达成了正式的协议。

确认预订的方式通常有两种，即口头确认（包括电话确认）和书面确认。如果条件允许，酒店一般应采用书面确认的方式，向客人寄发确认函（Confirmation Letter），如表2-4所示。具体原因如下。

首先，书面确认能使客人了解酒店方面是否已正确理解其订房要求，可以减少差错和失误。

其次，确认函除了复述客人的订房要求以外，还写明了房价、为客人保留客房的时间、预付订金的方法、取消预订的规定及付款方式等，实际上是在酒店与客人之间达成了某种书面协议。

再次，确认函可以进一步证实客人的个人情况，如姓名、地址等，从而减少带给客人的各种信用风险。

最后，书面确认比较正式。对于大型团体、重要客人，特别是一些知名人士、政府官员、国际会议等订房的确认函，要由前厅部经理或酒店总经理签发，以示尊重和重视。

表2-4　预订确认函

_____酒店 地址：_____ 电话：_____ 您对：_____ _____ 的预订已确认	客房类型、数量：_____房价：_____ 预订日期：_____抵达日期：_____ 抵达时间：_____逗留天数：_____ 离店日期：_____ 结账方式：_____订金：_____ 客户地址：_____ 客户姓名：_____电话：_____
本酒店愉快地确认了您的订房。由于客人离店后，需要有一定时间整理房间，因此，下午三点以前恐不能安排入住，请谅。另外，未付定金或无担保的订房只保留到下午六时。 <div align="right">预订员：_____</div>	

五、核对预订（Reconfirming）

为了提高预订的准确性和酒店的出租率，并做好接待准备工作，在客人到店前（尤其是在旅游旺季），预订人员要通过书信或电话等方式与客人进行多次核对（Reconfirming，即再确认），问清客人是否能够如期抵店以及住宿人数、时间和要求等是否有变化。

核对工作通常要进行三次：第一次是在客人预订抵店前一个月进行，预订员要与客人进行订房核对，核对的主要内容是抵离日期、预住天数、客房类型和数量等；第二次是在客人预订抵店前一个周进行，预订员要与客人进行订房核对。核对的主要内容是抵店时间、乘坐的航班或车次等；第三次是在客人抵店前一天进行，由于次日客人要住店，涉及到客人入住前的准备工作，因而第三次核对尤为重要。核对的主要内容包括更改预订的情况、客人的特殊要求、VIP的详细资料等。

六、预订资料的储存、修改和取消（Storage，Amendment & Cancellation）

（一）预订资料的储存（Storage）

当预订确认函发出后，预订资料必须及时、正确地予以记录和储存，以防疏漏。预订资料一般包括客房预订单、确认函、预付定金收据、预订变更单、预订取消单、客史档案卡及宾客原始预订凭证等。有关同一宾客的预订资料装订在一起，将最新的资料存放在最上面，依次顺推，以利于查阅。预订资料的记录储存可采用下列两种方式。

1.按宾客预期抵店日期顺序储存

按照宾客所预期的抵店日期顺序，将预订单归档储存，以便随时掌握未来每天的宾客抵店情况。通常，将预订资料放在一个大的卡片箱或抽屉里。

2.按客人姓氏字母顺序储存

按照客人姓氏第一个字母的顺序，将预订单归档储存，以便随时查找出客人的预订资料。

同时，前厅部问讯处和电话总机也可通过贵客姓氏字母顺序快捷、有效地查找相关资料。

（二）预订资料的修改（Amendment）和取消（Cancellation）

预订客人在实际抵店前，因种种原因可能对其原有预订进行更改或取消，在处理预订更改和取消时，预订员应耐心、高效地为客人服务。不论是变更、取消还是婉拒预订，都有客人方面或酒店方面的客观原因，预订员既要灵活地面对现实，又应表现出极大的热情并提供有效的帮助。尤其是接受预订取消时，不能在电话里表露出不愉快，而应使客人明白，他（她）今后随时都可光临本酒店，并受到欢迎。正确处理订房的取消，对于酒店巩固自己的客源市场具有重要意义。在国外，取消订房的客人中有90%以后还会来预订。更改预订和取消预订的处理程序与标准详见表2-5和表2-6。

表2-5　更改预订的处理程序与标准

SOP of Amendment

程序（Procedure）	标准（Standard）
1.接到客人更改预订的信息	（1）询问要求，更改预订客人的姓名及原始到达日期和离店日期； （2）询问客人需要更改的日期
2.确认更改预订	（1）在确认新的日期之前，先要查询客房出租情况； （2）在有空房的情况下，可以为客人确认更改预订，并填写预订单； （3）需要记录更改预订的代理人姓名及联系电话
3.存档	（1）将原始预订单找出； （2）将更改的预订单放置上面钉在一起； （3）按日期、客人姓名存档
4.未确认预订的处理	（1）如果客人需要更改日期，而酒店客房已订满，应及时向客人解释； （2）告知客人预订暂放在等候名单里； （3）如果酒店有空房时，及时与客人联系
5.更改预订完成	（1）感谢客人及时通知； （2）感谢客人的理解与支持（未确认时）

表2-6　取消预订的处理程序与标准

SOP of Cancellation

程序（Procedure）	标准（Standard）
1.接到预订取消信息	询问要求取消预订客人的姓名、到达日期和离店日期
2.确认取消预订	（1）记录取消预订代理人的姓名及联系电话； （2）提供取消预订号
3.处理取消预订	（1）感谢预订人将取消要求及时通知酒店； （2）询问客人是否要作下一个阶段的预订； （3）将取消预订的信息输入电脑
4.存档	（1）查询原始预订单； （2）将取消预订单放置在原始预订单之上，钉在一起； （3）按日期将取消单放置在档案夹最后一页

七、抵店准备（Preparation）

宾客抵店前的准备工作大致分成下列3个阶段。

（一）提前一周或数周

将酒店主要客情，如重点宾客（VIP）、大型团队、会议接待等信息通知各部门。其方法可采取分发各类预报表，如"十天客情预测表"（表2-7）、"重点宾客（VIP）呈报表"（表2-8）、"重点宾客（VIP）接待规格呈报表"（表2-9）等，也可召开由总经理主持的协调会。

表2-7　十天客情预测表

日期	星期	预抵散客	团队	离店	团队离店	住宿	团队住宿	故障房	已满房间数	预计出租房数	预计出租单位	预计出租率	预计空房间数	已用房间数	可用房间数

表2-8　重点宾客（VIP）呈报表

____月____日

房号	姓名	身份	接待单位	抵店日期	离店日期	客房种类		房租		备注
						T	S	T	S	
小计										

送：总经理室、大堂经理、公关销售部、餐饮部、客房部、保安部、前厅部、大厅、总机、客房送餐部

表2-9　重点宾客（VIP）接待规格呈报表

团队名称贵宾情况	
情况简介	
审批内容	1.房费：A.全免　B.赠送会客室一间　C.房费按_____折收取　D.按_____元收费 2.用膳：在_____餐厅用餐，标准_____元/人（含/不含饮料） 3.房内要求：A.鲜花　B.小盆景　C.水果　D.果盘　E.葡萄酒及酒杯　F.欢迎信　G._____名片 H.礼卡　I.酒店宣传册 4.迎送规格：A.由_____总经理迎送　B.由_____部总经理迎送　C.锣鼓迎送　D.欢迎队伍 5.其他
呈报部门	经办人 _____ 部门经理 _____
总经理批署	

（二）宾客抵店前夕

将客情及具体的接待安排以书面形式通知相关部门，做好准备工作。酒店在这方面常使用的表格有"次日抵店宾客一览表"（表2-10）、"鲜花、水果篮通知单"（表2-11）、"特殊要求通知单"等。

（三）宾客抵店的当天

前厅接待员应根据宾客预订的具体要求提前排房，并将有关接待细节（变更或补充）通知相关部门，共同完成宾客抵店前的各项准备工作。

表 2-10　次日抵店宾客一览表

_____年_____月_____日

预订号	序号	客人姓名	房间数	房间类别	抵达时间航班	预期离店日期	备注
1							
2							
3							
4							
5							
6							

表 2-11　鲜花、水果篮通知单

_____月_____日

姓名_____房号_____
送达日期_____时间_____
具体要求_____
付款客人姓名_____序号_____
备注_____

任务二　受理散客订房

一、受理散客电话订房

电话订房深受散客喜爱，散客电话订房是前厅预订的常态，其流程详见表2-12。

表 2-12　受理散客电话订房的程序与标准

SOP of Reservation by Telephone

程序（Procedure）	标准（Standard）
1. 接听电话	预订人员必须在铃响三声以内拿起电话
2. 问候客人	（1）礼貌问候，常用问候语有早上好，中午好，晚上好 （2）向客人报部门：预订部
3. 聆听客人预订要求	（1）问清客人姓名（中英文拼写）、预订日期、数量、房型 （2）查看电脑及客房预订控制总表
4. 推销客房	（1）介绍房间种类和房价，尽量从高价到低价 （2）询问客人公司名称 （3）查询电脑，确认是否属于合同单位，便于确定优惠价
5. 询问客人付款方式	（1）询问客人的付款方式，在预订单上注明 （2）公司或者旅行社承担费用者，要求在客人抵达前电传书面信函作付款担保
6. 询问客人抵达情况	（1）询问抵达航班及时间 （2）向客人说明：无明确抵达时间和航班，酒店将保留房间到入住当天的18:00 （3）如果客人预期的抵达时间超过18:00，要求客人告知信用卡号码作担保预订
7. 询问客人特殊要求	（1）询问客人有无特殊要求，如是否需要接机服务，如需接机，说明收费标准 （2）对有特殊要求者，详细记录并复述

程序（Procedure）	标准（Standard）
8.询问预订代理人情况	（1）询问预订代理人的姓名、单位、电话号码 （2）对上述情况作好记录
9.复述预订内容	（1）日期、航班； （2）房间种类、房价； （3）客人姓名； （4）特殊要求； （5）付款方式； （6）代理人情况
10.完成预订	（1）告知客人预订房间保留的最后期限； （2）致谢并期待客人光临； （3）填写预订单并输入电脑

二、受理散客口头订房

如果客人到前台当面口头订房［有时是住客在离店前预订下次返回同一地点的订房，即返回预订（Return Reservation）］，预订员应请客人填写一式两份的预订单或由预订员根据客人的口述填写，请客人签字，预订员再签字。第一联由订房处留底，第二联给客人作为已订过房的书面凭证，在客人抵达酒店时向接待员出示。预订员在预订单上的签字即为酒店接受订房的凭证。

三、受理散客其他预订方式的订房

当客人通过信件、网络、传真订房时，预订员应根据信件、传真等订房原始凭证和订房控制表上显示的有或无客房信息接受或婉拒客人预订（尽量以同等方式）。酒店的书面答复同样要说明酒店留房期限等规定。

任务三　受理团体订房

与散客订房不同，团体订房一般由酒店的公关销售部受理，预订处负责后续相关工作。

一、受理旅游团体订房

旅游团体通常由公关销售部提前半年左右与旅行社签订合同或协议，由公关销售部提前足够的时间下达团体接待计划给预订处。预订处按照团体接待计划的内容填写团体预订单。将旅游团体预订单输入电脑，由电脑完成预订单编号。预订处应与销售部核对次日将抵达的团体的资料，查看是否有变更或取消，也可依据酒店订房核对的规定定期主动与团体订房单位核对团体订房资料。按酒店政策控制好团体订房的比例。团体订房资料应提前一天或更多天交接待处，以便其合理地分房。

二、受理会议团体订房

会议团体的订房程序与旅游团体大致相当，也是由公关销售部提前一段时间与会议举办单位签订合同或协议，然后下达接待计划给预订处，预订处根据接待接话填写专用的会议订房表传递给接待处等有关部门以便做好接待的准备工作。

酒店可以接受客人指定房号的订房吗？

酒店通常不接受客人指定房号的订房，但会答应尽量按客人要求的房号安排。如遇到特殊情况，如VIP或常客订房时指定房号，则应预先安排，把需要的房号管制起来并输入电脑（称管制房，即Block Room），这些房号在指定期间已留给了特定的客人，不再安排别的客人，别的客人需要这些客房时只能在管制开始前或结束后的日期才能安排。

排房是接待员的工作职责，预订员接受客人指定房号的订房时，会让接待员在排房时处于被动地位，尤其遇到大型团体入住需要集中某一楼层或区域时就只能失信于客人并造成不必要的麻烦。该任务的案例导读中，石小姐就是没有遵守预订工作程序，接受了石先生指定房号的订房才造成客人不满。

项目四　客房预订管理

 案例导读

超额预订，让人欢喜让人忧！

在旅游旺季，各酒店出租率均较高，为了保证经济效益，一般酒店都实行超额预订。一天，经大堂副理及前台的配合，已将大部分客人安排妥当。当时2305房客人为预离房，直至18点时才来前台办理延住手续，而此时，2305房的预抵客人已经到达（大堂副理已在下午多次打电话联系2305房的预离客人，但未找到）。大堂副理试图向刚刚到达的客人解释酒店超额预订，并保证将他安排在其他酒店，一旦有房间，再将其接回，但客人态度坚决，称，这是你们酒店的问题，与我无关，我哪也不去。鉴于客人态度十分坚决，而且多次表示哪怕房间小一点也没关系，他就是不想到其他酒店，在值班经理的允许下，大堂副理将客人安置到了值班经理用房，客人对此表示满意。

【解析】

客人向酒店订房，并不是每位客人都作出保证类订房。经验告诉我们，即使酒店的订房率达到100%，也会有订房者因故虽有预订而不到、临时取消或者住店客人提前离店，使酒店出现空房。因此，酒店为了追求较高的出租率，争取获得最大的经济效益，往往实施超额预订。超额预订是订房管理艺术的最高体现，处理得好会提高客房出租率，增加酒店的经济效益。但是如果超额过度，预订客人又都在规定的时限内抵达酒店，而酒店却因客满无法为他们提供所订住房，必然会引起客人的不满，这无疑将会给酒店带来很大的麻烦。因为接受并确认了客人的订房要求，就是酒店承诺了订房客人具有得到"自己的住房"的权利。发生这种情况属于酒店的违约行为，所以，必须积极采取补救措施，千方百计调剂房间，开拓房源，最大限度地满足客人的预订要求，妥善安排好客人住宿，以消除客人的不满，挽回不良影响，维护酒店的声誉。

知识点与技能点

在客房预订过程中，由于存在不确定性因素和各种突发事件，为了更好地开展客房预订服务，必须进行相应的控制管理。

任务一　超额预订的处理

客房是一种特殊的商品，它具有不可储藏性，今天的空房损失不能由明天的客满来弥补，也就是今天空房，那么今天的商品就永远失去，无法再通过明天的客满来补偿。为了减少空房的损失，酒店采取了种种做法，如确认预订、核对预订、预收定金等，但即使采取了上述种种措施，客人仍有可能由于各种主观或客观原因不来住宿、推迟入住或减少入住的天数和房数等，会出现预订而未到者（No Show）、临时取消预订者（Cancellation），提前退房者（Early Departure）、延期退房者（Late Check out），这时酒店就要承担由此可能造成的空房损失，为此酒店通常采用的措施就是超额预订。

一、超额预订数的确定

超额预订（Overbooking）是指在酒店订房已满的情况下，再适当超过酒店现有的空房数增加订房数量，以弥补因订房不到或临时取消而可能造成的空房损失。

超额预订数不是随便定的，不是管理者一拍脑袋就能决定的，超额过少，酒店还会出现空房，那这时超额预订就没有意义了；超额过多，酒店就会出现无法给客人提供房间的情况，所以，一定要控制好超额预订的比例，确定恰当的超额预订数。

超额预订数＝预计临时取消预订房数＋预计预订而未到客人房数＋预计提前退房房数−延期退房房数

这里超额预订数就受预订取消率、预订而未到率和延期退房率等因素的影响。

假设，X 为超额预订房数；A 为酒店客房总数；C 为续住房数；r_1 为预订取消率；r_2 为预订而未到率；D 为预期离店房数；f_1 为提前退房率；f_2 为延期退房率，则

$X=(A-C+X) \cdot r_1+(A-C+X) \cdot r_2+Cf_1-Df_2$

……

$X=[(A-C)(r_1+r_2)+Cf_1-Df_2] / [1-(r_1+r_2)]$

设超额预订率为 R，则：

$R=X/(A-C) \times 100\%=[(A-C)(r_1+r_2)+Cf_1-Df_2] / \{(A-C)[1-(r_1+r_2)]\} \times 100\%$

【例 2-1】

某酒店有标准客房 600 间，未来 10 月 2 日内住房数为 200 间，预期离店房数为 100 间，该酒店预订取消率通常为 8%，预订而未到率为 5%，提前退房率为 4%，延期退房率为 6%。试问，就 10 月 2 日而言，该酒店：

① 应该接受多少超额预订？

② 超额预订率为多少最佳？（保留小数点后一位）

③ 总共应该接受多少订房？

【解】$A=600$，$C=200$，$D=100$，$r_1=8\%$，$r_2=5\%$，$f_1=4\%$，$f_2=6\%$

① $X=[(600-200)\times(8\%+5\%)+200\times4\%-100\times6\%]/[1-(8\%+5\%)]$

$=54/87\%=62.068966=62$（间）

② $A=62/(600-200)\times100\%=62/400\times100\%=15.5172\%=15.5\%$

③ 该酒店共应该接受的客房预订数为：

$A-C+X=600-200+62=462$（间）

就10月2日而言，该酒店应该接受62间超额订房；超额预订率最佳为15.5%；总共应该接受的订房数为462间。

一般情况下，酒店接受超额预订的比例应控制在5%～20%之间，如果预订比例过大，很可能出现客人到店而无房的情况，因此妥善控制超额预订的比例是很重要的，但这恰恰是有很大难度的。5%～20%这个超额预订率的制定仅供参考，因为它是依据酒店以往的经验统计数据计算得来的，未来状况到底会怎样，还要考虑其他因素作具体分析。

案例解析

2010年上海"世博会"期间，大量游客涌入上海，上海市的众多酒店为了抓住时机，取得较高的经济效益，纷纷采取较高的超额预订率，结果造成很多客人到达酒店，酒店却提供不了住房的情况，很多前厅部经理抱怨，"世博会"期间每天的工作就是处理客到无房的情况。

酒店为了保证客房使用率并获得较高的经济收益，往往采取较高的超额预订率，而没有考虑实际情况，超额预订率受预订取消率、预订而未到客人比率、提前退房率和延期退房率的影响，由于"世博会"是世界上著名的一大盛事，与奥运会的影响力不相上下，堪称百年难得一见，故此客人的预订取消率、预订而未到客人比率、提前退房率就要比平常要低，延期退房率要比平常高很多，这就意味着超额预订率要比平时低，这也正说明超额预订率必须要考虑众多因素。

二、超额预订率的控制

（一）掌握好团体订房和散客订房的比例

通常情况下，现有订房中团体订房多，超额预订比例应小一些，散客订房多，超额预订比例可适当大一些。

（二）掌握好旺、平、淡季的差别

旺季客房供不应求，客人订房后取消的可能性小些，这时超额预订比例应适当小一些；平季客人订房后取消或更改的可能性相比旺季要大，因此相对于旺季而言，平季的超额预订比例应大一些，淡季一般不会客满，更不会出现超额预订。

（三）掌握好预订提前量的多少

当客房已订满，酒店还想再超额预订时，就要看预订提前量有多少，例如要看订满之日是明天还是一个月后。如果明天订满，再超额预订就要慎重，因为离客人到达只有一天时间，客人取消或减少预订的可能性相对较小；而如果是一个月后订满了还想超额预订，那么超额预订的比例就可以稍微高一些，因为一个月中客源变化的可能性是比较大的。

（四）要考虑现有订房中各类订房所占的比例

如果现有订房都是保证类订房，通常不能实行超额预订；保证类订房越多，超额预订的比例就应该越小，反之亦然；确认类的比例较高时，超额预订比例应该大一些；一般类订房的比例较高，超额预订的比例应更大一些。

（五）了解酒店附近同等级酒店此时是否已经客满

如已客满或接近客满，就应该减少超额预订或不实行超额预订；反之则应多超额预订一些。

（六）根据酒店在市场上的信誉情况来决定

信誉好的酒店，客人到达率就高，超额预订就应该小一些；反之应该多一些。

（七）分析酒店行业的宏观发展环境

宏观环境佳则超额预订小一些，宏观环境差则适当提高超额预订，例如，2008年北京奥运会期间和2010年上海世博会期间，超额预订比例就可以适当降低。

总之，在实际超额预订过程中，要根据酒店的实际情况及各种其他因素具体分析，并采取不同的超额预订率。

三、超额预订造成客到无房的解决方法

按照国际惯例，酒店方面应该做到以下几点。

（1）诚恳地向客人道歉，并请求客人谅解。

（2）立即与另一家等级相同的酒店联系，请求援助，同时派车将客人免费送往这家酒店。

（3）如属连住，则店内一有空房，在客人愿意的情况下，再把客人接回来，并对其表示欢迎（可由大堂副理出面迎接，或在客房内摆放花束等）。

（4）如客人属于保证类预订，则除了采取以上措施外，还应视具体情况，为客人提供以下帮助：

① 支付其在其他酒店住宿期间的第一夜房费，或客人搬回酒店后可享受一天免费房的待遇；

② 免费为客人提供一次长途电话费或传真费，以便客人能够将临时改变地址的情况通知有关方面；

③ 次日排房时，首先考虑此类客人的用房安排，大堂副理应在大堂迎候客人，并陪同客人办理入住手续。

任务二　预订失误的控制

一、预订失误类型

（一）订房信息记录不准确

这是预订中最常见的失误类型，主要表现在以下几方面。

（1）对客人姓名、人数、抵离日期、预住天数和房数、房价和房间类型等记录不全或不准确，并未及时与客人进行核对确认，造成排房失误或客人抵店时对房间类型、房价有异议。

10月25日，一名伍先生打电话给酒店预订处，声明："我是你们酒店的一名常客，我姓伍，我想预订2618房，10月29日至30日入住两天。"预订员小刘当即查阅了29～30日的预订情况，表示酒店将给他预留2618房至10月29日下午18：00。

10月29日下午15：00，伍先生和他的一位朋友来到前台，在出示证件要办理入住登记手续时，接待员小方查阅了预订后却说："对不起，伍先生，您没有预订啊？""怎么可能，我明明在四天以前就预订了。""对不起，我已经查阅了，况且本酒店的2618房间已出租，入住的是一位吴先生，请问您是不是搞错了？""不可能，我预订好的房间，你们也答应了，为什么这么不讲信誉？"接待员小方一听，赶紧核查原始预订单才发现，原来预订员一时粗心把"伍"错输为"吴"，当吴先生登记入住时，小方认为这就是预订人，随手就把吴先生安排进了2618房间，接待员小方抱歉地说："伍先生，实在抱歉，您看这样行不行，您和您的朋友就入住2619房间吧，2619房间的规格标准与2618房完全一样。"伍先生不同意，并且很生气，认为酒店有意欺骗他们，立即向大堂副理投诉……

（2）酒店没有为客人建立客史档案或客史档案记录不准确、不完整，使客人感到未受尊重，未得到应享受的回头客或常客待遇。

（3）订房客人的其他要求，如用餐、订票、订会议室、订康乐设施等未准确记录。

（二）订房信息未及时、准确地传递

（1）订房信息未及时传递到接待处，使得接待处分房不当或未及时排房。

（2）客人用餐、订票、订会议室或其他要求没有及时、准确地传递等到有关部门，造成这些部门未及时准备或准备失误。

（3）客史档案资料未及时传至相关部门，致使相关部门提供服务缺乏针对性。

（三）房价或房号资料未能保留或过早告诉客人

（1）酒店与旅行社或其他代理商之间的房价，告诉了客人或间接让客人知道，影响了旅行社或代理商的客源，进而也影响了酒店的客源。

（2）酒店给某些客人预留的房号过早向客人保证或告知客人，使酒店在排房时缺乏灵活性，难以变更，或因突然改变预订承诺造成客人不满。

（四）酒店未把留房期限、违约金的收取等规定及时以书面形式告知客人

（1）酒店的留房期限虽符合国际惯例，但若事先未告知客人，会造成客人过了留房期限后到达，酒店无法提供客房。

（2）酒店关于定金的规定事先未能以书面形式准确地告诉客人，造成没收客人定金时客人有异议。

（五）预订的变更或取消没有及时处理

（1）预订的变更可以是客人方面提出，也可是酒店方面提出，不管是哪一方提出预订变更后，需要双方沟通协调并确认。

（2）预订的取消主要涉及客人取消的时间和相应定金的扣除。

某年4月2日，广州某酒店预订处接到了来自山东某进出口公司的电话，对方要求在"广交会"（即"中国进出口商品交易会"）期间预订4个标准间，从4月15日起住4天。几

天后，对方按酒店的要求，将1000元定金存入酒店账户。

4月9日下午，山东的公司又打来电话说："对不起，我们原定的4个标准间现因计划有变，不再需要了。我们打算取消预订。"对方的意图很明显：那1000元定金能退吗？

预订员请对方稍等片刻。他放下电话，迅速到电脑中查找预订记录。的确，对方10天前已办过订房手续且定金已入账。今天离预订日期足有5天，按酒店规定，这类情况可退定金。

"我们同意取消预订，定金照退。请告诉我贵公司的账号。"挂上电话，预订员便在预订记录上标注了取消记号，接着又与财务部联系，退回对方的1000元定金。

为了保证酒店利益，客人预订之后取消预订，酒店要根据取消预订的时间扣除押金的部分或全部作为赔偿。一般情况下，抵店当日18:00后通知，付100%的取消费；抵店当日18:00前通知，付50%的取消费；抵店前2天内通知，付30%的取消费；抵店前2天通知，不需付取消费。

二、预订失误的预防

预订工作中的疏忽或失误将损害酒店的形象，使酒店蒙受经济损失。为此，必须采取相应的措施，尽量减少或杜绝失误。

（一）培训预订员

（1）严格对预订员进行专业技能的培训，使其熟悉工作流程。

（2）向客人解释酒店的政策和惯例，解释酒店专用术语的确切含义。

（二）反复审阅

（1）在客人办理完预订手续后一定要进行复述，与客人进行有关预订的核对和确认。

（2）管理人员应对客房预订工作中使用的表格进行审查，看是否能满足酒店经营变化的需要，并反复审阅预订存档。

（三）密切联系

（1）预订处应与酒店的市场营销部、接待处密切联系，及时、准确地掌握可售房信息。

（2）建立相应的审查制度，在预订资料输入电脑、存档以前，应交当值领班或主管审查，确认无误后方可进行下一步的工作。

任务三 预订纠纷的解决

酒店在经营过程中，因不能安排有预订客人准时入住的情况时有发生。日常发生的订房纠纷，除了如前所述的因超额预订引起的以外，还有一些其他原因。针对不同原因引起的订房纠纷，酒店应根据不同情况妥善处理好。

一、客人预订时指定房号

酒店通常不接受指定房号的预订，但会答应客人尽量按客人要求的房号安排；如果遇到VIP或常客，客人要求又强烈，这种情况下，预订员应视情况而定。

预订员应根据客人的预订日期，查看电脑预订情况，判断是否接受客人的指定性预订。若有空房，则应立即办理预订手续，把需要的房号预留起来并输入电脑；若没有空房，则应向客人说明情况后推销其他房间，或建议其他入住方案（如先请客人入住其他类型的房间后再更换等）。最后向客人说明如果出现不能满足其要求的情况，则请客人谅解并作换房处理。

二、客人在预订房间时嫌房价太高

预订员应妥善运用推销语言技巧。先肯定房价高，然后向客人详细介绍本酒店的客房结构及配套设施设备等。

若客人还未下结论，则不妨采用对比法，将客人所预订的房间与其他酒店的房间进行比较，建议客人先入住尝试，并为客人办理预订手续。

若客人仍觉房价太高，则淡季时可在折扣权限内为客人提供折扣优惠，如果客人要求更大折扣或常客等入住时，可向主管或经理申请。

三、预订员接到酒店内部订房

仔细审查订房单是否完整、正确，是否有负责人的亲笔签名，核实所给予的优惠幅度是否在该负责人的权限范围内。

如预订房价的优惠幅度超越权限或协议范围，或者预订单不完整，预订员应拒绝接受并报告主管。

四、客人的抵店时间已经超过酒店规定的留房时间

当客人的抵店时间已经超过酒店规定的留房期限，或者是未按原定的航班、车次抵达，事先又未与酒店进行联系，造成酒店无法为其提供客房。这种情况虽为确认类预订，但是已经超过了酒店规定的留房期限，责任不在酒店，但是出于宾客至上的原则，酒店同样应热情招待，并尽力为客人提供帮助。如果酒店已没有空房，可以与其他酒店联系并安排客人入住，但此时酒店不承担任何费用。

五、酒店接受了客人的电话订房，但事后未邮寄确认书，客人抵店后，导致无房提供

在这类情况中，酒店虽没有向客人邮寄书面凭证，但从信义上讲，口头承诺同书面确认一样生效，遇到这种情况，酒店应向客人道歉，并尽量安排客人在本酒店居住，如实在无空房提供，可暂时安排客人在附近的同等级酒店入住，并于次日将客人接回，并再次道歉。

六、客人声称自己已办理了订房手续，但在酒店预订处却找不到订房记录

在这种情况下，酒店的接待人员应立即与预订处联系，设法找到客人的订房资料，如找到客人的订房资料，经确认客人属于未按时抵店，而应在前一天入住，或者客人是提前到达，则在酒店客满的情况下，接待人员应尽力为客人提供各种帮助，为客人解决困难。如果经查找，确认是因酒店方面的原因将客人的订房资料弄错，而酒店已经无法为其提供空房，则可以参照超额预订造成客到无房的解决方法。

思考与训练

一、单项选择题

1.王先生于9月29日通过电话预订的方式在凯悦（Hyatt）天津酒店预订了一套10月1～3号的标准间，酒店确认为其保留客房到10月1日下午6点，此项预订属于_____。

A.临时类预订   B.确认类预订   C.保证类预订   D.等候类预订

2. 房态中 "OOO" 代表_____。

A. 待租房　　　　　B. 请勿打扰房　　　　C. 维修房　　　　　D. 正在清理房

3. _____价格中不仅包含房费，还包括一日三餐的费用，被称为全费用计价方式。

A. 欧式计价　　　　B. 美式计价　　　　C. 修正美式计价　　　　D. 百慕大式计价

4. 放置一张大床的房间是_____。

A. single room　　　B. standard room　　C. double room　　　D. suite

二、问答题

1. 简单介绍酒店常见的房间类型。

2. 酒店前厅部常用的房态有哪些？

3. 复述酒店常用的五种计价方式。

4. 谈谈客房预订的不同方式及其优、缺点。

5. 保证类订房的担保形式有哪些？

6. 复述客房预订服务程序。

7. 论述超额预订的产生原因及超额预订导致客到无房的处理措施。

8. 描述客房预订中常见纠纷及处理方法。

三、案例分析

2010年10月6日，受朋友之托，林女士在三亚一家四星级酒店预订了五间标准客房。当时双方约定每天房费按358元/间结算，入住日期为10月24日至31日。林女士按酒店要求付500元订房押金以保证住房，其余房款入住时再付。10月23日，林女士携带现金准备提前付清其余房款，此时，酒店明确告知林女士，客房已全部卖出去了，无法继续履行合同。林女士觉得十分气恼，无法向朋友交代，明明已交付了押金，但却无法入住，而且她还要重新帮朋友联系房间。10月28日，林女士来到海口仲裁委员会根据合同约定的纠纷解决方式，提出仲裁申请。她请求裁决酒店双倍返还其定金1000元，并赔偿她的损失2000元。

酒店是否赔偿经济损失？酒店代理人称，林女士当时预订了客房，但有某旅行社包了一个月的客房，酒店不可能因为林女士订房了就将房间空着。酒店同意双倍返还定金1000元，但不同意赔偿经济损失。

仲裁庭经审理后认为，双方签订的客房预订合同合法有效，均应严格按照合同全面履行义务。在合同履行过程中，酒店明确表示不能继续履行合同，已经构成根本性违约，应当承担相应的违约责任，并赔偿由此给林女士造成的经济损失。根据双方调解结果，裁决酒店双倍返还1000元定金，并赔偿林女士经济损失1500元。

思考题：

1. 什么是保证类订房？

2. 请结合案例，分析保证类订房酒店和客人双方各自的权责。

四、实训项目

项目名称：客房预订。

练习目的：通过训练，使学生能按照客房预订服务程序熟练地为客人办理客房预订服务。

实训内容：受理散客电话订房。

测试考核：根据《前厅服务员国家职业标准》要求考核。

模块三
礼宾服务

Module Ⅲ　Concierge

礼宾服务（Concierge），也称为制服服务（Uniformed Service），是酒店对客服务的重要组成部分，在很大程度上体现酒店的对客服务质量。

学习与训练总目标

- 了解礼宾服务的主要内容。
- 了解并熟悉门童的素质要求和工作程序。
- 了解和掌握行李员的工作程序。
- 掌握"金钥匙"的服务理念。
- 了解"金钥匙"的岗位职责和素质要求。

项目一　迎宾服务

📖 **学习与训练子目标**

1. 了解和熟悉门童的岗位职责和素质要求。
2. 掌握门童对客服务的流程。
3. 了解和掌握门童对客服务的注意事项。

 案例导读

"星级酒店服务"的感觉

王女士和她的朋友乘坐的出租车刚刚停在国际大酒店大堂门口，面带微笑的门童立刻迎上前去，并躬身拉门问候道："欢迎光临！"王女士和她的朋友们谈笑风生地走下了出租车，当门童正准备关门时，忽然发现前座上遗留了一部漂亮的手机，于是扭头对正准备进酒店的王女士说："女士，您是否遗忘了手机？"王女士一听，停止了说笑，忙说："哎哟，是我的手机，谢谢，谢谢。"门童将手机递还给客人，同时又写一张小条子递给了王女士，这张小条上写着这辆出租车的号码，然后门童迅速引领客人了酒店大堂。

王女士来到前厅接待处，接待员礼貌地问候道："你好，欢迎光临国际大酒店，请问有没有预订？"王女士说："我们早在十天前已经预订了一个标准间。"接待员随即请王女士出示证件，并熟练地查阅预订，立即为客人填写了入住登记表上的相关内容，并请王女士预付押金和签名，最后说："王女士，你们住在1501房，这是你们的房卡与钥匙，祝你们入住愉快。"

在王女士办理入住登记手续时，行李员恭立在她们的身后，为客人看护着行李箱。

行李员带着客人刚来到1501房间的门口敲门并报："Bell service，你好，礼宾部"，并连说三次，王女士诧异地说："不是没有人吗？""这是我们的服务规范。"行李员打开房门后，将客人的行李放到了行李架上，然后介绍客房设施与服务，发现客人将西装脱下随手扔在了床上，便走过去将客人西装挂进了壁橱。最后询问道："王女士还有何需要帮助？"王女士高兴地说："不用了，谢谢你。""祝你们在本酒店居住愉快！"然后转身退出房间。

王女士和她的朋友经过了一天的旅行，已经非常疲惫了。当她们躺在柔软的床上，听着悠扬的音乐，欣赏着舒适豪华的室内装潢，回忆着进入酒店的整个过程时，王女士满意地对朋友们说："这真是星级酒店的服务啊！我们要的不就是这种感觉吗？"

为了更好地为客人提供服务，同时体现酒店的档次和服务水准，高星级酒店往往在前厅设立礼宾部，其英文名称为"Concierge"（礼宾服务）和"Bell Service"（大厅服务）。前厅礼宾部是能提供全方位"一条龙服务"的岗位，为了能统一指挥、协调前厅礼宾员工的对客服务，酒店常在大堂某一区域设置礼宾值班台，由礼宾司或具有较丰富经验的礼宾员工担任值班工作，设有门童（Doorman）、行李员（Bellman）、机场代表（Hotel Representative）等岗位。礼宾部主要负责：客人的迎来送往、行李安置及邮件递送；物品转交和寄存；物品租用；车船票代订及其他一切综合委托代办工作。

迎宾服务，顾名思义，指的是客人到达时的迎接和客人离开时的送别，主要有机场车站的迎宾服务和酒店门口的迎宾服务。

许多高星级酒店设店外迎接员一职，负责在机场、车站、码头迎接客人，有的也称为机场代表（Hotel Representation）或酒店代表。目的是提供快速有效的接送服务，并及时向客人推销酒店产品，也是酒店对外宣传的窗口。为了做好服务工作，酒店为客人提供接车服务（Picking up Service），一方面于旺季在酒店与机场（车站）之间开设穿梭巴士（Shuttle Bus），另一方面根据客人的要求指定专门的车辆服务。

机场代表迎接客人时应手持一块写有酒店名称及客人姓名的铜牌，以引起客人的注意。牌子的正面应是中、英文对照的酒店名称，反面是客人的英文或日文、中文姓名。机场代表要特别注意自己的仪表仪容，举止言谈要温和、得体，动作要快而准确，要充分体现本岗位应有的责任心、自觉性、灵活性、协调性和独立性。机场代表要随时把重要客人的情况（如尚未到达、已到达、在途中、推迟到达）通知酒店，以使酒店各部门做好接待准备工作。机场代表应掌握酒店当天即时最正确的客房出租情况，力争更多的未预订散客入住。机场代表还应该把重要的事记录在值班指示上，以使接班的员工能继续完成本班未完成的工作，使酒店的服务在时间上具有连续性。

作为客人首先接触和最后接触的员工，门童提供的优质的迎宾服务会给客人留下优美的第一印象和完美的酒店整体形象。

任务一　了解门童的岗位职责

一、迎接客人

首先，客人抵达时，向客人点头致意，表示欢迎。基本要求：时时刻刻都以标准的站立姿势站在自己的岗位上；细心观察自己视野中即将要通过门庭的客人；当客人距酒店大门5米内，面带微笑并用眼神关注客人；在客人距离酒店大门1.5米时，迅速用标准规范的动作打开门，在客人通过门童面前时，面带微笑示意，并用得体的语言问候客人。

如遇客人乘坐汽车，则应替客人打开车门，将右手放在车门上方，并提醒客人"小心碰头"，同时，要注意扶老携幼。其次，门童要协助行李员卸下行李，查看车内有无遗留物品。对于重要客人及常客的迎送工作，门童要根据通知，做好充分准备，向客人致意时，能礼貌、正确地称呼客人的姓名。此外，住店客人进出酒店时，门童同样要热情地招呼致意，如遇雨天，门童还应打伞为客人服务。

二、送别客人

客人离店时,首先协助行李员装好行李,并请客人清点过目。当客人上车时,预祝客人旅途愉快,并感谢客人的光临,同时,目送客人离开视线,以防客人有其他需求,以便及时进行跟进服务。

三、指挥门前交通

门童要掌握酒店门前交通、车辆出入以及停车场的情况,准确迅速地指示车辆停靠地点。大型车辆会阻挡门口,故应让其停在稍离酒店正门口的位置。

四、做好门前保安工作

首先,门童应经常检查酒店大门上各部件的完好程度,如发现故障,应随时排除或迅速通知维修人员修理。

其次,门童应与保安人员一起,注意出入者的动向。若在门口发现无主箱包,应检查其中是否有危险品,并密切注意或清除在酒店大门周围的闲杂人员及形迹可疑人员,必要时通知保安部或公安部门处理。如果有衣冠不整的人要进入大厅,门童应礼貌地劝止客人,请他穿戴整齐后再进入酒店,并尽量为客人提供方便。

五、回答客人问讯

因其工作岗位的特殊位置,经常会遇到客人有关店内、外情况的问讯,如酒店内有关设施和服务项目、有关会议、宴会、展览会及文艺活动举办的地点、时间等,以及市区的交通、游览点和主要商业区情况,对此,门童均应以热情的态度,给予客人以正确、肯定的答复。

六、其他

(一)酒店大门周围的检查和清洁

大门是酒店的门面,应随时保持清洁,门童虽不负责清扫,但也有责任保持大厅的清洁,及时提醒客人不要乱扔垃圾,如果发现体积大且不易清除的垃圾,门童应立即通知PA(公共区域)来清扫。

（二）负责升旗

门童应根据节日的不同，按酒店规定升挂彩灯、彩旗、国旗、店旗等。如果某国国家元首下榻在本酒店，酒店必须在升挂我国国旗的同时，升挂该国国旗，以示尊重，国旗一定要是新的，不可破损或脏污，从店门里向外看，我国的国旗应挂在左边，外国国旗则应挂在右边。

任务二　理解门童的素质要求

做一名优秀的门童并不容易，世界著名的日本新大谷酒店的负责人曾说过：培养出一名出色的门童往往需要花上十多年的时间。这句话虽然可能有所夸张，但至少说明门童的重要性和应具备很高的素质。

一、门童的素质要求

（一）形象高大、魁梧

门童一般由青年男子担任，与酒店的建筑、门面一样，门童的形象往往代表了整个酒店的形象，因此，要求门童身材高大、挺拔，如图3-1所示。

（二）记忆力强

除了形象高大魁梧，与酒店相协调之外，门童还需要具有较好的记忆力，能够轻易记住客人的相貌，在看到客人的第一时间代表酒店问候客人，使客人感觉格外亲切，同时能够记住客人行李件数以及乘坐出租车的车牌号。

图3-1　门童

（三）目光敏锐、接待经验丰富

门童在工作时，可能会遇到形形色色、各种各样的人或事，必须妥善地、灵活机智地加以处理，这就要求门童必须具有丰富的阅历，接待经验丰富。

（四）知识面广

门童必须具备较广的知识面，能够处理客人问讯，回答客人有关所在城市的交通、旅游景点等方面的问题。

二、门童需要具备的技能和能力

（一）能识别车标、车牌

车辆现今已经成为一个人身份、地位、财富甚至职业的象征，作为门童必须要了解车辆的基本信息，包括车标、车牌等。车标是各种汽车品牌的标志，如，作为世界上最具代表性的豪华车辆，劳斯莱斯的经典车标一个是双"R"标志，一个是飞天女神标志（图3-2）。车牌是标识车辆身份的号牌，车牌的颜色和号码可以代表车主的身份和财富，黑底白字车

图3-2　劳斯莱斯车标

牌是外企、外国或使领馆车辆，白底红字车牌是军警用车，而在车牌号码方面，车牌号越小代表客人越重要。作为门童需要记住不同车的车标和车牌的不同含义，才能及时识别客人身份，并提供针对性服务。

（二）掌握指挥车辆的基本手势

门童有一项工作职责是指挥门前交通，所以应该掌握指挥车辆的基本手势，如左转、右转、直行、禁行等。

（三）能识别客人的身份

识别客人身份能帮助酒店更多地了解客人，并提供针对性服务，除了车标、车牌等代表客人的身份，客人的穿着打扮也是识别客人身份的重要途径，例如军人，军人服装颜色代表不同的军种，军人徽章能显示客人的职位高低。

（四）掌握车内不同座位的意义

按照国际惯例，乘坐轿车的座次安排的常规是：右高左低，后高前低。具体而言，轿车座次的尊卑自高而低如图3-3所示。

图3-3　轿车座次图

（1）如果只有一位来宾，座次安排如图3-4所示。

图3-4　轿车座次图

（2）如果有两位来宾，座次安排如图3-5所示。

（3）如果上司亲自驾驶轿车，车上有三位客人，座次安排如图3-6所示。

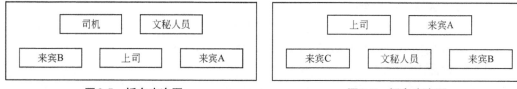

图3-5　轿车座次图　　　　　　　图3-6　轿车座次图

门童要首先为女士、长者、外国人开车门，通常情况下，开车门的顺序与座次相对应，首先为后排右位的客人打开车门并护顶，其次为后排左座的客人开车门护顶，最后是前排右座。

最安全的座位

其实，多数人关心的是坐在车里哪个座位是最安全的，某汽车维修公司技术顾问张闻天在接受采访时表示："对于轿车而言，坐在哪个位置安全只是相对来说。美国交通管理部门曾资助一个专家小组，以乘坐5人的小汽车为对象，通过事故调查分析和实车检测后得出结论：如果将汽车驾驶员座位的危险系数设定为100，则副驾驶座位的危险系数是101，而驾驶员后排座位的危险系数是73.4，后排另一侧座位的危险系数为74.2，后排中间座位的危险系数为62.2。可见，坐在后排中间位置是最安全的。如果不喜欢坐在中间位置，那坐在司机后方的座位就是安全的，因为驾驶员在遇到突发危险时会瞬间本能地躲避，所以驾驶员后边的座位相对而言就是安全的，但是安全的前提是车上的驾乘人员都要系上安全带，否则再安全的汽车也未必能保证驾乘者的安全。"

最适合朋友坐的座位

虽然后排座位是相对安全的，但如果是搭乘朋友的车的话，还是副驾驶席最为合适。

如果是一个人乘车，且乘客与司机的个人关系很好，那在乘车时不应该坐在后排，这样会显得很不礼貌，在不经意间把朋友当成了自己的司机；如果是两个人乘车，而且有年长者，应该把年长者让在后排座位上。

三、门童的选择

由于门童岗位的特殊性，酒店一般选用高大、帅气、魁梧的男性担任，除此，酒店也会选用下列人员担任酒店门童。

（一）雇佣外国人做门童

许多酒店为了吸引客人，制造噱头，会选择外国人做门童，他们与众不同的外表往往引得客人驻足围观。2009年初，杭州市劳动部门明确规定：用人单位不得聘用属于低技能、一般性岗位（指只需初中级技术、技能的一般设备操作、一般生产线操作、普通业务工作和基层管理工作岗位，包括缝纫工、普通加工工、水产加工工、餐厅服务员、家政服务员、门童、演艺人员等）的外国人，禁止酒店选用外国人做门童。吸引客人应该靠服务质量，不能单凭各种噱头。

（二）雇佣女性担任门童

现在越来越多的酒店开始选用女性担任门童，也就是女门童（Door Girl），女门童细心周到的服务、赏心悦目的形象和悦耳的笑语莺声越来越得到客人的青睐，如图3-7所示。

（三）雇佣老年人担任门童

国外大酒店使用"老门童"服务非常普遍。目前国内许多大城市如北京、上海、南京、武汉、深圳等城市也陆续出现"老门童"。酒店起用"老门童"，就是为了摆脱国内盛行的"俊男靓女"招徕客人的形式，树立独特的"服务"形象。老人细心周到的服务是酒店看中的"卖点"，让入店的客人第一眼体会到"亲切与慈祥"，他们丰富的人生阅历、和蔼可亲的笑容和亲切的目光，已经得到客人的认可，他们站在那里，本身就是对我们所有人的一种鼓励。身穿统一制服后的"老门童"，个个精神百倍，一点不亚于"帅小伙"。有些年轻的入店客人在这些年长的门童鞠躬后以鞠躬还礼，并礼貌地招手打招呼，不时感谢这些老年人提供的服务，使酒店传递出一种尊重传统的气息。另外，年轻人往往只把门童工作当作一个暂时性工作，不长时间就跳槽的跳槽、换部门的换部门，流动性太大，工作易浮躁，而相比之下，老年门童工作扎实稳重，给客人更值得信赖的感觉。如图3-8所示。

图3-7 女门童

图3-8 老年门童

巴黎的勒力克酒店,在法国地方报纸《西南报》上登出的门童招聘启事上赫然写着对年龄的要求:45岁以上。

世界上最著名的酒店老门童当属香港半岛酒店的陈伯,即便在他百年之后,他的照片依然摆在半岛集团总裁的办公桌上。从陈伯开始,全世界的酒店似乎都在急于找到一张能够像陈伯一样让人印象深刻的门童。

任务三　迎宾和送客

一、迎接客人服务程序

(一)迎接步行到达的散客

门童应用一手打开大门,微鞠躬,然后向客人微笑致意,并道欢迎词,同时用另一只手示意客人进入大厅。若使用自动门、旋转门则可不必开门。如果客人的行李较多,门童应帮助客人提拿行李,如果行李员离大门较远,门童应做出手势招呼行李员,不能大声喊叫,否则会破坏大厅内的安静气氛。如图3-9所示。

(二)迎接坐车到达的散客

门童要把车辆引导到客人容易下车的地方,一般是正门前的台阶下方。汽车停稳后,门童应把车门打开,如果客人乘坐的是出租车,应等客人付完车费后再把门打开。然后热情地问候客人,欢迎词与步行散客到店时相同。对常客应力争记住客人的姓名并尊称以示尊重。开门时,要用左手来开车门成70°角左右,右手挡住车门上沿,为客人护顶。有些场合下也可以不护顶或使用左手开门护顶。注意事项如下。

图3-9　门童开门

图3-10　门童开车门

(1)用外侧的手迅速拉开车门,靠近车门的手为客人护顶。

(2)忌给伊斯兰教、佛教客人护顶,他们认为这样会遮住了佛光。

(3)忌给戴军帽客人护顶,会挡住了国徽。

(4)当无法判定客人身份时,可把手抬起不护顶。

(三)迎接团体客人

团体大客车到店前,门童应做好接车的准备工作,车辆停稳后,门童应在车门一侧站立以维持秩序,迎接客人下车。对一般的客人要问好,对行动不便的客人要扶助他们下车,对随身行李较多的客人，应帮助提拿行李。客人下车完毕后，门童要示意司机把车开走或停在附近适合停车的地方。当接待处派人迎接团体客人时，门童则主要负责维持大门附近的秩序。

二、送别客人服务程序

（一）送别散客

（1）送别步行散客。当步行散客离店时，门童应向客人道别，可根据具体情况说"一会见"或"再见，一路平安"等。

（2）送别乘车离开的散客。对乘车离开的散客，门童要把车引导至便于上车而又不妨碍装行李的位置。等车停稳后，拉开车门，请客人上车，护顶，等客人坐稳后再关上车门，注意不要夹住客人的衣、裙等，护顶的方法与迎接坐车散客到达时相同。

（3）如果客人有行李，门童应协助行李员把行李装上汽车的后舱，请客人核实无误后盖上车盖。

（4）客人离店时，门童应站在客人的斜前方送别客人，以示对客人的感激与尊重。

能对坐飞机的客人说"一路顺风"吗？

当送别客人时，门童通常忘不了送上一句"一路顺风"，原本是一句美好的祝愿，但却并不是一句适合送机的话。为什么这么说呢？

飞机在起降的时候通常会挑选逆风飞翔，这主要有两个缘由：一是可缩短飞机起降的滑跑间隔；二是可以获得非常好的稳定性和安全性。在飞机着陆时，假如是顺风的话，对空气的相对速度小，飞机就要增加速度战胜风速影响，才能保持正常升力。这样不仅需要增加滑跑距离，而且给飞机准确着陆带来困难，乃至使飞机冲出跑道然后发生事故。而逆风着陆，则可避免这种状况，大大地增加了安全性。所以如果祝客人"一路顺风"，那岂不是祝他不顺利？所以当客人乘坐飞机时，可以用"一路平安"来代替"一路顺风"。

（二）送别团体客人

送别团体客人时，门童应站在车门一侧，一边向客人微笑并问好，一边注意客人的上车情况，如发现有行动不便的客人，应扶助其上车，客人上车完毕后，导游示意司机开车。门童应站在车的斜前方向客人挥手道别，目送客人离店，表示酒店对客人光顾的感激之情。

项目二　行李服务

 案例导读

　　午后12点多，一位客人提着行李箱走出电梯，径直往总台旁的行李房走去。正在行李房当班的行李员小徐见到他就招呼说："钱经理，您好！今天是什么风把您吹来了？"钱先生回答说："住得挺好的，生意也顺利谈完了。现在就到您这儿寄存行李，下午去办点事，准备赶晚上6点多的飞机回去。""好，您就将行李放这儿吧。"小徐态度热情，一边从钱先生手里接过行李箱，一边说。

　　"是不是要办个手续？"钱先生问。

　　"不用了，咱们是老熟人了，下午您回来直接找我取东西就行了。"小徐爽快地表示。

　　"好吧，那就谢谢您了。"钱先生说完变匆匆离去。

　　下午4点30分，小徐忙忙碌碌地为客人收发行李，行李员小童前来接班，小徐把手头的工作交了小童，便下班离店。

　　下午4点50分，钱先生匆匆赶到行李房，不见小徐，便对当班的小童说："您好，我的一个行李箱午后交给小徐了，可他现在不在，请您帮我提出来。"小童说："请您把行李牌交给我。"钱先生说："小徐是我的朋友，当时他说不用办手续了，所以没拿行李牌，您看……"小童忙说："哟，这可麻烦了，小徐已经下班了，他下班时也没向我交代这件事。"

【解析】

　　上述案例中，行李员小徐犯了两点错误：首先，没有按照酒店规定的行李寄存手续为客人办理寄存业务，酒店服务不规范导致服务失误；其次，交接工作没有做好，致使行李服务没有连续性。

　　行李服务是酒店前厅服务的一项重要内容，由行李员（Baggage Handler）负责提供。行李员在欧美国家又称"Bellboy"、"Bellman"、"Bellhop"和"Porter"，其工作岗位是位于酒店大堂一侧的礼宾部（行李服务处）。礼宾部主管（或"金钥匙"）在此指挥、调度行李服务及其他大厅服务。优质的行李服务满足了客人需要，方便了客人，同时提升了酒店服务的档次。

　　行李员还是酒店与客人之间联系的桥梁，通过他们的工作使客人感受到酒店的热情好客，因此，对于管理得好的酒店而言，行李员是酒店的宝贵资产。

　　行李员和门童同属礼宾部（Concierge）。两者工作岗位不同，工作场所也有所区别。门童在酒店正门外侧为客人提供服务；行李员一般位于酒店大堂，通常站立于礼宾柜台横端或正门口内侧两边。

　　为了能做好行李服务工作，要求行李组领班及行李员必须具备下列条件。

① 掌握酒店服务与管理的基础知识。

② 了解店内、店外诸多服务信息。

③ 具备良好的职业道德，诚实，责任心极强。

④ 性格活泼开朗，思维敏捷。

⑤ 熟知礼宾部、行李员的工作程序及操作规则、标准。

⑥ 熟悉酒店内各条路径及有关部门的位置。

⑦ 能吃苦耐劳，做到眼勤、嘴勤、手勤、腿勤。

⑧ 善于与人交往，和蔼可亲。

⑨ 掌握酒店内餐饮、客房、娱乐等服务内容、服务时间、服务场所及其他相关信息。

⑩ 掌握酒店所在地名胜古迹、旅游景点及购物场所的信息。

任务一　学习入店行李服务

一、散客入店行李服务

　　（1）散客抵店时，行李员主动向客人表示欢迎。

　　（2）行李员主动帮助客人卸下行李，并请客人清点过目，准确无误后，帮助客人提拿，但对于易碎物品、贵重物品，可不必主动提拿，如客人要求帮助，行李员则应特别小心，轻拿、轻放，防止丢失和破损。装行李车时，要注意将大件、重件、硬件放在下面，小件、软件、轻件装在上面。另外，搬运行李时必须小心，不可用力过大，更不许用脚踢客人的行李。

　　（3）行李员手提行李走在客人的左前方，引领客人到接待处办理入住登记手续。引领客人时，要走在客人的左前方，距离二三步，和着客人的脚步走，拐弯处或人多时，要回头招呼客人。如图3-11所示。

　　（4）客人到达接待处后，行李员站在客人身后，距客人2～3步远，行李放于面前，随时听候接待员及客人的召唤。如图3-12所示。

图3-11 行李员引领客人

图3-12 行李员陪同客人办理入住登记手续

图3-13 行李员引领客人入房

（5）待客人办妥手续后，主动上前从接待员手中领取房卡，帮客人拎行李，并引领客人到房间中，要热情、主动地问候客人，向客人介绍酒店服务项目和设施，推荐酒店的商品。如图3-13所示。

（6）主动为客人叫电梯，并注意相关礼节：让客人先进电梯，行李员进电梯后，按好电梯楼层，站在电梯控制牌处，面朝客人，并主动与客人沟通；电梯到达后，让客人先出电梯，行李员随后提行李跟出。

（7）到达客房门口，行李员放下行李，按酒店规定程序敲门、开门，以免接待处因对客房重复销售而给客人造成不便。

（8）打开房门后，开灯，然后扫视房间，如果是打扫好的空房就退出客房，手势示意请客人先进。

（9）将行李放在客房行李架上，然后介绍房间设备、设施，介绍时手势不能过多，时间不能太长，以免给客人造成索取小费的误解。

（10）行李员离开客房前，要问客人是否还有吩咐，如客人无其他要求，即道别，祝客人愉快，面向客人退出，将房门轻轻关上。

（11）返回礼宾部填写"散客行李（入店/出店）登记表"（表3-1）。

表3-1 散客行李（入店/出店）登记表

日期（Date）：

房号（ROOM NO.）	上楼时间（UP TIME）	件数（PIECES）	迎接行李员（PORTER）	出行李时间（DEPARTURE TIME）	离店行李员（PORTER）	车牌号码（TAXI NO.）	备注（REMARKS）

It's my duty？

一天中午，某五星级酒店礼宾部行李员小张为一位欧洲游客搬运完行李后，客人面带微笑地说了一句："Thank you for your help！"表示感谢。听罢，小张急忙面带谦恭地回答"It's my duty！"小张的本意是想表达"这是我应该做的"，但那位游客听后却面露不悦，默默地径直乘电梯回客房休息去了。原来在欧美国家，人们往往会将"It's my duty！"理解为"这是我的责任"。正确的回答应该是"My pleasure！"或"You're welcome！"。故这位欧洲客人误认为行李员小张并不是很乐意为他服务，而是迫不得已才帮忙的，客人对酒店的印象大打折扣。

酒店员工在客人入住登记或办理离店手续的时候，往往会需要问及客人姓名，习惯用的句式是"What's your name？"实际上，英语国家的人在填写表格、面谈等场合需要问及姓名时，一般说"Your name, please？"或"May I have your name？"如果使用"What's your name？"客人们会有一种被审问的感觉。由此可见，对客服务过程中一定要注意礼貌而得体的问询，以免冒犯客人。

二、团体入店行李服务

旅行社一般备有行李车（Luggage Cart），由专职的行李押送员运送团队行李。酒店行李员只负责店内行李的运送与收取。

（1）团体行李到达时，行李员推出行李车（图3-14），与行李押运员交接行李，清点行李件数，检查行李有无破损，然后双方按各项规定程序履行签收手续。此时如发现行李有破损或短缺，应由行李押运单位负责，请行李押运人员签字证明，并通知陪同及领队。如行李随团到达，则还应请领队确认签字。

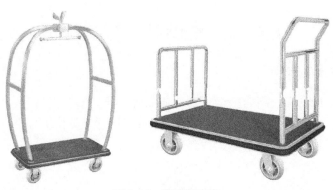

图3-14 酒店行李车

（2）填写"团体行李登记表"（表3-2）。

（3）如行李员与客人抵店，则将行李放到指定的地点、标上团号、然后将行李罩上行李罩存放。注意不同团体的行李之间应留有空隙。

表 3-2　团体行李登记表

团体名称		人数		入店日期		离店日期	
	时间	总件数	酒店行李员		领队	行李押运员	车号
入店							
出店							
房号	入店件数			离店件数			备注
	行李箱	行李包	其他	行李箱	行李包	其他	
合计							

（4）在每件行李上挂上酒店的行李牌（Luggage Tag），待客人办理入住登记后根据接待处提供的团体分房表，认真核对客人姓名，并在每张行李牌上写上客人房号。填写房号要准确、迅速，然后在团体行李登记表的每一房号后面标明入店的行李件数，以方便客人离店时核对。如某件行李上没有客人姓名，则应把行李放在一边，并在行李牌上注明团号及入店时间，然后将其放到行李房储存备查，并尽快与陪同或导游联系确定物主的姓名、房号，尽快送给客人。

（5）将写上房号的团体行李装上行李车。装车时应注意以下几点。

① 硬件在下、软件在上，大件在下、小件在上，并特别注意有"请勿倒置"字样的行李。

② 同一团体的行李应放于同一趟车上，放不下时分装两车，同一团体的行李分车摆放时，应按楼层分车，应尽量将同一楼层或相近楼层的行李放在同一趟车上。如果同一层楼有两车行李，应根据房号装车；同一位客人有两件以上的行李，则应把这些行李放在同一车上，应避免分开装车，以免客人误认而丢失行李。

③ 遵循"同团同车、同层同车、同侧同车"的原则。

（6）行李送到楼层后，按房号分送。

（7）送完行李后，将每间客房的行李件数准确登记在团队入店行李登记表上，并按团体入住单上的时间存档。

任务二　提供离店行李服务

一、散客离店行李服务

（1）当礼宾部接到客人离店搬运行李的通知时，要问清客人房号、姓名、行李件数及搬运行李的时间，并决定是否要带上行李车，然后指派行李员按房号收取行李。

（2）与住客核对行李件数，检查行李是否有破损情况，如有易碎物品，则贴上易碎物品标志。

（3）弄清客人是否直接离店，如客人需要行李寄存，则填写行李寄存牌，并将其中一联交给客人作为取物凭证，向客人道别，将行李送回行李房寄存保管。待客人来取行李时，核对并收回行李寄存牌（有关行李寄存服务的内容后面将有详细介绍）。

（4）如客人直接离店，装上行李后，应礼貌地请客人离开客房，主动为客人叫电梯，提供电梯服务，带客人到前厅收银处办理退房结账手续。

（5）客人离店时协助其将行李装车，向客人道别。

（6）填写"散客行李（入店/出店）登记表"。

二、团体离店行李服务

（1）根据团体客人入住登记表上的出行李时间做好收行李的工作安排，并于客人离店前一天与领队、导游或团体接待处联系，确认团体离店时间及收行李时间。

（2）在规定的时间内依照团号、团名及房间号码到楼层收取客人放在门口的行李。行李员收行李时，从走廊的尽头开始，可避免漏收和走回头路。

（3）收行李时应核对每间房的入店行李件数和出店行李件数，如不符，则应详细核对，并追查原因，如客人在房间，则应与客人核对行李件数；如客人不在房间，又未将行李放在房间则要及时报告领班，请领班出面解决。

（4）将团体行李汇总到前厅大堂，再次核对并严加看管，以防丢失。

（5）核对实数与记录相符，请领队或陪同一起过目，并签字确认。

（6）与旅行社的行李押运员一同检查、清点行李，做好行李移交手续的工作。

（7）行李搬运上车。

（8）填写"团体行李登记表"并存档。

任务三　处理换房行李服务

一、换房行李服务程序

（1）接到接待处的换房通知后，到接待处领取"换房通知单"，弄清客人的姓名、房号及换房后的房号。

（2）到客人原房间楼层，将"换房通知单"中的一联交给服务员，通知其查房。

（3）按进房程序经住客允许后再进入客房，请客人清点要搬的行李及其他物品，将行李装车。

（4）引领客人到新的房间，为其开门，将行李放好，必要时向客人介绍房内设备设施。

（5）收回客人原来的房卡，交给客人新的房卡。

（6）向客人道别，退出客房。

（7）将原房卡交回接待处。

（8）填好换房工作记录，并填写"换房行李登记表"（表3-3）。

表3-3　换房行李登记表

日期	时间	由（房号）	到（房号）	行李件数	行李员签名	楼层服务员签名	备注

二、换房行李服务注意事项

（1）如果客人在房内，尽量请客人自己整理细小东西或按客人的要求帮助整理和搬运，如在客人外出期间换房，应事先得到客人的许可并请客人整理好行李，然后与客房服务员一起搬运行李，如果客人的行李仍未整理好，要记住客人行李件数、种类、摆放位置、行李搬到新的客房后应按原样放好。

（2）报刊、杂志等要全部搬过去，不可任意处理，行李员还应仔细检查衣柜、抽屉、卫生间，查看有无客人遗留的物品。

任务四　办理行李存取服务

一、行李寄存服务

由于各种原因，客人希望将一些行李暂时存放在礼宾部。礼宾部为方便住客存取行李，保证行李安全，设有专门的行李房并建立相应的制度，同时规定必要的手续。行李寄存服务是酒店为住店客人免费提供的一项服务。

（一）对寄存行李的要求

（1）行李房不寄存现金、金银首饰、珠宝、玉器，以及护照等身份证件。上述物品应礼貌地请客人自行保管，或放到前厅收银处的保险箱内免费保管。已办理退房手续的客人如想使用保险箱，须经大堂副理批准。

（2）行李房不得寄存易燃、易爆、易腐烂或有腐蚀性的物品。

（3）行李房不得存放易变质食品、易蛀仪器及易碎物品。如客人坚持要寄存，则应向客人说明酒店不承担赔偿责任，并作好记录，同时在易碎物品上挂上"小心轻放"的标牌。

（4）如发现枪支、弹药、毒品等危险物品，要及时报告保安部和大堂副理，并保护现场，防止发生意外。

（5）不接受宠物寄存。一般酒店不接受带宠物的客人入住。

（6）提示客人行李上锁。对未上锁的小件行李须在客人面前用封条将行李封好。

（二）行李寄存及领取的类别

（1）住客自己寄存，自己领取。

（2）住客自己寄存，让他人领取。

（3）非住客寄存，但让住客领取。

（三）行李房管理制度

（1）行李房是为客人寄存行李的重地，严禁非行李房人员进入。

（2）行李房钥匙由专人看管。

（3）做好"人在门开，人离门锁"。

（4）行李房内严禁吸烟、睡觉、堆放杂物。

（5）行李房要保持清洁。

（6）寄存行李要摆放整齐。

（7）寄存行李上必须系有"行李寄存牌（Luggage Claim）"（图3-15）。

（四）行李寄存程序

（1）客人前来寄存行李时，行李员应热情接待，礼貌服务。

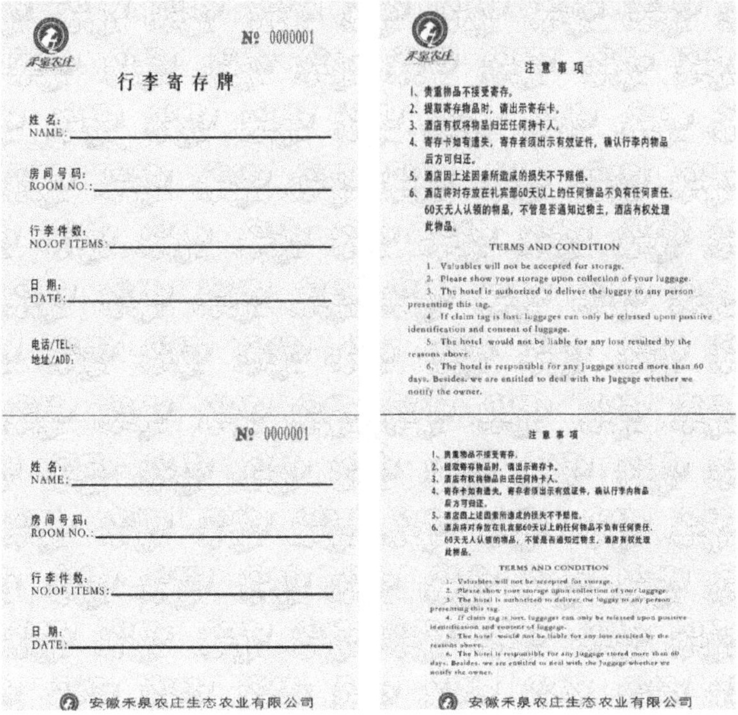
禾泉农庄

№ 0000001

行李寄存牌

姓 名：
NAME:

房间号码：
ROOM NO.:

行李件数：
NO.OF ITEMS:

日 期：
DATE:

电话/TEL:
地址/ADD:

№ 0000001

姓 名：
NAME:

房间号码：
ROOM NO.:

行李件数：
NO.OF ITEMS:

日 期：
DATE:

安徽禾泉农庄生态农业有限公司

禾泉农庄

注意事项

1、贵重物品不接受寄存。
2、提取寄存物品时，请出示寄存卡。
3、酒店有权将物品归还任何持卡人。
4、寄存卡如有遗失，寄存者须出示有效证件，确认行李内物品后方可归还。
5、酒店因上述因素所造成的损失不予赔偿。
6、酒店将对存放在礼宾部60天以上的任何物品不负有任何责任。60天无人认领的物品，不管是否通知过物主，酒店有权处理此物品。

TERMS AND CONDITION

1. Valuables will not be accepted for storage.
2. Please show your storage upon collection of your luggage.
3. The hotel is authorized to deliver the luggy to any person presenting this tag.
4. If claim tag is lost, luggages can only be released upon positive identification and content of luggage.
5. The hotel would not be liable for any lose resulted by the reasons above.
6. The hotel is responsible for any luggage stored more than 60 days. Besides, we are entitled to deal with the luggage whether we notify the owner.

注意事项

1、贵重物品不接受寄存。
2、提取寄存物品时，请出示寄存卡。
3、酒店有权将物品归还任何持卡人。
4、寄存卡如有遗失，寄存者须出示有效证件，确认行李内物品后方可归还。
5、酒店因上述因素所造成的损失不予赔偿。
6、酒店将对存放在礼宾部60天以上的任何物品不负有任何责任。60天无人认领的物品，不管是否通知过物主，酒店有权处理此物品。

TERMS AND CONDITION

1. Valuables will not be accepted for storage.
2. Please show your storage upon collection of your luggage.
3. The hotel is authorized to deliver the luggy to any person presenting this tag.
4. If claim tag is lost, luggages can only be released upon positive identification and content of luggage.
5. The hotel would not be liable for any lose resulted by the reasons above.
6. The hotel is responsible for any luggage stored more than 60 days. Besides, we are entitled to deal with the luggage whether we notify the owner.

安徽禾泉农庄生态农业有限公司

图3-15　行李寄存牌

（2）弄清客人行李是否属于酒店不予寄存的范围。

（3）问清行李件数、寄存时间、客人姓名及房号。

（4）填写“行李寄存牌”，并请客人签名，上联附挂在行李上，下联交给客人留存，告知客人下联是领取行李的凭证。

（5）将半天、一天、短期存放的行李放置于方便搬运的地方；如一位客人有多种行李，要用绳系在一起，以免错拿。

（6）经办人须及时在“行李寄存记录本”上进行登记，并注明行李存放的件数、位置及存取日期等情况。如属非住客寄存、住客领取的寄存行李，应通知住客前来领取。“行李寄存记录本”项目设置，如表3-4所示。

表3-4　行李寄存记录本项目设置

日期	时间	房号	件数	存单号码	行李员	领回日期	时间	行李员	备注

二、行李领取服务

（1）当客人来领取行李时，须收回“行李寄存牌”的下联，请客人当场在寄存单的下联上签名，并询问行李的颜色、大小、形状、件数、存放的时间等，以便查找。

（2）将"行李寄存牌"的上下联进行核对，看二者的签名是否相符，如相符则将行李交给客人，然后在"行李寄存记录本"上作好记录。

（3）如住客寄存、他人领取，须请住客把代领人的姓名、单位或住址写清楚，并请住客通知代领人带"行李寄存牌"的下联及证件来提取行李。行李员须在"行李寄存记录本"的备注栏内作好记录。

当代领人来领取行李时，请其出示存放凭据，报出原寄存人的姓名、行李件数。行李员收下"行李寄存牌"的下联并与上联核对编号，然后再查看"行李寄存记录本"记录，核对无误后，将行李交给代领人。请代领人写收条并签名（或复印其证件）。将收条和"行李寄存牌"的上下联钉在一起存档，最后在记录本上作好记录。

（4）如果客人遗失了"行李寄存牌"，须请客人出示有效身份证件，核查签名，请客人报出寄存行李的件数、形状特征、原房号等。确定是该客人的行李后，须请客人写一张领取寄存行李的说明并签名（或复印其证件）。将客人所填写的证明、证件复印件、"行李寄存牌"上联钉在一起存档。

（5）来访客人留存物品，让住店客人提取的寄存服务，可采取留言的方式通知住客，并参照寄存、领取服务的有关条款进行。

三、函件、表单的递送

进入酒店的函件以及酒店各部门的表单，通常由行李员分送到相应的部门、个人或住客手中。

进入酒店的函件，经问讯处核查、登记后，由行李员进行分送。常见的函件有传真、电传、电报及报纸、杂志和信件等。对于平信、报纸等可由行李员或楼层服务员送入客房。而对于包裹、邮件通知单、挂号信、汇款单、特快专递等，则须由客人直接签收。

酒店各部门的表单，亦由行李员进行传递，由有关部门、班组人员签收并注明签收时间。常见的表单有留言、各种报表、前厅的各种单据等。

行李员在传递函件、表单时，要注意以下事项：首先，行李员要注意服务规范，尽量走员工通道，乘坐员工电梯，按酒店规定程序敲门进房；其次，填写"行李员函件转送表"（表3-5），递送物品一般要让对方签收。

表3-5　行李员函件转送表

日期	时间	房号/部门	姓名	内容	号码	经办人	收件人签名	收件时间	备注

项目三 金钥匙服务

📖 **学习与训练子目标**

1. 熟悉金钥匙服务的内涵。
2. 掌握金钥匙的服务精神和服务理念。
3. 了解金钥匙服务的项目。

 案例导读

你了解"金钥匙"吗?

王府井,历史上是京城一条"皇城根"下的商业街,而毗邻金街王府井的王府酒店显得格外醒目,如果你有机会光临这家超豪华酒店,会在一进门处看到"金钥匙"朱江,一身深蓝色的制服,近一米七七的个头,让人看上去更像一个模特。放弃英文教师的职业,去做一名"金钥匙",朱江对此选择义无反顾。

"金钥匙"是酒店业服务中的明星,他们看上去似乎无所不能,对客人来说就如同一把万能的钥匙。

"金钥匙"的工作准则是:如果符合法律和道德,永不言不。所以"金钥匙"在国际上被称为"具有极高办事能力的人",他们似乎无所不能。有一天,朱江接待了一位法国女士,这位女士讲,前几天去上海旅游时,在一家商场看到一件裙子,当时犹豫了一下没买,现在很后悔。朱江问她在什么商场见到的这款裙子,这位女士根本不知道商场叫什么名字,只能说出商场的简单轮廓,并说卖裙子的柜台在商场滚梯旁边。依靠仅有的一点线索,朱江通过在上海酒店业的朋友帮忙,终于为这位法国女士买到了裙子。这位40岁的法国女士拿着通过快递寄到北京的裙子,一再说:"裙子是有价的,服务是无价的。"

"金钥匙"工作范围大,涉及面广,客人的要求五花八门。因此,作为"金钥匙",必须涉猎各方面的知识,对旅游、餐饮、娱乐等信息应该了如指掌。"北京的餐饮、娱乐、购物场所我都去遍了,了解得多一些,工作就自如一点。不下工夫,根本无法胜任'金钥匙'的工作。初次来中国的外国客人问潘家园旧货市场在哪里?我不仅要告诉他们详细的地理位置,卖什么东西、购物时要注意什么,也会详细介绍一下。'老外'要去三里屯酒吧一条街,我就要告诉他们几点钟去比较合适,消费的费用是多少。"

金钥匙服务体系是在酒店具有高水平设施设备以及完善的操作流程基础上，高层次管理水平和服务水平的成熟体现。作为一种国际服务标准认证，金钥匙不仅是对员工个人工作能力的高度肯定，更是高星级酒店管理水平和服务水平趋于成熟的标志。

金钥匙是酒店内外综合委托代办服务的总代理，中国的金钥匙服务体系经过18年的发展在服务产品上已经形成了委托代办（金钥匙服务）、金钥匙楼层、金钥匙酒店、金钥匙假期等一系列深受客人喜爱的个性化一条龙服务。

任务一　理解金钥匙的服务理念

一、金钥匙服务的内涵

金钥匙服务译自Concierge，又可译为礼宾服务、委托代办服务等，金钥匙通常是酒店礼宾处（行李部）主管，其服务内容从接待客人订房，安排车到机场、车站、码头接客人，根据客人的要求介绍各特色餐厅，并为其预订座位，联系旅行社为客人安排好导游，当客人需要购买礼品时帮助客人在地图上标明各购物点等等，最后当客人要离开时，在酒店里帮助客人买好车、船、机票，并帮客人托运行李物品，如果客人需要的话，还可以订好下一站的酒店并与下一城市酒店的金钥匙落实好客人所需的相应服务。

金钥匙服务是委托代办服务，但金钥匙服务不是一般的委托代办服务。一般的委托代办服务只提供满意服务，而金钥匙服务提供令人满意加惊喜的服务。

假如有客人向你要地图，你热情地找出地图然后微笑着把地图交到客人手里，这就是我们通常认为的服务好；可是如果这时你不仅仅满足于把地图交给客人，还进一步征询他的意见，说："请问您想到什么地方？我可以帮您在地图上找到，并给您画出最佳的路线图。如果您需要的话我们还可以帮您准备一辆车"。那就是"金钥匙"的工作了，也就是说，金钥匙不仅干一般服务行业分内的事，而且干客人"分外"的事。金钥匙的特别之处，就在于他的工作不但想客人之所想，而且想客人未所想，不仅使客人满意，而且使客人喜出望外。

酒店实行金钥匙服务必须具备两个条件：

第一，酒店要有出色的软、硬件条件；

第二，酒店的管理和服务人员必须具有出色的服务意识。

二、金钥匙的产生和发展

（一）世界金钥匙的产生和发展

"金钥匙"是一种"委托代办"（Concierge）的服务概念。"Concierge"一词最早起源于法国，指古代酒店的守门人，负责迎来送往和酒店的钥匙，但随着酒店业的发展，其工作范围在不断扩大，在现代酒店业中，Concierge已成为为客人提供全方位"一条龙"服务的岗位，只要不违反道德和法律，任何事情都尽力办到，以满足客人的要求。其代表人物就是他们的首领"金钥匙"，他们见多识广、经验丰富、谦虚热情、彬彬有礼、善解人意。

"金钥匙"（Les Clefs d'or）通常身着燕尾服，上面别着十字形金钥匙，这是金钥匙的国际组织——"国际酒店金钥匙组织联合会"会员的标志，它象征着"Concierge"就如同万能的"金钥匙"一般，可以为客人解决一切难题。

1929年10月6日，来自法国巴黎的11个委托代办员建立了金钥匙协会，协会章程允许"金钥匙"们通过提供服务而得到相应的小费，他们发现那样可以提高对客服务效率，随之还建立了城市内的联系网络。欧洲其他的国家也相继开始建立类似的协会。

1952年4月25日，来自9个欧洲国家的代表在法国东南部的戛纳（Cannes）举行了首届年会（Congress）并创办了"欧洲金钥匙大酒店组织（UEPGH）"。

1970年，UEPGH成为"国际金钥匙大酒店组织（UIPGH）"，这一联盟的成立象征着不止在欧洲，而且来自全球的不同国家都在争取加入金钥匙组织。

1994年，"UIPGH"将名字改为"UICO"。

1997年，又改为今天的名称UICH（图3-16），UICH目前拥有40个成员国，包括澳大利亚、奥地利、比利时、巴西、加拿大、中国、捷克、丹麦等，1997年在意大利罗马举行的第44届国际金钥匙年会上中国被接纳为国际酒店金钥匙组织的第31个成员国。

（二）中国金钥匙的产生和发展

中国金钥匙起步较晚，20世纪90年代初广州白天鹅宾馆最早开始接触金钥匙服务。

1990年，白天鹅宾馆第一次派人参加金钥匙国际会议；1992年，白天鹅礼宾部的叶士豪加入了国际金钥匙组织，成为中国首位"金钥匙"；1993年，白天鹅宾馆首次派人参加金钥匙国际年会；1997年，中国正式成为国际金钥匙组织会员；1999年，中国酒店金钥匙组织正式成立（图3-17）。

图3-16　国际金钥匙组织标志

图3-17　国际金钥匙组织中国区标志

三、金钥匙的服务理念

（一）金钥匙服务理念

（1）酒店金钥匙的服务宗旨：在不违反法律和道德的前提下，为客人解决一切困难。

（2）酒店金钥匙为客排忧解难："尽管不是无所不能，但是也要竭尽所能"，要有强烈的为客服务意识和奉献精神。

（3）为客人提供满意加惊喜的个性化服务。

（4）酒店金钥匙组织的工作口号："友谊、协作、服务"（Service Through Friendship）。

（5）酒店金钥匙的人生哲学：在客人的惊喜中找到富有乐趣的人生。

（6）金钥匙的标志：被允许在制服衣领两侧各佩戴一个由两把垂直交叉的钥匙构成金钥匙徽章，如图3-18所示。

图3-18　金钥匙徽章

（二）金钥匙服务理念的精髓

1.先利人、后利己

这是价值观，只有有了全新的服务意识和先人后己的价值观才能做好酒店服务工作特别是金钥匙服务工作。

2.用心极致，满意加惊喜

这是方法。它要求，所有酒店的服务人员和工作人员，都要全力以赴、竭尽所能地为客人提供高质量、全方位、个性化的服务，不能有丝毫的懈怠。在竭尽所能为住店客人提供高质量、全方位服务的同时，尽可能地让客人有超值享受或者额外的惊喜。

3.在客人的惊喜中找到自己富有的人生

在客人的惊喜和满足中，在客人满意的眼神和赞许声中实现自己的人生价值，这是目标。

金钥匙服务理念具有共同的价值观、人性化的科学方法和共同的追求目标，金钥匙们在为客人带来方便、欢喜和自信的同时，也给自己带来欢喜、自信和方便。金钥匙服务理念是"金钥匙"们长期实践和总结的成果，没有这些服务理念，就没有金钥匙的成功。

金钥匙服务理念给酒店带来了清新的服务理念和服务价值观，它对原有的服务思想和服务观念产生了强烈的影响和冲击，可以说：金钥匙服务理念是星级酒店服务的最高境界！是所有酒店人孜孜追求的最高目标，金钥匙服务是新形势下高星级酒店服务的新形式和新发展！

任务二　熟悉金钥匙的素质要求

"金钥匙"工作范围大，涉及面广，客人的要求五花八门，因此，作为"金钥匙"，必须涉猎各方面的知识，对旅游、餐饮、娱乐等信息应该了如指掌。

一、中国酒店金钥匙组织会员的资格要求

（1）在酒店大堂柜台前工作的前台部或礼宾部高级职员才能被考虑接纳为金钥匙组织的会员。

（2）21岁以上，人品优良，相貌端庄。

（3）从事酒店业5年以上，其中3年必须在酒店大堂工作，为酒店客人提供服务。

（4）有两位中国酒店金钥匙组织正式会员的推荐信。

（5）一封申请人所在酒店总经理的推荐信。

（6）过去和现在从事酒店前台服务工作的证明文件。

（7）掌握一门以上的外语。

（8）参加过由中国酒店金钥匙组织组织的服务培训。

二、金钥匙的素质要求

金钥匙要以其先进的服务理念，真诚的服务思想，通过其广泛的社会联系和高超的服务技巧，为客人解决各种各样的问题，创造酒店服务的奇迹。因此，金钥匙必须具备很高的素质。

（一）思想素质

（1）拥护中国共产党和社会主义制度，热爱祖国。

（2）遵守国家的法律、法规，遵守酒店的规章制度，有高度的组织纪律性。

（3）敬业乐业，热爱本职工作，有高度的工作责任心。

（4）有很强的顾客意识、服务意识，乐于助人。

（5）忠诚于企业，忠诚于客人，真诚待人，不弄虚作假，有良好的职业操守。

（6）有协作精神和奉献精神，个人利益服从国家、集体利益。

（7）谦虚、宽容、积极、进取。

（二）能力要求

（1）交际能力：彬彬有礼、善解人意，乐于和善于与人沟通。

（2）语言表达能力：表达清晰、准确。

（3）身体健康，精力充沛，能适应长时间站立工作和户外工作。

（4）有耐性。

（5）应变能力。

（6）协调能力。

（三）业务知识技能

（1）熟练掌握本职工作的操作流程。

（2）通晓多种语言。

（3）掌握中英文打字、电脑文字处理等技能。

（4）掌握所在酒店的详细信息资料，包括酒店历史、服务设施、服务价格等。

（5）熟悉本地区三星级以上酒店的基本情况，包括地址、主要服务设施、特色和价格水平。

（6）熟悉本市主要旅游景点，包括地点、特色、服务时间、业务范围和联系人。

（7）掌握一定数量的本市高、中、低档的餐厅、娱乐场所、酒吧的信息资料，包括地址、特色、服务时间、价格水平、联系人。按照中国酒店金钥匙组织会员入会考核标准，申请者必须掌握本市高、中、低档的餐厅各5个，娱乐场所、酒吧5个（小城市3个）。

（8）能帮助客人购买各种交通票据，了解售票处的服务时间、业务范围和联系人。

（9）能帮助客人安排市内旅游，掌握其线路、花费时间、价格、联系人。

（10）能帮助客人修补物品，包括手表、眼镜、小电器、行李箱、鞋等，掌握这些维修处的地点和服务时间。

任务三　了解金钥匙的服务项目

一、接车（机）服务（Picking up Service）

有些客人在订房时，会声明需要接车服务，并事先告知航班（车次）、到达时间，选定接车车辆的类型。酒店在车站、码头、机场设点，并派出代表接送抵离店的客人。

二、传呼找人服务

来访客人到问讯处要求帮助查找某一住客，问讯员应请行李员协助解决。行李员将住客姓名写在寻人牌上，并在酒店公共区域、餐厅举寻人牌寻找该住客，寻人时可敲击寻人牌上的低音量铜铃，铜铃声会吸引客人关注，从而便于找到住客。

三、转交物品

转交物品，分住客转交物品给来访者和来访者转交物品给住客两种。如果是住客转交物品给来访者，住客要提供来访者的姓名，待来访者认领时，要请其出示有效证件并签名。如果是来访者转交物品给住客，首先要确认本店有无此住客；若有此住客，应为客人安全着想，一定要认真检查物品；最后填写留言单通知住客前来领取。

四、预订出租车服务（Taxi Booking）

出租车可以是酒店自有的，也可以是出租汽车公司在酒店设点服务的，还可以是由行李员及前厅部其他员工用电话从店外预约的。当客人要求订车时，应告知客人有关手续和收费情况。出租车到达大门口时，行李员要向司机讲清客人的姓名、目的地等，必要时充当客人的翻译向司机解释客人的要求。为避免客人迷失方向，可填写一张"向导卡"（Please drive me to）给客人，在卡上注明客人要去的目的地。卡上印有本酒店的名称、标识及地址。如果客人赶飞机或火车，行李员还应提醒客人（特别是外宾）留出足够的时间提前出发，以免因交通堵塞而耽误了行程。

五、订票服务（Ticket Booking）

订票服务，是为住客代购飞机票、船票、车票、戏票等。礼宾部要熟悉本地机票代理、火车站、码头、戏院、音乐厅等的地址、电话及联系人。在接到订票电话时，要问清客人要求并明确如该要求无法满足时，可有何种程度的变通或取消条件。

六、快递服务

了解物品种类、重量及目的地；向客人说明有关违禁物品邮件的限制；如系国际快递，要向客人说明海关限制和空运限制；提供打包和托运一条龙服务；联系快递公司上门收货（联邦快递、DHL和国内的EMS）；记录托运单号码；将托运单交给客人，并收取费用；贵重或易碎物品交专业运输公司托运。

七、旅游服务

酒店礼宾部应建立旅游景点和旅行社档案，因地制宜地推荐和组织客人旅游。有些酒店设有专门的旅游部为住客提供旅游服务。

八、代订客房

住店客人有时会要求酒店代订其他城市的客房，对于这类要求，酒店应尽量满足，一般由预订处或礼宾部去完成。

九、订餐服务

了解客人的订餐要求，如菜式种类、餐厅要求、用餐人数、用餐时间等；尽量与客人面谈后再推荐餐厅；向有关餐厅预订并告知订餐要求；记录对方餐厅的名号、地址、订餐电话，并转告住客。

十、外修服务

登记客人的姓名、房号，了解所需修补物品的损坏程度、部位及服务时限和费用限额；向客人说明一切费用由客人支付，包括维修费、服务费及路费等；做到准确及时、手续清楚，各项费用单据齐全、符合规定；将修好的物品及所有单据交给客人，并做好登记工作。

十一、雨具提供及保管服务

一些高星级酒店在客房内备有雨伞，供住客免费使用，但不能带走；下雨天，客人上下车时，门童提供撑雨伞服务；下雨天，来宾的湿雨伞、雨衣若不采取任何措施便带进酒店，很容易将大堂地面及走廊地毯弄湿。为了避免此类事情发生，酒店在大门口设有伞架，并可上锁，供客人存放雨具，或者配置雨伞、雨衣打包机，给雨伞、雨衣裹上塑料装，方便客人携带。

思考与训练

一、单项选择题

1.门童为客人开车门时，不应该为信仰佛教和_____的客人实施护顶服务。

A.佛教　　　　B.基督教　　　　C.东正教　　　　D.伊斯兰教

2.门童为客人开车门时，要用左手拉开车门成_____角左右。

A.60°　　　　B.70°　　　　C.80°　　　　D.90°

3.关于行李服务，下列说法错误的是_____。

A.行李员引领客人时应走在客人的斜前方，并不时招呼客人

B.行李员应抓住时机向客人介绍和推销酒店的产品和服务

C.行李员可以用明示或暗示的方式向客人索要小费

D.行李员介绍房间时应尽量简短

4.客人到达酒店后见到的第一个酒店员工是_____。

A.行李员　　　　B.预订员　　　　C.接待员　　　　D.门童

二、问答题

1.作为门童，为什么要记住客人的姓名？

2.门童应如何为客人提供开车门及护顶服务？

3.酒店门童未来的发展趋势有哪些？

4.简述门童迎接乘坐汽车到达的散客的服务程序。

5.复述散客入住行李服务程序。

6.行李寄存的注意事项有哪些？

7.根据所学内容，谈谈你对金钥匙服务的理解和认识。

8.如何看待酒店"金钥匙"的服务理念？

9.谈谈我国"金钥匙"未来发展的前景。

三、案例分析

The Greatest Bellman I Ever Met……

In my current role as corporate director of training and organizational effectiveness，I travel quite regularly，and am able to experience service at some of the finest hotels in the world.In fact，I consider myself to be an expert in not only assessing world-class service，but delivering world-class service as well.During a recent business trip to Chicago，Illinois，I stayed at one of that city's finest hotels，and was thoroughly impressed with the flawless execution of virtually every service detail.Particularly，I was privileged to have been "roomed" by the most professional and genuine bellman I have ever met.In strength management，a strength is defined as consistent near-perfect performance in a given activity.Basically，that means that someone is doing something so remarkably well，that everyone else looks on in awe as this strength is being displayed（this is easily seen in many professional athletes）.This particular bellman definitely has a phenomenal strength for making people feel not only welcomed but treated as royalty.His delivery was effortless，precise，and genuine at the same time.

Allow me to walk you through the service experience as I witnessed it……

After the front desk agent checked me in，she walked around the counter and introduced me to "Tim". He immediately used my name and welcomed me to the hotel，and told me that I should anticipate having a wonderful stay at "his" hotel.As he escorted me to the guest elevator，he gave a thorough description of various hotel amenities such as the dining outlets，spa facilities，and gift shop.He then said that he would meet me at my room in about five minutes with the rest of my luggage that I had given to the doorman earlier.

Sure enough，five minutes later，Tim knocked on the door.When I opened the door，he again used my name and asked if he may enter. Once I said yes，he proceeded in，and immediately asked if the room temperature and lighting was to my satisfaction.Like any five diamond property，he asked me where I'd like my luggage placed.Tim then proceeded to explain all of the room's features.

Clearly，he loved his job，and more importantly，he took exceptional pride in making his guests feel like they have returned home.Whenever he saw me in the lobby，he made it a point to inquire if my stay was indeed wonderful，and if there was anything he could to assist me.Always very classy，articulate，and genuine.He is a role model of what a world-class service professional should be like.

Tim is，by far，the best bellman I have ever met.

思考题：

1.请结合案例，谈谈你对行李服务的认识？

2.请结合案例，分析如何成为一名优秀的行李员？

四、实训项目

项目名称：礼宾服务。

练习目的：通过训练，使学生能按照礼宾服务程序熟练地为客人提供礼宾服务。

实训内容：散客迎宾服务、散客入店行李服务、换房行李服务、行李寄存服务。

测试考核：根据《前厅服务员国家职业标准》要求考核。

模块四
总台接待服务

Module Ⅳ　Reception

　　接待服务（Reception）是前厅服务的核心内容，接待员除了要为客人提供主动、热情、礼貌和微笑服务以外，还要增强销售意识，提高工作效率，尽可能地缩短客人办理入住登记的等候时间。

学习与训练总目标

- 了解并熟悉接待服务前的各项准备工作。
- 掌握客房分配的原则和艺术。
- 掌握入住登记的工作流程。
- 熟悉不同级别客人的入住接待标准。
- 了解并熟悉接待处的其他各项服务。
- 学会处理接待工作中的常见问题。

项目一　接待准备工作

📖 **学习与训练子目标**

1. 掌握办理入住登记手续的目的和重要性。
2. 熟悉接待准备工作所需的各项信息资料。
3. 了解并能正确使用接待工作中的各种表格。

 案例导读

房间全部租完了……

美国西部大城市旧金山某著名酒店总台接待处来了一位35岁上下的男性客人。接待员接过递来的证件一看，果然不错，就是这个克劳德·库珀！

一年多前，克劳德·库珀曾来店里住过3天。岂料那几天里每天都有三五个举止粗野、满口脏话的朋友来房里大叫大闹。服务员除每天两次按规定打扫房间外，期间还不时被叫进去要这要那。这哪里是一间客房？杯盘狼藉、沙发掀翻、被单垂地、果壳成堆、满屋烟雾酒气，里面的人嬉笑、嚎叫、痛哭、谩骂，简直是一番世界末日来临的场景！酒店方好几次派管理员前往检查，暗示他们要文明住店，可是这些酒鬼根本不理那一套，照样从早到晚喝得神志不清，口里胡言乱语。

克劳德·库珀离店时，除了付清房费和在店内的其他开支外，还赔偿了被打碎的玻璃杯、镜子等费用。他没想到，他的名字已经被悄悄列入了该酒店的客人"黑名单"之上。所以今天他又出现在酒店的总台前时，接待员马上把他辨认了出来。为进一步核实，他暗示另一位接待员打开电脑查询。于是，他很快便在"黑名单"上查到了此人：克劳德·库珀，男，1960年出生，身高1.79米，魁梧，右眼角旁有一小疤……

"库珀先生，很对不起，今天我们的客房全满了。"接待员彬彬有礼地婉言谢绝他的入住要求。

"唔——，"库珀一时没了主意，他没想到酒店这个时节还会住满客人。"下周三怎么样？给我预订一个朝南的房间，标准间，要不要付定金？"

"这段时期我店生意特别好，下周有两个大型团队预订了300个房间。我先给您预订一间，定金不必付，但请您留个电话，我在下周一会与您联系的。"

接待员就这样十分客气地把这个不受欢迎的客人"打发"走了。下周一他肯定会去电，告诉克劳德·库珀：房间全部租完了……

【解析】

接待服务是前厅服务中至关重要的一环，前厅接待完成质量的高低决定着客人对酒店"第一印象"的好坏以及酒店客房营业收入的高低。客人在办理入住登记手续的时候，酒店所有市场努力的成果以及电脑订房系统的作用都得到了体现。但并不是所有客人都是我们酒店欢迎的，这一部分酒店并不欢迎的客人将出现在我们酒店的"黑名单"（Black List）上，在为客人提供接待服务时，接待人员（Receptionist）必须要熟记"黑名单"上的人物，并能灵活地处理不受欢迎客人的住宿要求。

知识点与技能点

前厅接待处（Reception）是客人进出酒店的必经之地，办理入住登记（Check in）手续也是住店客人必须履行的法定手续。高星级酒店必须设立专职的接待机构，24小时为客人提供服务。接待处的服务范围主要有：为客人办理入住登记手续并接待客人入住；为客人办理分房、换房、退房及其他各项相关服务；向客人尤其是无预订散客（Walk-in/Chance Guest）推销客房等。

酒店为住店客人提供的接待服务具有面对面接触、规程严谨、内容多且复杂的特点，而且对前厅客房销售、服务协调、客史档案的建立、客账的完善等工作产生重要影响，因此，接待服务是前厅服务全过程的关键环节。

客人在办理入住的过程中对酒店服务设施的第一印象，对于营造热情友好的氛围和建立持续良好的商务关系非常重要，他们希望得到优质热情的服务，并希望从酒店其他部门也得到同样热情的服务。否则，客人不仅不会对酒店的服务及设施产生兴趣，而且还将会在住宿期间挑剔酒店提供的服务和设施。因此，作为接待员必须在接待工作之前做好各种准备工作。

任务一　掌握办理入住登记手续的目的

入住登记（Registration）是前厅部对客服务全过程中的一个关键阶段，其工作效果将直接影响到前厅功能的发挥，同时，办理入住登记手续也是客人与酒店建立正式的、合法关系的最根本的一个环节。

一、遵守国家法律中有关入住管理的规定

我国户籍管理相关法律明确规定：在我国的外国人及国内的流动人口，在宾馆、酒店、招待所临时住宿时，应当出示护照或身份证等有效证件办理入住登记手续，才能住宿。酒店接待员若不按规定为客人办理入住登记手续，是违反国家法律有关户籍管理规定的行为，将受到处罚。

二、与客人建立正式、合法的关系

客人在办理入住登记手续时，必须填写一张由酒店提供的"临时住宿登记表"（Registration Form），表中明确了酒店与客人双方的权利和义务，如房价、酒店规定的退房时间、贵重物品保管等项目和注意事项，酒店接待员和客人双方都需要在该表上签名确认，这意味着酒店与客人之间确立了正式合法的经济关系，因此，这张表相当于是酒店与客人签订的住宿合同。

三、可以获得客人的个人资料

入住登记表中包含有客人的个人资料，如客人的姓名、性别、国籍、住所、工作单位、抵离店日期、付款方式等基本信息。这些基本信息对于搞好酒店的服务与管理至关重要，为酒店其他部门提供个性化、人性化服务提供了依据。

四、可以向客人推销酒店的其他服务与设施

许多客人在入住酒店前并不十分了解酒店的服务项目与设施设备情况，这就限制了他们的购买行为。接待员在为客人办理入住登记手续时，可以在推销客房的基础上，趁机向客人介绍酒店提供的各种服务项目与设施设备，以满足客人的需求，同时提高酒店的经济效益与社会效益。

五、可以掌握客人的付款方式，保证客房销售收入

通过客人填写的"临时住宿登记表"，酒店可以掌握客人的付款方式，从而保证客房的销售收入，保护酒店的利益。掌握付款方式可以确定客人在住店期间的信用标准，同时也可提高客人办理离店结账手续的服务效率。常见的付款方式有现金、信用卡、旅行支票和转账。现金结账要注意现金的真伪；信用卡结账要核实是否是本酒店受理的信用卡，并查看是否过期、适用地区、消费最高限额等；旅行支票结账要核实支票的有效性；转账结账则应向客人说明该单位允许转账的具体消费项目。

六、为酒店制定管理政策提供信息和数据

此外，办理住宿登记为客人入住后各种表格、文件的形成提供了可靠的依据，尤其是形成客人的客史档案，以便酒店为客人住宿期间及今后再次入住提供个性化服务；另外，办理住宿登记还能有效防止客人逃账并杜绝酒店"黑名单"上的客人入住。

任务二　了解入住登记的相关信息

在帮助客人办理入住登记手续或分配客房之前，接待员必须掌握入住登记工作所需的信息。这些信息主要包括：房态和可供出租客房情况（Room Status and Availability）、预抵店（Expected Arrivals List，EA）和预离店（Expected Departures，ED）客人名单、有特殊要求的预抵店客人名单（Expected Arrivals with Special Needs List）、预抵店重要客人（Expected VIP List）和常客（Regular/Frequent Guest）名单、黑名单（Black List）。

以上信息资料在客人抵店的前一天晚上就应该准备好。在电脑联网的酒店里，这些信息资料不断地在更新，接待员可通过电脑网络轻易获取。

一、房态报告

在客人到店前，接待员必须获得较为具体准确的房态报告（Room Status Report），并根据此报告排房，以避免给客人造成不便。

（一）客房状态的获得

酒店在前厅接待处和客房服务中心都配有联网的电脑终端，通过电脑系统，可以了解和传递有关房态的信息。接待员将客房出租后或是给客人办理结账退房手续后，电脑系统

会自动更改该房的状态；同样地，当客房正在清扫或是检查完毕可以出租后，客房服务人员可以利用电脑系统直接更改房态，这就意味着房态更改后无需以书面形式通知相关部门更改房态。

（二）准确的客房状态的重要性

由于接待处的工作量很大，而且客房状况时常处于变化之中，虽然很多酒店通过电脑查询，可以知道酒店目前的房态，但由于工作上可能出现差错，也会造成前台接待处的房态与楼层的实际房态不符。因此，房态的核对与控制是必要的，以免出现"重房"或"漏房"现象，造成前台客房销售及客房服务的混乱。

（1）客房状态不准确会减少酒店的客房收入。尤其在旺季时，若实际房态是空房，但前厅接待处显示为住客房，就会造成空房损失。

（2）客房状态不准确会降低接待处、收银处、预订处、客房部、电话总机等酒店各部门的工作质量与工作效率。

（3）客房状态不准确会影响酒店与客人之间的人际关系，增加客人的投诉。尤其是出现卖重房现象时，增加客人等待时间，产生众多麻烦。

（三）客房状态的差异

前厅部记录显示的客房状态同客房部查房结果不相符的情况称为客房状态差异（Room Status Discrepancy）。房态差异有以下两种情况。

（1）逃账房（Skippers） 前厅部显示为住客房，而客房部查房报告则显示为空房。

（2）沉睡房（Sleepers） 前厅部显示为走客房或空房，而客房部则发现房内有人。

（3）人数差异（Number） 前厅部显示登记人数少于客户实际入住人数。

（四）客房状态控制的方法

酒店客房部每天两至三次检查每一间客房的状态，如发现房态不符，应在电脑系统中及时更改，保持实际房态的准确性，帮助接待处提高房间分配的准确性；接待员应根据客人入住和结账情况随时更改客房状态，方便客房部工作人员及时清扫和做好接待工作。

二、预抵店客人名单

预抵店客人名单（Expected Arrivals List）为接待员提供即将到店客人的一些基本信息，如客人姓名、客房需求、房价、离店日期、特殊要求等。

在核对房态报告和预抵店客人名单时，作为接待处的管理人员，应该清楚以下两件事情，并采取相应的措施：一是酒店是否有足够的房间去接待预抵店客人；二是酒店还剩余多少可出租的房间去接待无订房而直接抵店的散客（Walk-in/Chance Guests）。

三、顾客历史档案

顾客历史档案（Guest History Record）简称"客史档案"，是对住店一次以上的全部或部分客人设立的汇总资料，是在接待过程中形成的具有参考利用价值的一种专业文档。高星级酒店均有顾客历史档案，在电脑的帮助下，接待员很容易查到客人在酒店的消费记录，只要客人曾经在该酒店住宿过，根据客人的历史档案情况，即可采取适当措施，确保客人住得开心。

（一）客史档案的作用

（1）做好客人抵店前的准备工作，为客人提供个性化服务（Personalized Service）。通过客史档案，了解客人不同的生活习惯和兴趣爱好，有针对性地提供周到、细致的服务。如果客人恶意逃账，酒店也可以凭客史档案上的地址设法追回欠款或逃账事宜。

（2）客史档案的建立有助于酒店做好针对性的销售工作。建立客史档案就是为了了解客人需求，并在今后的促销中满足客人需求，进而与客人保持良好、稳定的工作，争取更多的回头客，培养忠诚顾客。

（3）提高酒店经营决策的科学性。通过对客史档案的分析，可以了解客人的需求，明确并选定酒店的目标市场，作好市场预测，有针对性地改进酒店的服务与管理，进而获得利润，提供经济效益。

（二）客史档案的内容

（1）常规档案　包括客人姓名、性别、年龄、出生日期、婚姻状况以及家庭地址、电话号码、公司名称、头衔等，收集这些资料有助于了解目标市场的基本情况，了解"谁是我们的客人"。

（2）预订档案　包括客人的订房方式、介绍人，订房的季节、月份和日期以及订房的类型等，掌握这些资料有助于酒店选择销售渠道，做好促销工作。

（3）消费档案　包括包价类别、客人租用的房间、支付的房价、餐费以及在商品、娱乐等其他项目上的消费，喜欢何种房间和酒店的哪些设施等，从而了解客人的消费水平、支付能力以及消费倾向、信用情况等。

（4）习俗、爱好档案　这是客史档案中最重要的内容。其中包括：客人旅行的目的、爱好、生活习惯；宗教信仰和禁忌；住店期间要求的额外服务。了解这些资料有助于为客人提供有针对性的"个性化"服务。

（5）反馈意见档案　包括客人在住店期间的意见、建议，表扬和赞誉，投诉及处理结果等。

（三）客史档案资料的收集

及时、准确地收集和整理客史档案资料，才能发挥客史档案应有的作用。这既要求酒店要有切实可行的资料收集方法，又要求前厅和酒店其他对客服务部门的员工用心服务，善于捕捉有用信息。

（1）总服务台通过预订单、登记单、账单、意见反馈单、投诉处理意见等，收集有关信息。

（2）酒店其他部门如客房、餐饮、康乐、销售的接待记录。

案例链接

企业家李先生到泰国出差，下榻于曼谷东方饭店，这是他第二次入住该饭店。

次日早上，李先生走出房门准备去餐厅，楼层服务生恭敬地问道："李先生，您是要用早餐吗？"李先生很奇怪，反问道："你怎么知道我姓李？"服务生回答："我们饭店规定，晚上要背熟所有客人的姓名。"这令李先生大吃一惊，尽管他频繁往返于世界各地，也入住过无数高级酒店，但这种情况还是第一次碰到。

李先生愉快地乘电梯下至餐厅所在楼层，刚出电梯，餐厅服务生忙迎上前："李先生，里面请。"

李先生十分疑惑，又问道："你怎么知道我姓李？"服务生微笑着答道："我刚接到楼层服务电话，说您已经下楼了。"

李先生走进餐厅，服务小姐殷勤地问："李先生还要老位子吗？"李先生的惊诧再度升级，心中暗忖："上一次在这里吃饭已经是一年前的事了，难道这里的服务小姐依然记得？"服务小姐主动解释："我刚刚查过记录，您去年6月9日在靠近第二个窗口的位子上用过早餐。"李先生听后有些激动了，忙说："老位子！对，老位子！"于是服务小姐接着问："老菜单？一个三明治，一杯咖啡，一个鸡蛋？"此时，李先生已经极为感动了："老菜单，就要老菜单！"

给李先生上菜时，服务生每次回话都退后两步，以免自己说话时唾沫不小心飞溅到客人的食物上。李先生在美国最好的饭店里都没有见过这样的服务。

一顿早餐，就这样给李先生留下了终生难忘的印象。

四、有特殊要求的预抵店客人名单

有些客人在订房时，可能会额外地提出服务要求，接待员必须事先通知有关部门做好准备工作，恭候客人的到来。如预抵店客人要求为婴儿配备婴儿床（Baby Cot），接待员（主管）则应为客人预先安排房间，然后让客房部准备婴儿床并将其放到指定的房间；客房部还应适当为客人准备一些婴儿用品，如爽身粉等。这一切工作都必须在客人抵店前做好。

五、预抵店重要客人名单（Expected VIP List）

酒店必须对重要客人加以足够的重视。重要客人可分为以下几类。

（1）贵宾（Very Important Person，VIP）　主要包括政府方面、文化界、酒店方面的知名人士等。

（2）公司客户（Commercially Important Person，CIP）　主要指大公司、大企业的高级行政人员、旅行社和旅游公司职员、新闻媒体工作者等。

（3）需特别关照的客人（Special Attention Guests，SPATT）　主要指长住客（Long Staying Guests）以及需要特别照顾的老、弱、病、残客人等。

酒店常为重要客人提供特别的服务和礼节，如事先预留客房、免费享受接机/接车服务、在客房办理登记手续及安排专人迎接等。由于以上客人较为重要，酒店常把预抵店重要客人名单印发至前厅各部门及酒店相关对客服务部门，让他们在接待服务过程中多加留意。

六、黑名单

黑名单（Black List），即不受酒店欢迎的人员名单。主要来自以下几个方面：公安部门的通缉名单，当地饭店协会会员，大堂副理的有关记录，财务部门通报的走单（逃账）客人，信用卡黑名单等。

> ### 哪些人员会出现在黑名单上（Black List）？
> · 被饭店或饭店协会报的不良分子（或列入黑名单）的人。
> · 信用卡黑名单上的人。
> · 多次损害酒店利益和名誉的人。
> · 无理要求过多的常客。
> · 衣冠不整者。
> · 患重病及传染病者。
> · 带宠物者。
> · 经济困难者。

任务三 准备入住登记的相关表格

一、临时住宿登记表（Registration Form/Card）

客人抵达酒店后，首先应到前台办理入住登记手续，其中一项重要内容就是填写由酒店提供的临时住宿登记表（也叫入住登记卡，简称RC单）。每个酒店的临时住宿登记表都由本酒店自行设计，但登记表的格式和内容大体一致，主要包括两个方面的内容：公安部门规定的登记项目和酒店运行与管理需要的登记项目。

我国酒店的住宿登记表大体可以分为两种：一是散客填写的《临时住宿登记表》（表4-1），二是团体客人填写的《团体人员住宿登记表》（表4-2）。

表4-1　临时住宿登记表

REGISTRATION FORM OF TEMPORARY RESIDENCE

英文姓 Surname	英文名 First Name	性别 Gender
中文姓名 Chinese Name	国籍 Nationality	出生日期 Date of Birth
房号 Room No.	房型 Room Type	房价 Room Rate
工作单位 Company		职业 Occupation
证件种类 Type of Certificate		证件号码 Certificate No.
签证种类 Type of Visa		签证有效期 Visa Expiry Date
抵店日期 Arrival Date		离店日期 Departure Date
永久地址 Permanent Address		
付款方式 现金 信用卡 旅行支票 公司账 其他 Form of Payment Cash Credit Card Traveler's Check Company Others		
请注意： Please Note: 1.退房时间是中午十二时之前。 Check out before 12:00 noon. 2.前台设有免费的贵重物品保险箱，酒店对客房内的现金、珠宝及其他贵重物品概不负责。 Safe deposit boxes are available free of charge at the Front Desk.The hotel is not responsible for money，jewellery or other valuable in the guest room. 3.访客请在晚上十一时前离开客房。 Visitors are requested to leave guest room by 23:00.		
备注 Remarks		
接待员 Receptionist		客人签名 Guest signature

公安部门规定登记项目的内容主要有客人的完整姓名（Full Name）、国籍（Nationality）、出生年月（Date of Birth）、永久地址（Permanent Address）、职业（Occupation）、有效证件及相关内容等。

酒店运行与管理所需的登记项目主要有如下几类。

（1）客人姓名及性别（Guest's Name and Gender）　姓名与性别是识别客人的首要标志，服务人员要记住客人的姓名，并要以姓氏加上"先生"、"女士"去称呼客人以示尊重。

表4-2　团体人员住宿登记表

REGISTRATION FORM OF TEMPORARY RESIDENCE FOR GROUP

团队名称：　　　日期：　　　年　　　月　　　日　　　至　　　月　　　日
Name of Group　　Date　　Year　　Mon　　Day　　Till　　Mon　　Day

房号 Room No.	姓名 Full Name	性别 Gender	出生年月 Date of Birth	国籍 Nationality	证件种类 Certificate	证件号码 Certificate No.

签证号码：
Visa No.

接待单位：
Received by:

（2）房号（Room No.）　房号是确定房间类型和房价的主要依据。注明房号同时有利于查找、识别住店客人及建立客账。房号的填写应准确无误，以免造成"开重房"，给客人和酒店带来不必要的投诉与麻烦。

（3）房价（Room Rate）　房价是客人与接待员在酒店门市价的基础上协商而定的，它是建立客账、预测客房收入的重要依据。如标准价（Rack Rate）为US$100，给客人8折优惠，在登记表上最好以US$100-20%的方式标记。这种方式虽不符合逻辑，但易于操作，既反映了标准价，又表明了优惠率。

（4）付款方式（Form of Payment）　确定付款方式有利于保障客房销售收入及决定客人住宿期间的信用标准，并有助于提高退房结账的速度。最主要还是方便住客，由酒店为其提供一次性结账服务。

（5）抵离店日期（Arrival&Departure Rate）　掌握客人准确的抵店日期、时间，有助于计算房租、查询、邮寄等系列服务的顺利进行；而了解客人的预计离店日期，则有助于订房部的客房预测及接待处的排房（Room Assignment），并有助于客房部清扫工作的安排。

（6）家庭住址（Home Address）　正确、完整的客人永久住址，有助于酒店与客人的日后联系，如遗留物品的处理、邮件转寄服务等。

（7）酒店管理声明　登记表上的管理声明，即住客须知，它告诉客人住宿消费的注意事项。如：退房时间（Check out Time）为中午12:00前，建议客人使用前厅收银处的免费保险箱，否则如有贵重物品遗失，酒店恕不负责，还有会客时间的规定等内容。这些注意事项有助于完善酒店的服务与管理，同时可以减少酒店与客人的纠纷。

（8）接待员和客人签名（Receptionist & Guest Signature） 接待员签名有助于加强员工工作的责任心，利于控制和保证服务质量。客人签名是为了表明客人对住宿登记表上所列的内容予以认可和保证，相当于与酒店签订了住宿合同。

有些酒店为进行市场调研与分析，还在住宿登记表中设计了客源调研项目，如停留事由、交通工具、订房渠道、下个目的地等内容。

二、房卡（Room Card）

1.欢迎卡（卡套）

接待员在给客人办理入住登记手续时，会给客人填写封面印有"欢迎光临"字样的欢迎卡。欢迎卡的内容（图4-1）主要包括酒店运行与管理所需登记的项目、住客须知及酒店服务设施介绍、酒店的电话指南，酒店所在城市的建议交通旅游图。

客人须知	×× Hotel
• 在总台领取钥匙时请出示此卡。 • 退房时间是中午十二时。 • 前台设有免费的贵重物品保险箱，酒店对客房内的现金、珠宝及其他贵重物品概不负责。 • 访客请在晚上十一时前离开客房。 • 在房间时请务必挂好安全链，若有客人来访，请在确认来客后再将安全链取下，打开房门。 For your information • Please present this card to the reception desk when you get your room key. • Checking out time is 12:00 noon. • Safe deposit are available free of charge at the front desk.The hotel is not responsible for money，jewellery or other valuables in the guest room. • Visitors are requested to leave guest room by 23:00. • While in your room，be sure to secure the door with the security bar.When someone comes to your door，check to see who it is before disengaging the bar and opening the door.	欢迎卡 Hotel passport 姓名 Name_____ 房号 Room No_____ 房价 Room Rate RMB_____ 抵店日期 Arrival Date_____ 离店日期 Departure Date_____ 客人签名 Guest Signature_____ 阁下请出示此小册子，在酒店内的消费可签单。 To be presented when signing the bills.

图4-1 欢迎卡

填写完欢迎卡后，将房卡插入其中一起交给客人，所以欢迎卡又被称为卡套（图4-2）。其主要作用是证明住店客人的身份，方便客人出入酒店。因此，欢迎卡又称"酒店护照"（Hotel Passport）。除了证明住店客人的身份，欢迎卡还能作为酒店消费场所的签单证明，也就是客人可以凭此欢迎卡去酒店经营场所签单消费，其账单送至前厅收银处入账，退房时一次性结账。但在给客人签单时，各经营场所的收银员一定要核实客人身份及检查房卡是否有效。

2.房卡（钥匙卡）

房卡又称为钥匙卡（Key Card）。目前酒店一般采用智能感应门锁系统，在客人办理完入住登记手续之后，接待员需要使用制卡机给客人制房卡，该房卡既可用于开房门，还能用于房间内取电，只有把房卡插入卡槽，才能打开房内总开关，房间内的电器才能使用。见图4-3。

图4-2 卡套

图4-3 房卡

三、早餐券（Breakfast Voucher）

对于房费内含早餐的房间，需提前准备好早餐券，尤其在接待团体客人时，需要提前将准备好的早餐券统一放在专用信封内交给团队领队或导游。

此外，针对常客和VIP客人还要准备好由总经理亲自签写的总经理欢迎信，提前将其放置到准备好的房间内。

任务四 熟悉入住登记的相关证件

一、中国内地客人有效证件

中国内地客人住宿有效证件包括中华人民共和国居民身份证、临时身份证、中国护照（图4-4）、户口本、军官证、警官证、士兵证、文职干部证、军警老干部离休荣誉证、军警老干部退休证明书、一次性住宿有效凭证。

图4-4 中国护照

二、境外客人有效证件

（一）港澳居民来往内地通行证

港澳居民来往内地通行证，由中华人民共和国广东省公安厅签发，是具有中华人民共和国国籍的香港特别行政区居民及澳门特别行政区居民来往内地所用的证件。该证于1990年启用，其前身是俗称"回乡证"的"港澳同胞回乡证"。

（二）台湾居民来往大陆通行证

我国台湾地区居民来往大陆通行证简称"台胞证"，是台湾地区居民来往大陆的旅行证件，由公安部出入境管理局授权的公安机关签发或委托在香港和澳门特别行政区的有关机构代为办理。根据国务院最新修改的《中国公民往来台湾地区管理办法》的规定，自2015年7月1日起台胞来往大陆免予签注。2015年9月15日，公安部宣布决定启用2015版台湾居民来往大陆通行证（简称电子台胞证、台胞卡）。

（三）中华人民共和国旅行证

中华人民共和国旅行证（图4-5），简称中旅证或中国旅行证，是中华人民共和国护照的替代证件，前往世界各国有效。中国旅行证是可代替护照使用的国际旅行证，与护照具有同等效力，由中国驻外国的外交代表机关、领事机关及其他外交部授权的驻外机关颁发给以下人员：未持"港澳居民来往内地通行证"或"台湾居民来往大陆通行证"需回内地的港澳台同胞；持台湾身份证件无法申请外国签证的台胞；因时间等条件限制来不及申领护照的中国公民。

（四）中华人民共和国入出境通行证

中华人民共和国入出境通行证（图4-6）由公安机关出入境管理部门签发，主要有两种颁发情况：一是为未持有我国有效护照、证件的华侨、我国港澳地区居民入出境我国国（边）境而颁发；二是为回国探亲旅游的华侨、我国港澳地区居民因证照过期或遗失而补发。分一次有效和多次有效两种。

图4-5　中华人民共和国旅行证

图4-6　中华人民共和国入出境通行证

（五）外国护照

护照（Passport）是一个国家的公民出入本国国境和到国外旅行或居留时，由本国颁发的一种证明该公民国籍和身份的合法证件。所以护照是外国人办理入住登记手续的有效证件。护照分以下几种：外交护照（Diplomatic Passport）、公务护照（Service Passport）、官员护照（Office Passport）、普通护照（Passport）、特别护照（Special Passport）、团体护照（Group Passport）和联合国护照（United Nations Passport）。见图4-7、图4-8。

图4-7　美国护照

图4-8　英国护照

（六）其他有效证件

其他有效证件包括外国身份证（Certificate of Identity）、海员证（Seaman Book）、回美证（Permit To Reenter The US）、返日证（Reenter Permit To Japan）等。

护照（Passport）的识别

1.国籍的识别

目前世界上大多数国家的护照或其他代用护照上都有发照国本国文字和国际上通用的文字（英文）标明国籍。但也有一些国家只用本国文字标明国籍，遇到这种情况，可以按照护照封皮上的国徽图案或国家标志来识别。

部分客源国护照号码规律总结如下。

（1）美国护照：9位阿拉伯数字。

（2）日本护照：在7位号码前有两个英文字母。

（3）法国护照：前两位是数字，中间是两个英文字母，最后为5为数字。

（4）新加坡护照：护照号码前是大写"S"，中间7位数字，最后有一位英文字母。

（5）马来西亚护照：英文字母"K"字打头，加7位数字。

2.护照有效期的识别

护照有时效限制，并在有效期内发生效力。护照期满前持照人应根据本国有关的法律规定到政府授权机关更换新护照或申办护照延期，否则护照会自然失效，不再具有原效力。

护照有效期的表述方法一般有以下几种：在护照有效期一栏写明有效期，这是最常见的；在护照有效期一栏注明自签发之日起若干年有效；在护照的使用说明中规定自签发之日起若干年有效；规定在一些特定的条件下有效；护照内未注明有效期限的，视为永久有效。

3.护照真伪的识别

注意识别护照样式、图案、颜色。注意护照内各项内容和发照机关签署印章的情况，查看是否有伪造和涂改痕迹。查看护照上的照片及对自然特征的记载是否与持照人相符，照片上加盖的骑缝印章有无可疑之处。

项目二　销售并安排客房

📖 **学习与训练子目标**

1. 了解前厅销售的内容和要求。
2. 掌握客房推销的程序和技巧。
3. 正确理解并把握客房报价的三种方式。
4. 能根据排房的技巧恰当地为不同类型的客人分配房间。

 案例导读

"无窗房"还是"安静房"?

　　某五星级酒店,有一间客房位于楼层拐角处,没有窗户,但房内设施一点都不比有窗户的同类客房差,许多接待员在出租这间客房的时候,提到没有窗户总是会小心翼翼,而客人听到没有窗户,立马提出要更换一间,因此,接待员往往又是打折又是送赠品才能把这间房卖出去,而客人往往还很不乐意。有一位新来的接待员,每次总能用与有窗户的同类客房的价格卖给客人,而客人还非常高兴,其他接待员非常不解,悄悄问她原因,她说:"这很简单啊,有的客人提出要一间安静的房间,我就会跟他说,您太幸运了,我们酒店刚好有一间安静房,位于走廊拐角,远离街道,不设窗户,住在里面,您一定会享受清静。"其他接待员终于明白了其中的原委,最终这间"安静房"成了该酒店出租率最高的一间客房。

　　"无窗房"还是"安静房",两种不同的叫法体现了两种不同的推销语言,更体现了推销语言技巧的运用。前一种"无窗房"的叫法,突出房间的缺点,立马会让客人觉得房间有缺陷,从而产生物没有所值的感觉。而后一种"安静房"的叫法,则更加艺术性地强调没有窗户带来的优点,会让客人觉得酒店是为客人需求着想而故意为之的,因此,这间客房能以不低于有窗户的同类客房的价格出租,同时客人也会非常满意。前厅接待员在自己的岗位上有很多的促销机会。促销客房,一方面要通过热情的服务来体现,另一方面则依赖于巧妙而合理的促销手段,掌握好客人心理和语言技巧,往往能够使促销奏效。

知识点与技能点

　　随着酒店业竞争的加剧,酒店越来越重视前厅部的销售工作。其销售成功与否直接影响到客人对酒店的认识、评价和是否再次光临,并最终影响酒店的经济效益。因此,对于一名优秀的前台接待员而言，不仅要熟悉前厅销售的内容和要求，更应掌握客房销售的程序和技巧，对客人进行面对面的推销。

任务一　销售客房

一、前厅销售的内容

（一）酒店的地理位置

酒店所处的地理位置是影响房价的一个重要因素，也是影响客人选择所住酒店的重要因素，客人一般都会考虑酒店所处区域的交通便利程度、周围环境等，所以前厅部接待人员应充分利用现有的地理位置进行积极的推销。

（二）酒店的形象和氛围

酒店良好的形象主要包括酒店的品牌、信誉、口碑、独特的经营风格、优质的服务等。酒店的氛围是客人对酒店的一种感受。前厅部地处酒店最显眼的位置，又是使客人产生第一印象和和最后印象的部门，其创造的氛围十分重要。文化氛围浓郁的酒店给客人一种高品位的感受；古色古香的民族风格的酒店建筑，配以不同格调的艺术品，再辅以相协调的传统服饰打扮的员工，会对外宾有着特殊的吸引力。因此，前厅部人员应努力销售其独具特色的酒店形象和氛围。

（三）酒店的设施设备

酒店的设施设备是酒店存在的必要条件，也是酒店星级评定的基础，更是酒店接待能力的反映。各项服务设施设备应尽可能让客人感到实用、方便，并要处于良好的水平状态。前厅部接待人员应娴熟地了解酒店所拥有的设施设备并做好相关的销售工作，例如推销为商务客人配备的各项设施设备、各具特色的客房、各类康乐设施设备等。

1.酒店客房

客房是酒店的第一大产品，是酒店收入的主要来源，因此客房推销是总台推销的主要内容。在进行客房推销时，总台接待员要熟悉酒店客房的类型、价格、房间设施及每种房间的优缺点并能针对客人需求有的放矢地进行推销。

2.餐饮、康乐等酒店产品

酒店的其他产品如餐饮、康乐等也是总台推销的主要内容。对于第一次入住酒店的客人，往往不知道酒店有哪些产品，因此，在为客人办理入住登记的时候，接待员要告知客人"法式餐厅在三楼，今天有打折活动"或"我们酒店康体部从欧洲新进的健身器材，在四楼，您可以运动一下"，虽然客人并不会有立即想去尝试的意向，但通过接待员的推销会给客人留下一定印象，等他想去的时候会首先想到接待员的推销。

3.托婴等酒店服务（Babysitting）

酒店提供的服务项目非常多，一方面客人不知道，另一方面接待员也不能一一告知客人，这就要求接待员善于观察客人，及时发现客人的需求。例如：当发现客人带着小孩时，就可以告诉客人酒店有托婴服务；当发现客人皮鞋上有灰尘，就可以告诉客人酒店有擦鞋服务，诸如此类。

（四）酒店的无形服务

优质、高效的服务是酒店所售产品中最为重要的部分。酒店所提供的无形服务包括服务人员的仪容仪表、礼貌礼节、职业道德、服务态度、服务技能、服务程序、服务效率、服务效果等。销售酒店客房时除考虑酒店的硬件设施设备以外，还应推销其各类服务项目、服务特色。作为与客人接触面最广泛的前厅部接待人员，更应努力提高自身的服务意识、技能，给客人留下美好的印象，尤其是当客人提出临时的、合理的特殊服务要求时，应千方百计地满足，突出酒店的人性化、个性化服务。

二、前厅销售的要求

（一）掌握本酒店的基本情况

掌握本酒店的基本情况，是做好客房销售工作的先决条件，尤其是对客房，这一酒店的主要产品需做全面的了解，如各类房间的价格、朝向、功能、特色、所处的楼层、设施设备情况等。除了掌握客房的基本情况外，还要掌握整个酒店的基本情况，包括酒店的装饰和布置的风格、酒店的等级和类型、酒店的服务设施与服务项目、酒店产品的价格及相关规定等。接待员只有对这些内容了如指掌，推销起来才能得心应手，才能随时答复客人可能提出的问题，从而有助于推销的成功。

（二）熟悉竞争对手的产品状况

客人面对的是一大批与本酒店档次、价格、服务相类似的酒店企业，要想在销售中取胜，就要找出自己酒店区别于其他酒店的特色和优势，并着重加以宣传，这样才能更容易引起客人的兴趣和注意。所以接待人员在深入了解和掌握本酒店产品情况的基础上，更要熟悉竞争对手的有关情况。

（三）了解不同客人的心理需求

作为酒店推销客房的接待员来说，必须要深入了解每一位不同的客人最需要的是什么，最感兴趣的是什么。酒店的每一种产品都有多种附加利益存在，对于一个靠近电梯口的房间，有的客人会认为不安静，而有的客人则会认为进出很方便。所以要把握好客人的购买目的和购买动机，帮助客人解决好各类问题，满足其物质和心理的需要。这样，在客人收益的同时，酒店也会得到相应的回报。

（四）表现出良好的职业素质

客人初到一家酒店，对这家酒店不甚了解，他对酒店产品质量的判断可能是从前厅员工的仪表仪容和言谈举止开始的。所以前厅是给客人留下第一印象的地方，是酒店的门面。前厅部员工，特别是前台接待员必须以热诚的态度、礼貌的语言、优雅的举止、快捷规范的服务接待好每一位客人。这是前厅工作人员成功销售的基础。前厅员工在推销客房、接待客人时，还必须要注意语言艺术，善于使用创造性的语言，可以多使用描述性的语句，努力使自己的报价言之有据，让客人感到该产品确实物有所值，甚至物超所值。

三、客房销售的程序

（一）了解客人

前厅接待员在销售客房时，应把握客人的需求特点，采取人性化、个性化的销售方法，充分了解酒店目标市场的客人类型及其需求，并有效利用已建立的客史档案资料。例如，商务客人的特点是时间安排紧，注重酒店的服务速度，入住酒店的可能性大，对房价不太计较，经常使用酒店设施设备等，前厅接待员就应针对其上述特点，向其推销办公设施和设备齐全，且便于会客的商务房；度蜜月者喜欢安静、免受干扰且配有大床的双人房；知名人士、高薪阶层则偏爱套房；旅游类客人的特点则不相同，通常要求房间宽敞舒适、整洁卫生，比较在乎价格，其中家庭旅游者往往选择连通房等。因此，前厅接待员应加强日常观察、注意积累，把握各种类型客人的特点，从而做好针对性的客房销售工作。

（二）介绍客房

前厅接待员在把握客人不同特点的基础上，应向客人介绍酒店的各类客房，要注意察言观色，并能生动地描述房间的特色。例如，套房强调设施功能多、有气派；内景房强调清静，给人以惬意的感受；邻近电梯或通道的客房则说明其进出方便等。当然，要准确地介绍客房，必须熟悉客房的特点，这也是对前厅接待员最基本的要求之一，接待员平时应注重工作的积累，如参观不同种类的客房，以此加深印象等。若客人仍有疑虑，前厅接待员就可将事先准备好的客房宣传册、图片等直观资料展现给客人。必要时，可带领客人实地参观不同类型的客房，再伴以热情、礼貌的介绍，客人大都会作出合理的选择。

（三）洽谈价格

前厅接待员在对客房特点给予恰当的描述后，应有技巧地与客人洽谈价格，并要让客人接受所销售客房的价格。此时，接待员的任务是引导、帮助客人选择客房，应注意避免过度推销后急于报出价格，而是要选择好时机将价格报出来，让客人主动接受。在察觉到客人对所推销的客房发生兴趣时，接待员应促成销售的成功，并对客人的选择表示赞赏，同时为客人尽快办理入住登记手续。

四、客房报价的方式和顺序

（一）客房报价的方式

客房报价是一门艺术。酒店客房档次有高有低，价格有贵有便宜，当面对无预订散客时，接待员应该如何报价呢？客房报价的方式有几下几种。

1.冲击式报价

冲击式报价是先报价，后介绍客房，适合于推销比较便宜的低档客房。先报价是用低价格吸引客人，后介绍客房才能让客人接受客房设施简陋的状况。

2.鱼尾式报价

鱼尾式报价是先介绍客房，后报价，适合于推销比较贵的高档客房。先介绍客房也就是先让客人知道能享受到哪些服务，再报价才能减少因价格较高给客人带来的冲击，才能觉得价格高是物有所值，是理所当然。

3.三明治式报价

三明治式报价是先介绍、后报价、再介绍，适合于推销中档客房或灵活地推销各种客房。中档客房既没有低档客房价格低的优势，也没有高档客房设施好、服务多的优势，因此推销中档客房要先介绍客房里面有哪些设施，能享受到哪些服务，后报价，再补充介绍客房的设施和服务。

在实际工作中，接待员应该根据客人的意愿和消费能力灵活地选用和调整报价方式。

（二）客房报价的顺序

1.从高到低报价

从高到低报价就是按照高档房、中档房、低档房的顺序一一报价，这种报价顺序主要是为身份地位较高或不计较价格的客人准备的，这类客人通常在接待员报完高档房的价格和服务设施时后就会决定购买。从高到低报价是酒店最常用的一种顺序，当然在报价的时候不能光报价，更要突出客房的设施和客人能享受的服务。

2. 从低到高报价

从低到高报价就是按照低档房、中档房、高档房的顺序一一报价，这种报价顺序主要是为对价格敏感的客人设计的。虽然这种报价顺序会使酒店失去获得更多利润的机会，但一定程度上留住了客人，也会给酒店带来更广阔的客源。

3. 交叉排列报价

交叉排列报价法是接待员将酒店所有现行的客房价格按一定排列顺序提供给客人，即先报最低房价，再报最高房价，最后报中间档次的房价。这种报价方法可以使客人有选择各种报价的机会。同时，就酒店而言，既坚持了明码标价，又体现了商业道德；既方便了客人在整个房价体系中进行自由选择，又增加了酒店出租高价客房，从而获得更多利润的机会。

报价的顺序并不是固定的，主要取决于客人的心理需求，这就要求接待员要善于观察客人，根据客人的需求特点采取不同的报价顺序，总的原则是让客人满意的同时酒店获得更多的经济利益。

五、客房推销的技巧

（一）了解每一间客房

掌握每一间客房的基本情况，是做好客房推销工作的先决条件，如每间客房的价格、朝向、功能、特色、所处楼层、设施设备情况等，接待员只有对这些内容了如指掌，才能随时答复客人提出的各种问题，增加客人的信任感，从而有助于推销的成功。

（二）重点是介绍客房而不是报价

市场营销中有一项FAB法则，即：一项物品的特点（Feature）会产生哪些优点（Advantage），这些优点能满足客人哪些需求（Benefit）。接待员在推销客房的过程中也应该运用FAB法则，即要明确地告诉客人客房能满足他的哪些需求，他能从中享受哪些服务，而不是非常简单地报价。

（三）替客人下决心

许多客人并不清楚自己需要什么样的房间，在这种情况下，接待人员要认真观察客人的表情，设法理解客人的真实意图、特点和喜好，然后按照客人的兴趣爱好，有针对性地向客人介绍各类客房的特点，消除其疑虑。假若客人仍未明确表态，接待员可以运用语言和行为来促使客人下决心进行购买。例如，递上入住登记表说"这样吧，您先登记一下……"或"要不您先住下，如果您感到不满意，明天我们再给您换房"等；也可以在征得客人同意的情况下，陪同客人实地参观几种不同类型的客房，让客人对酒店客房产品有感性认识，当他们亲自看了客房设施后，可能会迅速作出住宿的决定，即使客人不在这里住宿，他们也会记住这家酒店的热情服务，可能会推荐给亲友或下次来住宿。这样，既消除了客人可能的疑虑，也展示了酒店的信誉及管理的灵活性。

（四）使用第三者意见

当客人选择房间犹豫不决时，或有可能放弃住宿本酒店的想法时，前台服务人员可适时使用第三者意见来尽早成交。这种技巧常用于买卖双方各自为了维护自己的看法相持不下的时候。"第三者"可以是某一位客人、某一位旁观者或是另一位服务员，也可以是某一件事、某一种现象或是某一个统计数字等。但这个"第三者"必须是对作出决定有一定影响作用者，否则会适得其反。例如，第三者可以说"我住过这种房间，确实不错"、"许多客人都非常喜欢这种房间等。

（五）对客人打折要求的处理要灵活而又迅速

无预订散客入住时，一般会提出打折的要求，这种情况下，接待员要在自己的职权范围内为客人打折，如果客人提出更大的折扣要求，接待员的处理必须要灵活而又迅速，既不能直接回绝客人的要求，让客人觉得折扣无望而转向其他酒店；也不能直接答应，让客人觉得可以随便还价，同时让酒店失去更多的经济利益。

（六）要注意推销的语言技巧

客房推销中语言艺术的运用非常关键，往往一句话就决定着客人的购买与否。语言艺术运用得好，既能令客人满意，又能为酒店争取更多的经济利益。比如，一个前台服务员正帮助一位客人办理登记手续，这位客人事先预订的是一间低档次的客房。服务员说道："若再加10元，可给您安排一张大号床"；或者"若再增加20元，您能住进可看到海滨风景的豪华间"；再或者，"只要再加35元，您可以享受到我们的全价服务，包括两个人的早餐和晚餐。"

任务二　分配客房

为客人准确、迅速地安排房间是体现酒店和接待员水平的一个重要方面。例如，对于团队客人或有预订的客人，一般可以事先安排客房；对于没有预订的客人，安排房间与办理住宿登记手续是同时进行的。安排客房不是简单地分配客房，而应有一定的技巧，达到一定的要求。接待员在安排客房时，可根据客人的不同特点、要求满足其需求；也可根据酒店的服务与经营管理来安排。掌握正确灵活的排房技巧，不仅能满足客人的需要，而且能合理利用好客房。

一、客房分配的时间

酒店通常提前半天至一天给客人分房，对于重要客人、常客、长住客和大型或重要团体客人，酒店会提前更多的时间进行预分房（Pre-assignment），甚至在客人订房后，立即就分配好客房，并管制（Block）好房号，必要时可以告诉重要客人为其预分的房号。

二、客房分配的顺序

前厅接待员要根据旅游淡旺季的特殊性，确定客房安排的顺序。在旅游旺季，由于客人多、房源紧张，酒店和接待员应根据科学性和合理性的原则，为不同类型的客人拟定统一的排房顺序。如贵宾和一般散客，应优先满足贵宾的需要；有预订和未预订的客人，应优先满足有预订的客人；常客和新客，要优先满足常客的需要；而对于难以满足其要求的客人，酒店要以诚相待，不能以旺季生意好而冷淡客人。

（一）不同客人的排房顺序

（1）TOP VIP 团体（TOP VIP Group）；

（2）TOP VIP 散客（TOP VIP Walk-in）；

（3）VIP团体（VIP Group）；

（4）VIP散客（VIP Walk-in）；

（5）保证类团体（Guaranteed Group）；

（6）确认类团体（Confirmed Group）；

（7）长住客（LSG）；

（8）常客（Regular Guest）；

（9）保证类散客（Guaranteed Walk-in）；

（10）有特殊需求的确认类散客（Confirmed Walk-in with special requirement）；

（11）确认类散客（Confirmed Walk-in）；

（12）临时类团体（Group with Advanced Reservation）；

（13）临时类散客（Walk-in with Advanced Reservation）；

（14）无预定团体（Group without Reservation）；

（15）无预定散客（Walk-in without Reservation）。

（二）不同房间的排房顺序

（1）空房（Vacant Clean）；

（2）走客房（Vacant Dirty）；

（3）预退房（Expected Departure）；

（4）机动房；

（5）自用房（House Use）；

（6）维修房（Out of Service）。

三、客房分配的艺术

（一）客房分配的原则

1.采用相对集中的分房原则

在分配团体客人的客房时，要尽量将团队客人安排在同一楼层或相近楼层，采取相对集中的排房原则。这样一方面便于团队客人之间的联系，另一方面也可为下一个团体客人的入住安排作好准备。同时，散客一般都怕受干扰，也不愿意与团体客人住在一起。

2.慎重为VIP分房

对重要客人分配客房时必须从安全、防火和便于提供细致的服务等方面予以周密的考虑，特别是对TOP VIP要更加慎重，要尽可能安排到同类型客房中最好的房间。

3.考虑老弱病残客人的需求

对于老年人、残疾人等行动不便者及带小孩的客人，尽量安排在较低的楼层且离电梯或楼层服务台较近的房间，以方便客人的进出和服务员的照顾。

4.对于常客和有特殊要求的客人应予以照顾

5.把内宾和外宾分别安排在不同的楼层

6.不要把敌对国家的客人安排在同一楼层或相近的房间

例如，美国客人和伊拉克等中东国家的客人，甚至由于贸易摩擦和文化差异，连美国人和日本人也有必要安排在不同的楼层。

7.应注意房号的忌讳

数字是有禁忌的，国内比较忌讳"4"和以"4"结尾的数字，因为与汉语里的"死"同音，所以为国内客人分房时，就应该避开以"4"结尾的房号；而在国外，如新加坡忌讳"4"、"7"、"37"、"13"等数字，欧美国家则普遍忌讳"13"，在为国外客人分房时也应该注意房号的禁忌，否则很容易导致客人不满并投诉。

今年的结婚纪念日对于布朗先生和太太而言有着特别重要的意义。因为这是他们夫妇俩结婚20周年的纪念日，他们俩都想好好庆祝一下。于是夫妇俩便选择了从美国来到遥远的上海度假旅行，在享受两人的温馨假期之余，还可以游览现代化、繁荣的新上海，感受一下历史悠久的东方文化。他们俩都期待着这次的中国之旅能带给他们精彩、难忘的回忆。

刚下飞机的当天，他们就马不停蹄地跟随导游参观东方明珠塔、繁华的南京路步行街及美丽的外滩等著名景点，夫妇俩都尽兴而归。当天晚上旅行团入住了上海有名的玫瑰大酒店。走进酒店大门。富丽堂皇的大堂环境一下子吸引住了夫妻两人的目光。他们满心欢喜地前往前台办理入住登记手续。但当接过客房钥匙牌一看，两人惊愕地对望一下，脸色顿时改变，露出不悦的神情。原来布朗先生和太太被安排住在13号房间，他们立刻拒绝入住，并坚持要求前台给他们调换房间。布朗先生气愤地说："为什么要安排我们入住这间客房？如果不更换另外的房间，我们绝对不会入住的！"布朗太太也在旁激动地说："对！实在是太过分了！"前台小姐听后并没有立刻意识到换房的真正问题所在，而是不断地向他们介绍道："先生、太太，其实你们被安排住进的13号房是我们酒店里最好的客房之一。不但正对海景，景色优美，而且既舒适又宽敞，相信你看过后一定会很满意的。而现在我们酒店其他的客房也差不多全满了，要再作安排实在不容易，请你们能够见谅。"虽然前台小姐极力地游说两人入住，但布朗先生和太太却越听越反感，一肚子气不知如何撒出来。他们觉得酒店方面不能了解和尊重客人的需要，因此布朗先生恼怒地说："你们实在让我太失望了！"刚好这时，酒店经理李先生巡视经过前台，见状立刻向前台小姐了解情况。然后他又仔细翻看了一下布朗先生和太太的入住登记表，发现他们的国籍原来是美国，李经理终于悟出布朗夫妇换房的真实原因了，这主要是人们的忌讳心理在作用。

于是李经理立即叫前台小姐给两位客人安排更换另外一间客房，并恳切地向他们赔礼道歉说："这是酒店方面在分配客房时出现的疏忽，给你们造成这么多的烦恼，真的十分抱歉！请你们原谅！"面对李经理这样诚恳的态度，这时夫妇两人已经怒气全消。经过一番调动，他们最后被安排住进8号房间。在李经理手中接过客房钥匙，布朗夫妇俩脸上终于露出了满意的笑容。

这天晚上，布朗先生和太太在这间舒适、整洁的客房中度过了愉快的夜晚，进入甜美的梦乡……

案例中的问题是涉及了客人的忌讳。不同国家地区客人有不同的忌讳心理，应特别注意。例如西方最忌讳的数字是13，我国广东等省份忌讳的数字是4等，酒店在服务时应该特别注意。

酒店应要求员工了解各主要国家、主要民族的习惯和民俗，针对不同的国家、地区的不同民族提供不同的服务，为此，酒店应加强员工培训，扩展他们的知识面。如果酒店的主要目标市场是欧美客人，可以考虑客房的号码不设13号；同理，如果酒店的主要目标市场是粤、港、澳、台湾等地区的客人，可以考虑客房排序时不设以4为尾数的号码。这样，既尊重了客人的忌讳心理，又可避免服务工作中的麻烦。

根据德塞（DESAY）的调查，欧美国家中有80%的高楼没有第13层，很多机场漏过了第13扇门，医院和旅馆通常没有房间号13。在意大利的佛罗伦萨街道，门牌号12和14之间是12.5。在法国闻名的十四行诗社交名流中，他们曾经认为自己能够成为宴会的第14位客人就可以摆脱一种不幸的命运。

早在1903年，美国曼哈顿的高层建筑都取消标注13号的楼层，更多的酒店更是一举肃清了所有的13层楼、13号房间。

随着国际化交流的进一步展开，我国也日渐与国际接轨，很多高层建筑取消了标注13号的楼层，由于我国忌讳"14"这个数字，谐音是"要死"，认为不吉利，因此也取消了标注14号的楼层，分别用12A和12B代表13和14。

（二）客房分配的技巧

（1）对于长包房客人的房间，尽可能集中在一个楼层上，以便于客房清洁员对客房楼层的清扫。

（2）在销售淡季，可封闭一些楼层，集中使用几个楼层的房间，以节约劳力、能耗，同时也便于集中维护、保养一些房间。

（3）对于无行李或是行为不轨有嫌疑的客人，尽可能安排在靠近楼层服务台的房间，或便于检查监控的房间。

（4）旅游散客可安排在外景房，商务差旅散客可安排到比较安静的内景房，同时尽量将旅游散客和商务散客分开安排，以免早出晚归的旅游散客影响到商务散客的休息。

（5）家庭散客在排房时尽量安排连通房。

（6）对于抵店时间和离店时间相近的客人，应尽量安排在同一楼层，以方便客房部的接待服务和离店后的集中清扫工作。

项目三 入住登记流程

📖 **学习与训练子目标**

1. 掌握散客及团体入住接待程序。
2. 掌握VIP、常客、长住客及入住商务楼层客人的接待标准。
3. 能按照入住接待程序熟练地为各类型客人办理入住登记手续。

 案例导读

丹尼尔先生的遭遇

10月28日，丹尼尔先生按预订时间抵达"好运来大酒店"时，正逢入住登记高峰，柜台前站满了等候登记的客人。总台服务人员面对柜台前满满一排客人，不知所措，他们弄不清楚客人的先后顺序，不知应该首先为谁服务，总台前显得一片忙乱。丹尼尔先生见此情景，便在大厅休息处等候。15分钟后，丹尼尔先生来到柜台，此时在柜台上登记的客人已经陆续办完手续离去，丹尼尔先生声称自己已有预订，并出示了酒店的预订确认书及定金收据，可总台服务员过了5分钟后才告诉他，由于酒店的超额预订以及丹尼尔先生上次的确认预订而没有来住店的行为，酒店刚才已经将为他保留的房间让给一位没有预订的常客。又过了5分钟，丹尼尔先生看到了前厅部胡经理，说明来由，胡经理向客人表示歉意，但同时认为酒店也是出于无奈，愿意立即将定金如数退还，同时为他联系一间更豪华舒适的酒店。然后胡经理指点客人去大厅服务处，那儿可以为他联系出租车。疲惫而愤怒的丹尼尔先生经过约半个小时的周折，最后还是离开了"好运来大酒店"。

【解析】

总台是酒店的第一形象，其工作质量对酒店影响极大，因此要注意以下事项。

（1）为预订的客人做好充分的抵店前的准备工作，如查阅客史档案、打印入住登记单预排房等。

（2）在入住高峰时，将客人按照有无预订进行分流登记，以提高预订客人的入住速度。

（3）合理安排高峰时的工作人员。

（4）在柜台前摆放引导栏杆，有序地引导客人，以免等候的客人拥挤在柜台前造成混乱。

（5）加强培训，提高总台服务人员的效率。

入住登记大致可以分为以下5个步骤：客人到店前的准备工作（Preparation for guest arrival）；填写入住登记表（Registration）；排房、定价（Room assignment and determination of room rate）；付款方式的确认（Checking the method of payment）；发放钥匙及带客入房（Issuing the room key and escorting the guest）；制作有关表格（Folio）。

然而，需要注意的是：酒店不同、客人类别不同，以上入住登记步骤的次序亦可能有异。比如说，有预订的贵宾（VIP）就必须事先分房，而且还常常请贵宾先进客房，然后在客房内办理入住登记手续。

任务一　为普通散客办理入住登记

普通散客是指VIP除外的一般散客，其入住登记程序如下。

一、识别客人有无预订

客人来到接待处时，接待员应面带微笑，主动迎上前去，询问客人有无订房。若有订房，应问清客人是用谁的名字订的房，然后根据姓名找出客人的订房资料，确认订房内容，特别是房间类型与住宿天数。若客人没有订房，则应先查看房态表，看是否有可供出租的客房。若能提供客房，则向客人介绍房间情况，趁机推销客房，为客人选房。如没有空房，则应婉言谢绝客人，并耐心为客人介绍邻近的酒店。

二、填写入住登记表

（一）前台管理信息系统自动填写

随着计算机系统、酒店前台管理信息系统软件和居民身份证信息识别系统的不断升级，目前，大多数酒店对于临时住宿登记表的填写都是采取系统自动填写并打印的形式，也就

是只需将客人的第二代居民身份证，放置在与计算机和酒店前台管理信息系统软件同时连接的读卡器（图4-9）上，客人的姓名、性别、家庭住址等身份信息就会自动填入软件中的表格。接待员再在表格中输入房号和所付押金，直接打印表格后，只需由客人签名，这样，一张由临时住宿登记表和押金单合二为一的表格就完成了。这种操作既保证了客人信息的准确，又提高了前台的工作效率。

（二）手工填写

图4-9　二代身份证读卡器

对于手工填写临时住宿登记表（图4-10）的酒店，接待员应在保证质量的前提下，尽其所能地为客人缩短办理入住登记手续的时间，以提高效率。对于已办理预订手续的散客，酒店在客人预订时已掌握了部分资料信息，所以，在客人抵店前可将相关内容输入电脑内，形成预先登记。当客人抵店后，就可根据其姓名迅速查找到该客人的预先登记表，核实证件后，请客人在预先登记表上签名；对于已预订

的贵宾级常客，由于酒店掌握的信息较全面，所以对客人抵店前的准备工作可做得更充分、更具体。接待员可根据客人预订单和客史档案的内容，提前准备好登记表、房卡，并装入信封，客人抵店后，只需签名确认即可入住客房；对于团体客人，接待员可以依据排房名单和接待要求提前安排好客房，并准备好房卡、登记表、酒店宣传促销册及餐券等，一并交给陪同人员；对于未办理预订的抵店客人，应请他们填写空白登记表，并尽量帮助客人填写。

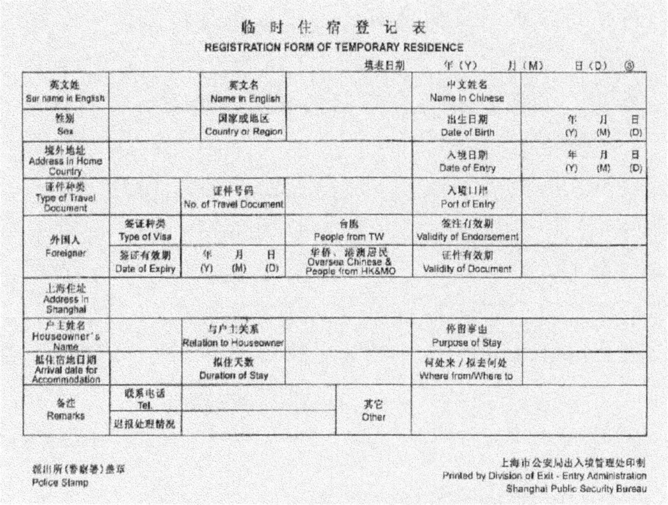

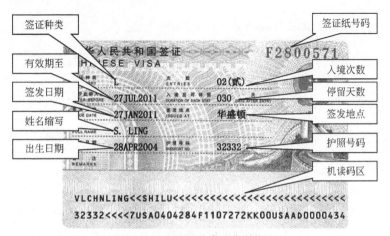

图4-10　手工填写的临时住宿登记表

三、核对有效证件

根据公安部门户籍管理的有关规定，凡满14岁的人员在酒店居留必须使用有效证件登记。外籍客人要验明护照号码、姓名、国籍、签证的种类、签证的有效期（图4-11）以及查验证件与持证人的一致性；台湾同胞凭中国政府签发的台胞证、旅行证或入出境通行证办理入住；港澳同胞登记时，须持中国政府签发的港澳居民往来内地通行证；内宾登记时，可持身份证、护照、户口本等有效证件。接待员要仔细核对登记单上各项与客人证件的一致性，保证准确无误。发现证件涂改、形迹可疑的客人时，先让其进房，而后仔细核对，通知保安部，以免自己出错或打草惊蛇。

图4-11　签证种类和有效期

签证（Visa）的种类

签证（Visa）是一个国家的主管机关在本国或外国公民所持的护照或其他旅行证件上的签注、盖印，以表示允许其出入本国国境或者经过国境。持有效护照的我国公民不论因公或因私出国，除了前往同我国签订有互免签证协议的国家外，如斯里兰卡、尼泊尔、马尔代夫等国家，事先均须获得前往国家的签证。签证一般做在护照上，和护照同时使用。未建交国通常将签证做在另纸上，称为另纸签证，与护照同时使用。

我国签发给外国人的签证有各种不同的种类，填写时可填汉语拼音字母代码。签证的不同种类及代码如下：

① 外交签证（W）；　　　　　　② 公务签证（U）；
③ 礼遇签证（Y）；　　　　　　④ 团体签证（T）；
⑤ 互免签证（M）；　　　　　　⑥ 定居签证（D）；
⑦ 职业签证（Z）；　　　　　　⑧ 学习签证（X）；
⑨ 旅游签证（L）（图4-12）；　⑩ 访问签证（F）（图4-13）；
⑪ 乘务签证（C）；　　　　　　⑫ 过境签证（G）；
⑬ 常驻我国的外国记者签证（J-1）；⑭ 临时来华的外国记者签证（J-2）。

图4-12　旅游签证

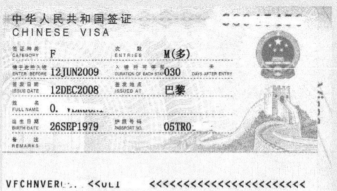

图4-13　访问签证

四、安排房间，确定房价

接待员应根据客人的住宿要求，为客人安排合适的房间，然后在酒店的价格范围内为客人确定房价，当客人要求折扣时，接待员必须在自己的权限内打折，必要时请示上级给予更大的折扣。如客人事先有订房，接待员则必须遵守订房单上已确认的房价，不能随意改动。

五、确定付款方式，收取押金

确定付款方式并收取押金（Deposit）的目的，从酒店角度来看，可避免利益损害，防止住客逃账（Skippers）；从客人角度来看，可享受住宿期消费一次性结账服务和快速退房结账的高效率服务。

接待员可从登记表中的"付款方式"一栏中得知客人选择的付款方式。客人常采用的付款方式有现金（Cash）、信用卡（Credit Card）、支票（Check）、旅行支票（Traveler's check）及转账结账（City Ledger）等。

确定完付款方式，接待员要收取一定数额的押金，押金的支付方式有以下几种。

（一）现金（Cash）

如果客人用现金结账，客人入住时则要缴纳入住天数1.5～2倍左右的房费作为押金。

（二）信用卡方式（Credit Card）

如果客人使用信用卡结账，接待员应首先辨明客人所持的信用卡，是否属中国人民银行规定的可在我国使用且本酒店接受的信用卡；其次核实住客是否为持卡人；然后检查信用卡的有效期及信用卡的完好程度；接着使用POS机取得客人信用卡的预授权（Pre-authorization）；最后将信用卡交还客人。

你了解信用卡的预授权（Pre-authorization）吗？

随着信用卡的普及，越来越多的酒店接受客人通过刷信用卡做"预授权"的方式缴纳押金。你了解信用卡"预授权"吗？

预授权，主要用于酒店的预订与入住，可以简单理解为"押金"的概念。预授权只占用额度，在未作预授权完成确认交易时，商户是无法向银行请款的。比如客人到酒店住宿，酒店通过预授权把住宿等费用从信用卡里冻结，待退宿确认消费金额后，酒店就会进行信用卡预授权完成，从卡里把实际消费金额扣除，此时，酒店才真正收到这部分款项。

预授权撤销是指预授权操作失误或者其他原因需要撤销原预授权的交易。预授权撤销完成后，原预授权金额解冻。预授权撤销交易可在预授权交易完成的当天做，也可在若干天后做，但超过规定的期限（30天）后，发卡行应自动对预授权交易的冻结资金进行解冻。

（三）转账方式（City Ledger）

客人若要以转账方式结账，这一要求一般在其订房时就会向酒店提出，并经酒店有关负责人批准后方可。如果客人在办理入住登记手续时才提出以转账方式结账，酒店通常不予受理。

对于一些熟客、常客、公司客户等，酒店为了表示友好和信任，通常会给予他们免交押金（Waive Deposit）的方便。

六、发放房卡

填写完整卡套上的内容，与客人核对房价、房号后请客人签名，并告知其用途，制作钥匙（Key Card）插入卡套一起交给客人，若有两位以上的散客，房卡应该人手一份。

向客人说明房费内是否含有早餐以及早餐的时间、地点，并询问客人是否需要行李服务，通知总机开通国内长途（DDD）和国际长途（IDD）。如果客人询问更多问题，接待员应在酒店允许的范围内详细讲解，最后祝愿客人入住愉快。

酒店钥匙（Hotel Key）的种类

酒店的钥匙共分为万能钥匙、客房总匙、楼层主匙和客房钥匙及公众钥匙五种。

1. 万能钥匙（King Key）

万能钥匙可打开酒店内所有客房的门锁，并且能够实施客房双重锁和能够打开客房双重锁，此钥匙由总经理（驻店经理）及值班经理（大堂经理）保管（财务总监保管一把封存备用），便于总经理检查任何客房及值班经理于紧急情况下使用此万能钥匙。

2. 客房总匙（Rooms Master Key）

客房总匙可打开酒店内所有客房的门锁，但不能打开双重锁及实施双重锁，由行政管家（客房经理）保管使用，便于客房部经理人员检查房间的工作。

3. 楼层主匙（Floor Master Key）

楼层总匙只能打开一层楼所有客房的门锁，由楼层领班保管使用，便于楼层领班检查房间状况和清洁卫生，以及楼层各班服务员整理客房、开床或客人丢失、忘带钥匙时为客人开门之用。

4. 客房钥匙（Room Key）

客房钥匙是住店客人于住宿期间使用的钥匙，由接待处（问讯处）保管。

5. 公众地方钥匙（Public Areas Key）

公众地方钥匙是各营业场所每日使用的工作钥匙，亦是PA（公共区域）清洁及领班安排非营业时间内清洁营业场所时开门之用。应统一保管于前台收银处之专门钥匙箱内，通常规定指定人员方可领用，并存可领用人之签名名单于前台，便于签领时登记查核之用。

七、引领客人进房

客人在前台办理好入住登记手续后，接待员应安排行李员引领客人进房。如无行李员，则应将房号告诉客人，并指明电梯的位置。有的酒店为了表达对客人的重视，还要求接待员在客人进房10分钟后，打电话到房间征询客人的意见和要求。

八、将信息输入电脑并建立相关档案

将客人入住信息输入电脑内，并将与结账相关事项的详细内容输入电脑客账单内。以便形成客史档案（Guest History）和客账单（Folio）。

上述普通散客入住登记程序如图4-14所示。

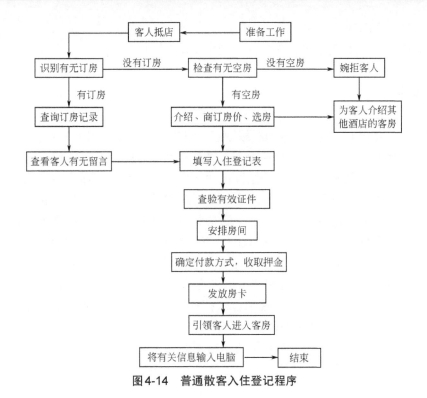

图4-14 普通散客入住登记程序

任务二 接待团体客人入住

团体（Group）客人人数多，用房量大，为了避免客人等候时间过长，高星级酒店中，团体接待和散客接待是分开的，团体客人入住接待通常由团体接待员负责。团体入住登记程序如下。

一、接待前准备工作

① 根据团队接待任务通知单中的用房、用餐及其他要求，在客人抵店前与电脑核准，进行预排房（Pre-assignment）并确认。

② 提前准备团队钥匙、欢迎卡、餐券、宣传品等，并装入信封内。

③ 将团队用餐安排提前通知餐饮部或有关餐厅，并通知相关部门做好接待准备工作。

二、入住接待工作

① 团体客人抵达时，团体接待员主动迎接，如果团体人数较多或是重要团队时，由大堂副理或酒店相关部门经理迎接。

② 团体接待与领队或陪同确认该团的人数、预订的房间数等。

③ 协助领队或陪同填写团体临时住宿登记表。

④ 协助领队或陪同分配房间，并分发房卡和钥匙。

⑤ 告知领队或陪同有关注意事项，并落实该团的住宿计划，如确定叫醒时间、出行李时间、用餐时间、有无特别要求及领队或陪同房间号码等。

⑥ 确定付款方式。若现金支付，则应收取押金；若转账支付，应该明确转至何单位，

并请相关人员签字确认。

⑦ 将团体入住的相关信息输入电脑，制作团体总账单。

案例链接

AB团的混淆

10月18日20：00，杭州一家四星级酒店大堂内，3个旅游团同时抵店，散客在总台排队登记。前台接待员小马和小吴有条不紊、忙而不乱地分别接待散客和团队。小吴是一名老员工，接待团队特别有经验。她向陪同核对了团号、人数、国籍、地接社、组团社、用房数、抵离店时间。陪同拿走房卡后，逐一分给20位客人。小吴则马上通知客房中心、总机客人入住情况，以便做夜床和开长途；通知礼宾处按陪同的分房名单送行李，随后迅速进行电脑录入。录毕，小吴再一次核对团队接待计划，发现计划书HNWZJ-0915A团号与陪同给小吴的订房单上团号不一致，陪同订房单上的团号为HNWZJ-0915B。小吴顿时产生疑问，怎么会这么巧合，陪同订房单上的内容除团号有A、B之别外，其余均一样？此时小吴凭经验感觉不对劲，她怀疑是否预订部把B错写为A。但与预订部核对后，发现旅行社传真上明白地写着HNWZJ-0915A。

小吴马上打电话到陪同房，与陪同再次核对团号全称。此时陪同才告诉小吴刚入住的是B团，并告诉小吴是他自己搞错了，本来这个团订的是另一家市中心的四星级酒店。他在旅行社时，计调部把接这个团的计划先给他，把另一份计划给了另一个陪同。他当时粗心，未仔细看团号，认为自己拿的肯定是A团，就来到了本酒店。偏巧除团号外其他内容两团一样，所以搞错了。

此时小吴除了怪陪同搞错外，更怪自己接团时不仔细核对团号。她清楚意识到，麻烦的事马上就要降临：A团将很快也到酒店，B团住了10间房后，已无法安排A团同时入住。如果让B团移团，显然不可行，因为客人玩了一天后很累，对酒店也相当满意。况且即使移团，房间要整理，也不现实。小吴想象客人一到大堂，因酒店工作失误而无房时的愤怒情形，顿时有点不知所措。

她知道解决此事的唯一办法就是让已入住的B团陪同与A团陪同联络，让A团陪同立即改变方向，带团去住另一家四星级酒店。但小吴不敢擅自做主。

任务三　接待VIP客人入住

一、VIP客人接待标准

贵宾（VIP）对社会舆论和酒店的发展有重大影响，在接待时应特别小心。VIP可以分为政府方面的、酒店方面的、商业性的和总经理个人的，有的酒店规定凡是入住总统套房的客人都当作VIP对待。通常，酒店会根据对酒店的重要程度把重要客人分成三至四个等级，如VIP-A（一等贵宾）、VIP-B（二等贵宾）、VIP-C（三等贵宾）、VIP-D（四等贵宾），每个等级的贵宾享有较固定的优惠措施和接待规格。有些酒店甚至把特别重要的客人称为TOP VIP或VVIP，享受最高的待遇。VIP的接待程序与标准如下。

（一）准备工作

① 填写VIP申请单，上报总经理审批，请示接待规格。

② 预先安排适当的客房，并将房号通知相关部门。

③ 通知有关部门把水果、鲜花、浴袍、酒水、糕点、巧克力等免费赠品以及总经理名片、总经理签字的欢迎卡及酒店的宣传纪念品放入客房。

（二）入住接待

① 客人抵达后，大堂副理上前迎接，然后由大堂副理或接待人员护送客人到客房。

② 客人临时住宿登记表由大堂副理或接待人员在房内代为填写，并请客人签名确认。

③ 大堂副理或接待人员将接待安排告知客人，包括用餐地点等。

（三）信息储存

① 复核有关VIP客人资料的正确性，并准确输入电脑。

② 在电脑中注明哪些客人是VIP客人，以提示其他部门或人员注意。

③ 为VIP客人建立档案，并注明身份，以便作为预订和日后查询的参考资料。

天津水游城假日酒店7级贵宾接待规格

Title of people 客人头衔

· High Ranking Government Official 政府高层（省部级领导）

· Ambassadors / Consulate Generals 领事馆大使

· IHG Top Executives（CEO/Chairman/President/VP/Area Director etc.）洲际酒店集团高管（首席执行官/主席/总裁/副总裁等）

· Requested by Authorized Hotel Executives（see above）酒店管理者要求（见上述）

Room Service 客房送餐

· Hotel selection red wine 店选红酒

· Fresh fruits basket 新鲜果篮

· Cookies 曲奇饼干

· Chocolate 巧克力

Housekeeping 客房部

· Large flowers 大束鲜花

· VIP turn-down service with good night gifts 开夜床服务及晚安礼品

· Should all the new room linen set up 所有的房间内的布草为新制品

Front Office 前厅部

· Newspapers（local Chinese and international newspapers）报纸（当地及国际报纸）

· In room registration 在房间登记

· Set up GM Welcome letter 总经理欢迎卡

· Set up welcome carpet 铺设红地毯

· Control the elevator manually 手控电梯

Welcome/Farewell GM/DGM/DOSM/FOM 欢迎/送别：总经理/副总/市场总监/前厅部经理

Approval GM 批准：总经理

二、商务楼层（Executive Floor）接待标准

多数高星级酒店设立一层或数层的商务楼层，又称为行政楼层（Executive Floor），它

主要用于接待商务客人、VIP及用于给常客房间升级（Up-grade）。商务楼层的客房设施和消耗品的规格都高于普通客房，套房和高级套房的比例较高。商务楼层设有专门的接待大厅，英文名称Lounge（图4-15），又叫超级沙龙（Executive Salon）。入口处设有接待吧台，由专职服务人员负责登记开房、结账退房、信息咨询、侍从陪护（Escort）；还可享受行政酒廊（图4-16）的免费餐饮，另外还提供办公设备出租。商务楼层客人入住接待程序与标准如下。

图4-15　商务楼层接待大厅

图4-16　西安凯宾斯基酒店行政酒廊

（一）接待准备

① 依据确认的抵店客人名单准备好总经理欢迎卡、商务楼层欢迎卡。

② 将需要补充鲜花、水果的房间在住店客人名单上做好标记。

③ 将鲜花、水果、刀叉和餐巾备好，装上手推车送入客房，并按规定位置摆放好。

（二）客人入住接待

① 客人在大堂副理或GRO（宾客关系主任）陪同下乘专用电梯来到商务楼层服务台后，商务楼层经理或主管应微笑站立迎客并自我介绍，请客人在接待台前坐下。

② 将已准备好的登记表取出，请客人签名认可，注意检查并确认客人护照、付款方式、离店日期与时间等内容。

③ 将已经准备好的欢迎信及印有客人姓名的烫金私人信封呈交给客人，整个服务过程不超过5分钟。

④ 主动介绍商务楼层设施与服务项目，包括早餐时间、下午茶时间、鸡尾酒时间、图书报刊赠阅、会议室租用服务、商务中心服务、免费熨衣服务、委托代办以及擦鞋服务等。

⑤ 走在客人左前方或右前方引领客人进房间；告诉客人如何使用钥匙卡，同时将欢迎卡交给客人；介绍房内设施，预祝客人居住愉快。

（三）信息储存

为什么有些酒店要设行政楼层？

就像是航空业的头等舱和商务舱一样，从1980年起，酒店行业为了满足行政官员、商务人员的需求而特别设置了行政楼层。现在，行政楼层更像是一种房间等级，它所占的比例取决于酒店豪华程度，酒店越豪华，所设的行政楼层客房也就越多。例如北京瑞吉酒店几乎所有的房间被设定为行政楼层，多数客房都提供私人管家服务。

当然你得为这种优越感埋单，行政楼层的房价比一般楼层高出20%～50%，但你能够享受更多的服务。除了快速入住登记、免费洗熨衣、免费软饮提供等服务，还可享受拥有酒店最好风景的行政酒廊。上海南京东路上皇家艾美酒店的行政酒廊在44层，设有商务中心等，还提供全天餐饮和茶歇小食。

三、长住客（LSG）接待标准

长住客人（Long Staying Guest）一般与酒店签有合同，住店时间至少为一个月。长住客人到达时，按照VIP客人接待程序和标准进行接待。将所有信息输入电脑，并注明"长住户"，为客人建立两份账单，一份为房费单，一份为杂项账目单；确认信息无误后，为客人建档。

在为客人办理入住登记手续过程中，除回答客人提问外，还应不失时机地宣传酒店的特点，介绍餐饮、娱乐、会议等设施和服务项目，使客人加深对酒店服务的认可和信任。这项工作做得好，对初次到店的客人来讲，会留下良好的印象。另外，酒店规定通常情况下，有预订的散客入住登记时间不超过3分钟，无预订散客在接受报价后办理入住登记的时间不超过4分钟，常客和VIP入住登记手续办理不超过2分钟，大型团体在15～20分钟之间，小型团体在5～8分钟之间。为了节省客人办理入住登记手续的时间，酒店为某些重要客人进行预先登记（Pre-registration），即在客人到达前，根据客人历史资料帮助客人填好登记表。

项目四　接待中常见问题的处理

📖 **学习与训练子目标**

1. 了解和熟悉接待处的其他服务内容。
2. 了解接待中常见问题的种类。
3. 明确各种常见问题的处理方法。
4. 在实际接待中能灵活处理各类问题。

 案例导读

谁住在我的房间？

凌晨一时许，蔡先生从外面应酬回来，拖着疲惫的身躯，打开4010的房门，心想终于可以好好休息了。将灯打开，猛然间发现床上赫然躺着一个熟睡的陌生人，而对方也被突如其来的灯光给弄醒了，看到有人半夜进来，大呼："你是谁？怎么三更半夜地跑到我的房间里来了？"无辜的蔡先生以为自己真走错了房间，便拿着房卡来到总台。经服务员读卡确认后，确实是4010的房卡，此时出于职业的敏感，服务员已经察觉到可能是上一班人员卖重房（Double Sell）了，赶紧向蔡先生道歉，同时急忙给客人重新安排了一间房间。

没过几分钟，被惊醒的4010房间的客人打来了电话，怒吼道："你们怎么搞的，怎么让陌生人来我的房间，房费我不付了，让你们老总马上向我道歉。"说完便"啪"的一声挂了电话。面对这样难收拾的场面，服务员小英还是第一次碰到，这么晚了，只能请示值班经理，经过值班经理的再三道歉，并答应客人免掉今天的房费，客人的怒气才算平息。

后经调查，原来是中午房间比较紧张，蔡先生拿走房卡的4010房是属于脏房入住，但中班接待员小西忙乱中也忘记通知房务中心及时修改4010房态，此外蔡先生拿走房卡就出去应酬了，未进入4010房间，所以楼层服务员在查房时也未能发现任何异常，就这样导致了二次卖房的发生，事后，服务员小西依照规定受到处罚。

【解析】

此次重房事件，属于前厅接待中的高压线，总台接待员小西负有不可推卸的责任。从另一个角度来说，也警示我们，总台服务不仅要讲求高效率，更要讲求细致、细心服务，工作中用心、细心是永远没有错的。

前厅接待处最主要的工作职责就是负责接待，为客人办理入住登记手续，而在实际的入住接待中，常常会出现各种各样的问题，如客人要求换房、加床、物品暂存和转交以及卖重房等，由于是酒店服务的第一线，这些问题处理的好坏直接影响客人对酒店的评价。

任务一 换 房

一、换房（Room Move）的原因

（一）客人要求换房的原因
① 客人有房间的特殊要求，比如要求更改房间的楼层、朝向、房号、大小、类型等。
② 客房内部设施设备出现故障或卫生情况太差。
③ 入住人数有变化，比如住宿期间人数增多和减少。

（二）酒店要求客人换房的原因
① 客房发生一时无法修复的故障。
② 酒店"卖重房"。同一房间卖给了两批及以上的客人，其中一批或几批需要予以换房处理。
③ 由于集中使用某一幢楼、某一楼层、某一区域客房，需要给客人换房。
④ 由于某客房发生了凶杀、失窃、死亡等意外事件为保护现场必须封锁该房，住客则予以换房处理。

二、换房的程序

（1）了解换房原因 当客人提出要求换房时，首先应了解原因，如果客人有充分的理由，应立即换房；如果理由不充分，先做解释工作，如果客人还坚持要换房，应尽量满足客人的要求。

（2）查看客房状态资料，为客人安排房间 查看客房状态，找出符合客人要求的客房。如果因为客满无法满足客人的换房要求，应记录下客人的要求，并答应客人次日优先换房。如客房确实很差，应报值班经理（MOD）视具体情况给客人一定的折扣。

（3）填写房间/房租变更单 填写一式多份的房间/房租变更单（表4-3），分别送给行李处、收银处、问讯处、电话总机房、客房部等部门。

表4-3 房间/房租变更单

房间/房租变更单 ROOM/RATE CHANGE LIST		
日期（DATE）_____	时间（TIME）_____	
客人姓名（NAME）_____	离开日期（DEPT DATE）_____	
房号（ROOM）	由（FROM）_____	转到（TO）_____
房租（RATE）	由（FROM）_____	转到（TO）_____
理由（REASON）_____		
当班接待员（CLERK）_____	行李员（BELLBOY）_____	
客房部（HOUSEKEEPING）_____	电话总机（OPERATOR）_____	
前台收银处（F/O CASHIER）_____	问讯处（MAIL AND INFORMATION）_____	

（4）为客人提供换房行李服务　通知行李员引领客人到新的房间，并实施换房行李服务。有时不得不在客人外出期间给客人换房，这时接待员应事先与客人联系，得到客人许可后，请客人将行李整理好，然后由行李员把行李搬到给客人换好的客房，此时，大堂副理、保安员和行李员都应该在场。而且必须确认客人的所有东西都已搬到另一个房间。

（5）发放新的房卡与钥匙并收回原房卡与钥匙。

（6）接待员更改电脑资料，更改房态。

任务二　加　　床

酒店通常规定12岁以下的儿童与父母同居一室，可在房内为儿童免费提供一张小床。当三个成年人同住一间双人房时，第三位客人要做加床处理并收取加床费。通常情况下，一间客房内是不允许加两张床的，因为这样会给酒店打扫卫生带来不便，同时也会降低酒店的收入。

客人加床大致分两种情况：一是客人在办理登记手续时要求加床；二是客人在住宿期间要求加床。

对于加床的客人，酒店要按规定办理入住登记手续，在客人的住宿单上注明"加床"字样，同时在房卡（钥匙卡）上注明该客人是加床客人。加床费转至住客付款账单上。如客人在住宿期间要求加床，第三个客人在办理入住登记手续时，入住登记表需支付房费的住客签名确认。接待处将加床信息以"加床通知单"（Extra Bed Information）的形式通知相关部门。更改电脑中的房态资料。

任务三　物　品　暂　存

接待处通常会遇到客人要求暂存或转交物品的情况，通常限于非贵重小件物品短时存放。

客人要求暂存物品时，首先应问清物品是否是贵重物品，贵重物品及重要文件都不接受寄存；其次要问清客人存放的时间，如果时间较长就请客人到行李房办理行李寄存手续；再次确认客人的住店身份，如果是非住店客人要求物品寄存，时间不长通常也予以满足；确认可以寄存后，请客人填写包裹寄存单；当客人提取物品时，请客人描述寄存物品情况，并请客人写下收条。

案例链接

一天，两位客人来到酒店前台接待处，要求入住商务房（Business Room），接待员发现，两位随身携带的物品很少，一人一个公文包，一台手提电脑，在为客人办理入住登记手续的过程中，两位客人一再催促，办理完毕之后，两位客人提出，他们一会儿有一个非常重要的会议，因此想将公文包和电脑暂时存放在接待处，他们先去餐厅吃饭，吃完饭再回来拿东西，然后直接去参加会议。接待员表示电脑和公文包属于贵重物品，接待处不能接受这类物品的存放请求，并提出请客人到收银处寄存，收银处设有保险箱（Safe Deposit Box）以供客人使用。但客人嫌麻烦，而且提出存放时间很短。接待员无奈之下，接受客人要求，将客人的物品存放在接待处。

【解析】

案例中接待员的做法是不正确的，如果是非贵重小件物品则可以接受，如果是现金、重要文件、电脑、照相机之类贵重的物品一定要请客人亲自保管或存放在客房以及收银处的保险箱里，尤其是重要文件，万一丢失或损坏，造成的损失是无法估计的，接待员不能因为客人一再请求就心软答应。

任务四　卖重房

客人抵店入住时，发现房间已被占用，这一现象被称为"重房"，是前厅部工作的重大失误。此时，应立即向客人道歉，承认属于工作的疏忽，同时，安置客人到大堂、咖啡厅或就近的空房先坐下，并为客人送上一杯茶，以消除其烦躁的情绪，并尽快重新安排客房。等房间安排好后，应由接待员或行李员亲自带客人进房，并采取相应的补救措施。事后，应寻找发生问题的根源，如房间状态显示系统出错，则应与客房部联系，共同采取措施加以纠正。

任务五　变更离店日期

客人在住店过程中，因情况变化，可能会要求提前离店（Early Departure）或推迟离店即续住（Over Stay）。

客人提前离店（Early Departure），则应通知客房预订处修改预订记录，前台应将此信息通知客房部尽快清扫整理客房。客人推迟离店即续住，也要与客房预订处联系，检查能否满足其要求。若可以，接待员应开出"推迟离店通知单"（表4-4），通知收银处、客房部等；若用房紧张，无法满足客人逾期离店要求，则应主动耐心地向客人解释并设法为其联系其他住处，征得客人的谅解。如果客人不肯离开，前厅人员应立即通知预订部，为即将到店的客人另寻房间。如实在无房，只能为即将来店的临时类预订客人联系其他酒店。处理这类问题的原则是：宁可让即将到店的客人住到别的酒店，也不能赶走已住店客人。同时，从管理的角度来看，旺季时，前厅部应采取相应的有效措施，尽早发现客人推迟离店信息，以争取主动，如在开房率高峰时期，提前一天让接待员用电话与计划离店的住客联系，确认其具体的离店日期和时间，以获取所需信息，尽早采取措施。

表4-4　推迟离店通知单

| 姓名（NAME）_____ |
| 房间（ROOM）_____ |
| 可停留至（IT ALLOWED TO STAY UNTIL）_____AM_____PM |
| 日期（DATE）_____ |
| 前厅部经理签字（FRONT OFFICE MANAGER SIGNED）_____ |

任务六　查无订房或酒店订房记录与客人要求有差距

客人入住时声称已进行过预订，但酒店预订资料里却没有关于客人的任何信息，这就是前厅接待中经常出现的查无订房，出现这种情况时，接待员首先要弄清原因，如果是确认类预订，请客人出示确认函（Conformation Letter）；若已预付押金则请客人出示预付押金单，如果确定是酒店方面的责任，则接待员要向客人道歉，并立即采取相应的补救措施，具体处理措施与超额预订导致客到无房的方法一样。如果是与酒店有售房合同的订房中心或旅行社的责任，同样按酒店疏忽漏订处理。如果是客人的责任，就应该查看酒店的房态，在有空房的情况下，按照无预订散客接待程序与标准为客人办理入住登记手续。

酒店订房记录与客人要求有差距是接待中经常遇见的问题，而且经常出现在旺季客房比较紧张的时候，这时，接待员要查看原始订房资料并请客人出示相关凭证，如果是酒店疏忽导致订房资料不准确，那接待员要向客人道歉，立即采取相应的补救措施，具体处理措施与超额预订导致客到无房的方法一样。如果不是酒店方面的责任，接待员要耐心向客人解释，尽可能为客人安排房间，实在安排不了要委婉地向客人说明。

任务七　客人不愿详细登记

有部分客人为减少麻烦，出于保密或为了显示自己特殊身份和地位等目的，住店时不愿登记或登记时有些项目不愿填写。此时，接待员应妥善处理。耐心向客人解释填写住宿登记表的必要性。若客人出于怕麻烦或填写有困难，则可代其填写，只要求客人签名确认即可；若客人出于某种顾虑，担心住店期间被打扰，则告诉客人可以为其设置保密入住，酒店的电脑电话系统有"DND"（请勿打扰）功能，并通知有关接待人员，保证客人不被打扰；若客人为了显示其身份地位，酒店也应努力改进服务，满足客人需求。比如充分利用已建立起的客史档案系统，提前为客人填妥登记表中有关内容，进行预先登记，在客人抵店时，只需签名即可入住。对于常客、商务客人及VIP客人，可先请客人在大堂里休息，为其送上一杯茶（或咖啡），然后前去为客人办理登记手续，甚至可让其在客房内办理手续，以显示对客人的重视和体贴。

任务八　客人不愿交押金或押金不足

由于酒店客源的复杂性，客人付款方式的多样性，酒店坏账、漏账、逃账的可能性始终存在。客人在办理入住登记手续时，如果表示用现金支付费用时，酒店为了维护自身的利益，常要求客人预付一定数量的押金，结账时多退少补，如首次住店的客人、无行李的客人（No Baggage）、无客史档案的客人及以往信用不良的客人。押金的数额依据客人的住宿天数而定，主要是预收住宿期间1.5～2倍的房租。一些酒店为方便客人使用房间内长途电话（IDD、DDD），饮用房内小酒吧的酒水（Mini-bar）、洗衣费签单等，常会要求客人多预交几天的房租作为押金，当然也是作为客人免费使用房间设备、设施的押金，如果客人拿走或损坏客房的正常补给品则须照价赔偿。在一些时候，客人的钱只够支付房租，而不够支付额外的押金。遇到这种情况，接待员要请示上级作出处理。如让客人入住，签发的房卡为钥匙卡（不能签单消费），应通知总机关闭长途线路，通知客房楼层收吧或锁上小酒吧。后两项工作一定要在客人进房前做好，不要让住客撞见，以免客人尴尬和反感。客人入住后，客房楼层服务员对该房间要多加留意。

有位客人入住登记完毕，在用他的信用卡做预授权的时候，发现卡已透支，不能再执行500元的预授。将这一情况告知客人后，他说身上没有足够的现金，要么只交300元。接待员在征求他同意后，试着先刷去房费再交少部分押金，可是信用卡已经连房费也刷不出。最后只好让客人交了350元现金，先住下来，然后接待员通知房务中心撤去房内消费……

一会儿，客人气冲冲地下来，说酒店当他是骗吃骗喝的，大声嚷嚷不住了，不住了！

在处理押金不足这种问题时最担心的就是客人会以为酒店看不起他，或许客人真的不是故意的。如果房价不高，则可以将房间的洋酒收出，其他饮料继续保留，即使是客人退房时没钱付，对酒店也没有太大的损失，但是可以赢得客人对酒店的好评。或者事先跟客人声明：因为你没有足够的钱，所以我们只能将Mini-bar等消费品撤出。如果客人同意了，就不会出现之后又退房的现象，如果客人不同意，则只能请示经理。

任务九　保密入住

保密入住是客人在住期间内，为避免不必要的干扰而需要的一项服务，包括"不接听电话"、"不接待来访客人"、"房号保密"等。对于住客的这些要求，接待员应予以高度重视，立即在电脑中予以特殊标记，并通知总机、客房部、保安部等部门和岗位，不应草率行事，引起客人的投诉。

首先，确认客人的保密程度，例如只接长途电话，只有某位客人可以来访，还是来访者一律不见、来电话一律不接听等。

其次，在值班日志（Log Book）上作好记录，记下客人姓名、房号及保密程度。当有人来访问要求保密的客人时，一般以客人没有入住或暂时没有入住为理由予以拒绝。

再次，通知电话总机做好客人的保密工作。例如来电话查询要求保密的客人时，电话总机室的话务员应告诉来电话者该客人未住店。

思考与训练

一、单项选择题

1.国内客人住宿登记时使用的有效证件不包括_____。

A.身份证　　　　B.护照　　　　　C.士兵证　　　　D.教师证

2.分房时可以为欧美客人安排以下哪个房间_____。

A.1301　　　　　B.1130　　　　　C.1613　　　　　D.1414

3.酒店收取服务费的比例一般为_____。

A.5%　　　　　　B.15%　　　　　C.25%　　　　　D.30%

4.向客人推销高档客房时，应该采取哪种报价方式_____。

A.鱼尾式　　　　B.三明治式　　　C.夹心式　　　　D.冲击式

二、问答题

1.客史档案的作用和意义有哪些？

2.如何对待出现在黑名单上的客人？

3.如何为不同的客人分配房间？

4.复述散客入住登记程序。

5.复述团体入住登记程序。

6.分别简述对 Walk-in、VIP、Executive Floor、LSG 的接待程序与标准。

7.前厅接待员如何进行客房推销？

8.如何为客人提供换房服务？

9.接待工作中常见的问题有哪些？分别应如何处理？

三、案例分析

前台接待员小赵，将同期抵店的几批客人作了以下的安排。

（1）瑞士商务客人一行三人：大卫先生，1216（外景房），可见花园广场；威廉先生，1213（内景房）；玛丽女士，1205（内景房）。

（2）华威先生一家三口：1201（内景房）和 1212（外景房），可见花园广场。

（3）台湾旅游团一行 10 人：1206（外景房），1208 和 1210（连通外景房）、1211（内景房），1214（外景房）。

思考题：

1.这样的安排合适吗？

2.如果你是前台接待员小赵，你会如何安排？

四、实训项目

项目名称：接待服务，为客人办理入住登记手续。

练习目的：通过训练，使学生能按照接待服务标准程序熟练地为客人办理入住登记手续。

实训内容：有预订散客接待服务、无预订散客接待服务、VIP 接待服务、团体接待服务。

测试考核：根据《前厅服务员国家职业标准》要求考核。

模块五
问讯服务

Module V　　Mail & Information

　　由于前台是客人接触最多的酒店公共场所，所以问讯处（Mail & Information）通常都设在总台。如今酒店为节约成本，有将问讯处和接待处合并提供服务，也有将问讯处和礼宾部合并的。问讯处的工作除了向客人提供问讯服务以外，还要受理客人留言、处理客人邮件等。

学习与训练总目标

- 了解和熟悉问讯服务的相关内容。
- 掌握查询服务的内容及注意事项。
- 了解和熟悉留言服务的相关内容。
- 了解和熟悉邮件服务和物品转交服务的处理程序。

项目一　问讯服务

📖 **学习与训练子目标**

1. 熟悉并能解答客人有关酒店内部信息的问讯。
2. 熟悉并能解答客人有关酒店外部信息的问讯。
3. 掌握并能处理客人有关住客信息的查询。

 案例导读

为什么会被投诉？

一天中午，两位客人急匆匆地来到花园酒店前台问讯处，声称要找住客新大新公司的总经理黄先生，他们称黄经理落下一份急件在公司，叫他们火速送来。实习生小强见此情形，没有考虑，就直接将房号告诉了他们。五分钟后，他接到了黄经理的投诉电话。

【问题】为什么客人会投诉？

【解析】如果店外客人想访问住店客人，问讯员应问清来访者的姓名、身份，然后打电话至住店客人的客房，如果住店客人愿意见访客，则请访客办妥访客手续后去客房，切忌不可直接将房号告诉访客，此时若住客不在，可请访客留言，但不可让访客去客房，除非住客事先委托。另外，也不可把房号告诉访客。

知识点与技能点

问讯服务（Mail & Information）是客房产品销售的配套服务，是免费的服务。问讯员在掌握大量信息的基础上，应尽量满足客人的各种需求。除了解答问讯之外，问讯处的业务范围还包括查询服务、留言服务、信件服务以及物品转交服务。

要能回答客人的问题并帮助客人，提供优质的服务，问讯员不仅要熟悉酒店服务设施、服务项目和经营特色以及有关政策，还要熟悉酒店所处地或城市的相关情况。

任务一　酒店内部信息问讯

一、问讯员需要准备的信息资料

① 本酒店的组织结构、各部门的职责范围和有关负责人的姓名及电话；

② 本酒店服务设施及酒店特色；

③ 本酒店的服务项目、营业时间及收费标准；

④ 酒店各部门的电话号码；

⑤ 酒店重大节事活动的相关信息；

⑥ 酒店当日的活动安排；

⑦ 酒店所属集团的近况等。

二、对酒店内部的问讯

对酒店内部的问讯通常如表5-1所示。

表5-1　对酒店内部的问讯

对酒店内部的问讯	英文
1.贵酒店的具体位置在哪里？	Where is your hotel's location？
2.机场至酒店怎么走？	How can I get to your hotel from the airport？
3.房价中含早餐吗？	Is breakfast included in the room rate？
4.客房内能上网吗？	Can we use internet in the guestroom？
5.酒店有什么餐厅？	What restaurants do you have in the hotel？
6.酒店有什么娱乐项目？	What recreation do you have in your hotel？
7.游泳池是室外的还是室内的？	Is the swimming pool indoor or outdoors？
8.行政楼层酒廊在几楼？	Where is the Executive Club？
9.酒店能代订机票和火车票吗？	Can the hotel book the air ticket and train ticket for us？

上述内容问讯员都应熟记，以便给予客人快速、准确的答复。对于客人所提问题，问讯员不能给出模棱两可的回答，如使用"大概还在营业吧"、"每人收费的标准好像是100元"等语言。此外，问讯员应具备足够的销售意识，把客人的每一个问题都视为推销酒店产品的机会，积极为客人解答难题，宣传酒店。

任务二　酒店外部信息问讯

客人关于酒店外部的问讯涉及范围广泛、知识繁杂，这就要求问讯员必须具有较高的素质，较宽的知识面，同时外语流利，熟悉所在城市风光、交通情况，懂得交际礼节及各国、各民族风土人情及风俗习惯。

一、问讯员需要准备的信息资料

① 酒店所在城市的旅游点及其交通情况；

② 主要娱乐场所、商业区、商业机构、政府部门、大专院校及有关企业的位置和交通

情况；

③ 近期内有关大型文艺、体育活动的基本情况；

④ 市内交通情况；

⑤ 国际国内航班飞行情况；

⑥ 酒店所在地大型医院的地址及急诊电话号码；

⑦ 酒店所在地的风土人情、生活习惯及爱好、忌讳等；

⑧ 本地著名酒店、餐厅的经营特色、地址及电话；

⑨ 世界各主要城市的时差计算方法；

⑩ 当地使、领馆的地址及电话号码；

⑪ 当天的天气预报；

⑫ 地图的准备等。

二、对酒店外部的问讯（以天津为例）

对酒店外部的问讯通常如表5-2所示。

表5-2　对酒店外部的问讯

对酒店外部的问讯	英文
1.天津有哪些旅游景点？	What scenic spots does Tianjin have？
2.天津有哪些特色饮食？	What special foods does Tianjin have？
3.有名的"天津三绝"分别是什么？	What are the Three delicacies of Tianjin？
4.天津海河外滩怎么走？	How to get to the Haihe Bund of Tianjin？
5.酒店附近哪里有药店或医院？	Is there any drug store or hospital nearby？
6.从酒店如何到达"水滴"？	How to get to the "water drop" from our hotel？
7.明天的天气情况如何？	What weather is tomorrow？
8.酒店附近有比较不错的剧院吗？	Is any better theatre around the hotel？
9.能推荐几部最近上映的影片吗？	Can you recommend any newly broadcasted films？

问讯员在对客服务过程中，要热情、主动，有耐心，回答问题应准确、清楚、简明扼要。对不能回答或超出业务范围不便回答的问题，应向客人表示歉意或查阅有关资料、请示有关部门后回答，切不可想当然地乱回答一通，也不能使用"我想是"、"可能是"、"大约是"等模棱两可的字眼，更不能推托，不理睬客人或简单生硬地回答"不行"或"不知道（I don't know）"等。

任务三　查询住客及酒店员工

查询服务主要是非住店客人查找住店客人或酒店员工尤其是管理人员的有关信息，问讯员应慎重对待，在不泄露隐私、不造成困扰的情况下予以回答。

一、查询住客情况

问讯处经常会收到打听住客情况的问讯，如客人是否在酒店入住、入住的房号、客人是否在房间、是否有合住及合住客人的姓名、住客外出前是否给访客留言等。问讯员应根据具体情况区别对待。

（一）客人是否入住本店

客人是否入住本店，问讯员应如实回答（住客要求保密的除外）。可通过查阅电脑或入住资料显示架名单及接待处转来的入住单，确定客人是否已入住；查阅预抵客人名单，核实该客人是否即将到店；查阅当天已结账的客人名单，核实该客人是否已退房离店；查阅今后的客房订单，了解该客人今后是否会入住。如客人尚未抵店，则以"该客人暂未入住本店"答复访客；如查明客人已退房，则向对方说明情况。已退房的客人，除有特殊交代者外，一般不应将其去向及地址告诉第三者。

案例链接

一位先生入住1808房，要求为保密房。第二天一位自称为该客人妻子的女士到酒店前台问讯处查询这位客人，问讯员小张通过电脑得知客人申请保密后，便礼貌告知其查无此人，但该女士说其夫肯定在这里住，现在找他有急事，要求问讯员仔细查找，此时小张灵机一动，说："我再到办公室帮你查找一下住客资料。"小张来到后台，通过电话告知1808客人前台有人找他，此客人问明情况后表示要回避。于是小张来到前台再次对该女士说查无此人，该女士见问讯员不厌其烦地找了几遍都没结果也就离开了。

这是一组反映如何当着客人面灵活请示的技巧案例。有访客要求找保密房的客人，并且其身份特殊是住客的妻子。问讯员处理得当，灵活地避开访客向住客请示，否则不出现一场误会或冲突才怪。

（二）客人入住的房号

为住客的人身财产及安全着想，问讯员不可随便将住客的房号告诉第三者，如要告诉，则应取得住客的许可或让住客通过电话与访客预约。

（三）客人是否在房间

问讯员应先确认被查询的客人是否为住客，如系住客则应核对房号，然后打电话给住客，如住客在房内，则应问清访客的姓名，征求住客意见，将电话转进客房；如客人已外出，则要征询访客意见，是否需要留言。如住客不在房内，问讯员可通过电话或广播代为寻找，并请客人在大堂等候。

（四）住客是否有留言给访客

有些住客在外出时，可能会给访客留言或授权。授权单是住客外出时允许特定访客进入其房间的证明书。问讯员应先核查证件，待确认访客身份后，再按规定程序办理。

（五）打听房间的住客情况

问讯员应为住客保密，不可将住客姓名及其单位名称告诉对方，除非是酒店内部员工由于工作需要的咨询。

（六）访客时间规定

出于客人和酒店的安全着想，酒店通常规定在晚上11时至次日凌晨7时是不准来访的，这也是派出所的要求。这时就要了解楼层登记记录，确认访客未走的所在房间；了解访客所在房间的住客身份，用电话与该房间联系，通电话时应注意语言技巧；客人否认有访客时，应请服务员对该房监控或可找些理由，进房查看后，再次请访客离店；若客人拒绝开门，可反复电话催离，直至采取查房的形式强行劝走；通知保安注意离店的访客并及时通报；做好离店访客的记录工作并备案。

　　"我是7楼服务员小郝。刚才我发现712房的客人马先生回店时带了一个朋友进房。现在快12点了，他们在房里已经待了3个多小时，估计这个朋友很可能今晚要在酒店住宿。请您查一下712房客人今天有否办理过访客住宿手续？"上海某酒店客房部的小郝是个极心细的服务员，由于她认真负责的态度，酒店避免了多次潜在的事故。今夜又是她值班，发现了712房的异常情况马上与总台问讯处联系。

　　问讯处接电话的是有4年店龄的老员工小凌。他翻开今天的入住登记，没有发现712房的新记录，再查看三天前马先生来办理入住手续时，也只有他一个人的名字，以后再不见此房有第二个登记者。显然今天来访的朋友并没有到问讯处登记过。

　　小凌忽然想起，近日市公安局向各酒店发过一份治安内部通报，今天712房来的那位不速之客要好好查问一下。于是他一方面打电话给小郝，要求她提供客人的年龄、相貌和特征，另一方面则向保安部报告，请他们密切注视712房客人的动态。

　　"叮咚——"小郝按响了712房的门铃。

　　"马先生，根据我们酒店的规定，来访客人须在11点以前离开房间，望您能谅解，予以配合。"小郝说话的态度十分诚恳。"我有个建议，如果您的朋友今天打算住在这儿的话也可以，不过请到总台办一下登记手续。"小郝讲到此时，稍许停顿了一会，同时又打量一下马先生的朋友。接着她还是很亲切地说，"如果不打算留宿，而你们的谈话还没有结束，那么可以到咖啡厅去边喝饮料边谈话。"

　　马先生欲留朋友过夜，对方也没有异议，于是两人便下楼来到大堂接待处。就在他们出示身份证和填写表格时，旁边一位酒店保安人员在旁暗中观察。他发现，马先生的朋友并非公安机关的通缉对象，经核验，他的身份证也是真的，这便排除了他的可疑身份。

　　酒店关于住宿客人及其来访亲朋的管理有一套相当严格的制度。该酒店的员工安全意识强，他们能自觉遵守酒店的规章制度。在不降低服务质量的前提下，保障了酒店的安全。客房部服务员小郝吃不准马先生的朋友是否办过入住手续，因此先打电话到总台。在查清情况之后，便以委婉的语气建议客人或去补办手续，或去咖啡厅小憩。

　　问讯处的小凌同样有很高的警惕性。他一获悉有客人未办登记手续深夜不离客房的情况，连忙同最近公安机关发送的内部材料联系起来。随即又及时报告给酒店保安部，这一气呵成的几个环节体现了该酒店员工良好的安全管理素质。

二、查询酒店员工情况

　　有时店外客人也会查询酒店员工尤其是管理人员的一些情况，问讯员应该慎重对待，切不可让访客耽误酒店员工的正常工作。

项目二　留言服务

📖 **学习与训练子目标**

1.了解住客给访客留言的相关知识。

2.熟悉访客给住客留言的相关内容。

3.能高效、快速地为客人提供留言服务。

 案例导读

留言服务的准确性

总台问讯员小赵接到住店客人从外面打来的电话，要求做一个留言，通知即将来店探访他的名叫Carl先生的人，请他在酒店咖啡厅等候，自己将于20分钟后赶回。由于电话信号不清，误将Carl写成了Cecil，当Carl先生来到总台问讯处打听是否有留给自己的留言时，很是费了一番周折。

【解析】

由于电话沟通是间接沟通，容易出现传递错误，问讯员必须问清客人姓名的每一个字母，认真地区别每一个容易读错的字，并使用一些简单的单词拼读使客人明白。

知识点与技能点

访客来店，住客不在；住客外出前未等到约好的访客，问讯处的留言服务作为沟通双方的桥梁，可以帮助客人传递信息。酒店受理的留言（Message）通常有两种类型：一是"住客留言"；二是"访客留言。"

任务一　住客留言

"住客留言"是住店客人给来访客人的留言。住客暂时离开客房或离开酒店，而想告诉访客自己在何处，可填写住客留言单（表5-3），一式二联，问讯处、电话总机各保存一联。若客人来访，问讯员或话务员可将留言内容转告访客。

表5-3　住客留言单

×× 酒店/×× HOTEL
住客留言单 / Message from Guest to Expected Guest

留言给	（访客姓名）	留言人		房号
To _____	(expected visitor's name）	From_____		Room NO._____
我将在		在	时到	时之间
I will be at_____		between_____A.M/P.M.and		_____A.M/P.M.
留言内容：				
Message : _____				
接待员	日期	时间		
Clerk_____Date_____Time				

住客留言单上都已写明了留言内容的有效时间，过了有效时间，如未接到留言者新的通知，可将留言单作废。

另外，为了确保信息的准确性，在接受留言时，要注意掌握事情的要点。尤其是在接受电话留言时，要做好记录工作，填写留言卡，并向客人复述一遍，得到对方的确认。

任务二　访客留言

"访客留言"是指来访客人对住店客人的留言。访客来店（电），住客不在的情况下，问讯员应征询客人意见是否需要留言服务。问讯员在接受访客留言时，应请访客填写一式三联的访客留言单（表5-4），如果是来电留言，则访客口述，问讯员记录，并复述确认信息无误。问讯员在接受访客留言后，首先应开启被访者客房的留言灯，接着将访客留言单的第一联放入邮件架，第二联送给电话总机，第三联交信差或行李员（Pageboy or Bellboy）送往客房，将留言单从房门底下塞入客房。

表5-4　访客留言单

×× 酒店/×× HOTEL
访客留言单 / Message from Visitor to Guest

留言给	房号	留言人	日期
For_____	Room NO.	From_____	Date
□　请回电		□　会再次来电	
Please call to_____		Will call again	
□　留言内容：			
Message : _____			
接待员	日期	时间	
Clerk_____Date_____Time			

对于留言传递的基本要求是：迅速、准确。留言具有一定的时效性，为了确保留言传递的速度，对于访客给住客的留言，有的酒店规定问讯员要每隔一小时打电话到客房通知客人，这样，客人最迟也可以在回到酒店后一小时之内得知留言的内容。还有的酒店除了要求行李员将留言单从门底下塞入客房外，还要求客房服务员要在客人回到客房后提醒客人有关留言事宜，以确保留言的传递万无一失。

另外，为了对客人负责，如果不能确认客人是否住在本酒店或虽然住在本酒店，但已结账离店，则不能接受对该客人的留言（客人有委托时除外）。

项目三 邮件服务

📖 **学习与训练子目标**

1. 熟悉问讯处收到外来邮件的处理程序。
2. 了解物品转交的注意事项。
3. 能高效、快速地为客人提供邮件服务。

 案例导读

处理客人信件的失误

某日S市的某酒店总台收到一封从邻近省市某工厂企业寄来的一封平信，信封上写明"请速转住店客人李××收。"在信封左下角用括号加注了一行字："台湾李先生日内由香港中转到大陆入住你店。"

总台问讯员见是一封平信，思想上未引起重视，随手把信放在柜台后面的信架上，在与另外的值班问讯员交接班时忘记交代此事，时间一长，这封信这便成了一封"死信"。

外地工厂来信的缘由是这样：台湾（地区）李先生拟专程来大陆与该厂谈判合资办厂问题，事先用图文传真告知该厂他到大陆S市的日期和所住酒店（包括地址）以及他到达该厂的大约日期。厂方接到传真以后，了解到谈判代表恰巧到S市办公事，于是发电传到台湾，希望李先生在S市等厂方代表就地谈判，谁知李先生已离台湾去香港了，电传内容无法知悉，厂方不放心，在李先生尚未到达S市以前，寄出一封平信，认为S市的酒店会负责及时转交给李先生的。

事与愿违。台湾李先生在S市逗留了一个晚上，在入住登记和离店时当然不会注意信架上会有给自己的信，而且更不可能主动向酒店总台询问此事。正是无巧不成书，就在李先生离S市乘火车的途中，厂方的代表却坐在行驶方向恰恰相反的火车上，直到最后只好到S市找电话回厂向台湾的李先生赔不是，请他折回S市，折腾了一番。

为客人递送信件是前厅问讯处基本的服务项目。问讯处不仅要重视电报、电传、挂号信件，对于那些普通信件也不可掉以轻心。

台湾李先生匆匆往返于S市与邻近省市工厂之间，白白地浪费了时间和精力，还不算经济上的花费损失，看来S市的酒店应该负主要责任！

任务一 邮件服务

一、外来邮件服务

外来邮件收发可以由传达室完成，也可以由问讯处完成，问讯处收到外来邮件的处理程序如下。

（一）接收邮件

邮件收到后，要仔细检查并登记，与电脑核对姓名、房号，若正确，应在信封的右下角写上房号。

（二）分类登记

对于客人的邮件，应先进行分类，然后作相应的处理。

① 查找住店客人的邮件。

② 查找预期抵店客人的邮件。

③ 查找要求提供邮件转寄服务的客人邮件。

④ 查找离店客人邮件。

⑤ 最后剩下的信件属于暂时无法找到的收件人。

（三）分发邮件

① 所有邮件收到后应立即主动到客人房间并请客人签收。

② 若客人不在房内，则要填写留言单，放入客人房间，告诉客人问讯处有邮件。

（四）特殊函件处理

① 若邮件是给预订未抵店的客人，则在函件上写明"预订到达"，放在专用信箱内，妥善保管，待客人入住时转交。

② 若邮件是给已离店的客人，如果客人有转寄委托，在信笺上注明客人离店日期，按客人留下的地址转寄；如果客人无转寄委托，则原信退回。

③ 查无此人，若快件，立即退回；若慢件，按酒店规定保留2周，无人认领则退回。

对客人邮件的处理，问讯员一定要认真负责，当班时无法处理的，一定要做好交接记录的工作，以免给客人造成不应有的损失和麻烦。

案例链接

寄给住店客人的邮件，如查无此人，在总台工作的小周认为只要按原地址退回就行了。能这样处理吗？

【解析】

不能简单地以一种方法处理。要视如下四种情况分别处理。

情况一：该客人曾住过，但已离店。对寄给已离店客人的一般邮件，如客人留下地址，并委托酒店转寄，酒店一般予以办理，否则应按寄件人的地址退回。客人的电报、加急电报等通常应按原地址退回。

情况二：客人在本酒店已订了房间但尚未抵店。这种情况应把邮件放在待领邮件架上，或与该客人的订房表一起存档，待客人入住时转交。

情况三：客人订房又取消了订房。除订房客人有委托，并留下地址的，酒店应按地址转交外，其余情况一律把邮件退回寄件人。客人快信、电报等，应立即退件。如果客人订房，但推迟了抵店日期，仍要把给客人的邮件放在待领架上，或与订房表一起存档，待客人入住登记时转交客人。

情况四：客人姓名不详或查无此人，立即退回寄件人。平信可保留一段时间，经常查对，确实无人认领后，再退给寄件人。

二、外寄邮件服务

外寄邮件服务主要是指问讯处替客人代发平信、挂号信、传真、特快专递及包裹等。问讯处员工可以根据客人的不同需求，帮助其寄发邮件。

任务二　物 品 转 交

一、访客转交物品给住客

有些访客携带物品来访问住客而住客不在时，往往会将物品委托问讯员转交给客人。此时，接待员应请访客填写一式两份的委托代办单，注明访客的姓名、地址和电话号码，同时查看物品，易腐烂、易燃易爆物品、贵重物品和现金不予转交。问讯员应将寄存的物品锁好，开具一式两份的住客通知单，等住客到达时即可转交给住客。这些工作在有些酒店由问讯员完成，有些酒店会让行李员把物品送入客人的房间。

二、住客转交物品给店外客人

住店客人想转交物品给店外客人时，也要填写一式两份的委托代办单，注明物品名称、数量、送达人姓名、地址、电话号码。注意：贵重、易燃、易爆、易腐烂物品及现金谢绝转交，但可以替客人留言。根据酒店的规定由行李员按地址送给客人或打电话通知客人到店来提取。住店客人留给指定访客的物品，接待员应妥善保存，访客到达后查验对方身份证件，经确认无误后转给访客，并请客人写下收据，如访客未到应请示住客包裹如何处理后再予以接收。

问讯员在处理上述任何一种情况时，都不能拆开、损坏客人物品，物品递交过程中，手续应清楚完整，要请领取者签收或写下收据存档，以防纠纷。

思考与训练

一、单项选择题

1.问讯员在回答客人问讯时，可以使用以下词汇_____。

A.大约是　　　　B.是的　　　　C.可能是　　　　D.不知道

2.酒店规定访客须在_____之前离开住客客房。

A.12:00　　　　B.18:00　　　　C.20:00　　　　D.23:00

3.当有访客查询住客时，问讯员应_____。

A.热情礼貌地接待，做到有问必答

B.应注意为住客保密，在不泄露隐私、不造成困扰的情况下予以回答

C.如实告知访客住客的房间号码

D.可以透漏住客的基本情况

4.关于问讯服务，下列说法错误的是_____。

A.问讯员需要掌握丰富的有关店内外的相关信息

B.回答问讯时可以使用否定的和模棱两可的词句

C.慎重对待有关住客的问讯

D.酒店任何一名员工都应成为问讯员

二、问答题

1.作为一名优秀的问讯员应该具备哪些素质？

2.如何处理访客查询酒店住客的请求？

3.访客深夜未走，酒店该如何处理？

4.如何为客人提供留言服务？

5.谈谈问讯处物品转交的注意事项。

三、案例分析

多角色的诈骗

一天傍晚，北京某酒店总台的电话铃响了，问讯员小姚马上接听，对方自称是住店的一位美籍华人的朋友，要求查询这位美籍华人。小姚迅速查阅了住房登记中的有关资料，向他报了几个姓名，对方确认其中一位就是他要找的人，小姚未加思索，就把这位美籍华人所住房间的号码818告诉了他。过了一会儿，酒店总台又接到一个电话，打电话者自称是818房的"美籍华人"，说他有一位谢姓侄子要来看他，此时他正在谈一笔生意，不能马上回来，请服务员把他房间的钥匙交给其侄子，让他在房间等候。接电话的小姚满口答应。又过了一会儿，一位西装革履的男青年来到服务台前，自称小谢，要取钥匙。小姚见了，以为果然不错，就毫无顾虑地把818房钥匙交给了那个男青年。晚上，当那位真正的美籍华人回房时，发现自己的一只高级密码箱不见了，其中包括一份护照、几千美元和若干首饰。

思考题：

1.谈谈你对问讯服务的理解？

2.如何处理店外客人对住客的查询要求？

四、实训项目

项目名称：问讯服务。

练习目的：通过训练，使学生能掌握问讯服务的程序和注意事项，并能熟练地为客人提供问讯服务。

实训内容：酒店内外信息查询、住客查询。

测试考核：根据《前厅服务员国家职业标准》要求考核。

模块六
电话总机服务

Module Ⅵ　Telephone Switchboard

　　电话总机服务（Telephone Switchboard）在酒店对客服务中扮演着重要角色。高星级酒店一般会在前厅设置电话总机房，有的酒店也称宾客服务中心（Guest Service Center），配备专职话务员，每一位话务员的声音都代表着酒店的形象，是酒店的幕后服务大使。

学习与训练总目标

- 熟悉总机房的设备和话务员的岗位要求。
- 了解总机服务的项目。
- 掌握话务员的素质要求。
- 了解并熟悉电话接转及留言服务的工作程序。
- 掌握叫醒服务的工作程序。
- 熟悉电话问讯服务的工作程序。

项目一　认识电话总机

📖 **学习与训练子目标**

1.熟悉总机房设施设备的配备。
2.掌握话务员的岗位和素质要求。
3.了解总机服务的项目。

 案例导读

　　腊月的北方，户外显得格外寒冷，可海天大酒店总机室内问候声和不断的键盘声显得热情而欢快，总机话务员小王在不断地接转着一个又一个电话。

　　一个电话打进来，小王熟练地提起了电话，"您好"，"快转1208房间"，一个急切的声音通过听筒传到小王的耳朵里，小王习惯地脱口而出："先生，请稍等。"话音刚落，话筒里的人火冒三丈地说："小姐，你什么意思！我有急事，稍等什么稍等，赶快给我转。"听到客人的指责，小王心里特别难受，便想对客人作一个简单的解释，但是又想到客人现在挺急的，便立即敲击键盘，把电话转接到房间内，可电话响了六声后，依然无人接听，信号返回了话务台，小王看到显示器上的信号，知道房间内无人接听电话，就快速把电话提了起来，和蔼地告知对方，电话无人接听，"怎么会没有人呢？不可能。"客人的语气显得焦急而无奈，小王很耐心地对客人说："先生，请不要着急，我试试看能否帮你联系到他。"当客人听到小王耐心而又亲切的话语，好像很感动而又内疚地说："小姐，对不起，刚才我有点急，说话可能有情绪，请你原谅。""不必客气，谢谢您的理解。"随后，小王留下了对方的联系电话，并问明了他所要找客人的单位及姓名。

　　切断电话之后，小王便凭借丰富的工作经验，把电话打到了前厅，向前厅接待作了简单介绍，前厅接待员查清并核实了客人的资料之后，给小王提供了一条重要的线索——客人的留言。原来客人预知有人会找他，便在离开酒店时在前厅留言条上说，如果有人找就打他的手机，并留下了手机号码。得知这一信息之后，小王迅速接通刚才打电话的李先生，把手机号码告知李先生。他感激地在电话里说："谢谢，太谢谢了，你可帮了我一个大忙。"小王微笑着说："不用客气，这是我们应该做的，你赶快打手机联系吧。"

　　切断电话，小王继续自己快乐的工作。两个小时之后，总机话务台信号显示有房客内线电话。提起话筒，里面又传来了刚才那位先生感谢的话语，并说如果不是小王及时查到客人的联系方式，并进行了通话，对他来讲会造成不可估量的损失。这位先生还热情地请小王吃饭以示感谢。小王说："这是我们每个话务员都应该做的，谢谢您，您的心意我领了。"

【解析】

在本案例中小王作为一名酒店话务员，由于见不到客人的表情、动作、神态、只有通过客人的声音来判断，但她比较善于揣测客人的心理需要，急客人之所急，乐客人之所乐，以优质的服务满足了客人的需求。

一名优秀的话务员在对客服务中，不能千篇一律地追求规范，语言要有艺术性。通过客人的声音、语言、语速去洞察客人心理需求，并讲究说话技巧性、用语的灵活，尽量让客人能通过话务员的声音感到她的微笑和热情，进而感受到酒店服务的尽善尽美。

电话总机房是酒店与客人进行内外联系的枢纽，电话总机服务往往是酒店对外的无形门面，话务员的服务态度、语言艺术和操作水平直接影响了话务服务的质量。总机房内电话转换器的指示灯总是在闪烁不停，要求话务员不时地用热情的言辞、礼貌的语言、动听的声音通过电话向每一个来电者传达着信息。

知识点与技能点

酒店电话总机（Telephone Switchboard）是酒店内外沟通联络的通信枢纽和喉舌，总机话务员是以电话为媒介，直接为客人提供转接电话、挂拨国际或国内长途、叫醒、查询等各项服务，是酒店对外联系的窗口，其工作代表着酒店的形象，体现着酒店服务的水准，其工作质量的好坏，直接影响客人对酒店的印象，也直接影响到酒店的整体运作。

任务一　了解总机房的设施设备

一、总机房的设备

总机房是酒店负责为客人及酒店经营活动提供电话服务的一线部门，其设施设备应齐全、先进、性能优良，无人为故障发生。总机房的设施设备主要有话务台（图6-1）、电话自动计费系统、程控交换系统、电话记录系统、电脑自动叫醒设备、电脑操作系统（多数高星级酒店采用Opera系统，如图6-2所示，国内酒店则多采用FOXHIS系统）、传真机、自动打印机、电脑等。

图6-1　话务台

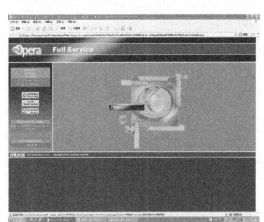

图6-2　Opera酒店管理系统

二、总机房的环境要求

总机房环境的优劣，直接影响着话务员对客服务的效率和质量。通常，总机房的环境应符合下列要求。

（一）便于与前台联系

在对客服务过程中，电话总机与前台有密切的工作联系，因此，总机房位置的设立应尽量靠近前台或者应具有必要的通信联络设备来沟通双方的信息。有些小型酒店的交换机直接安装在前台内，由接待员监管；而大、中型酒店，因需要更多的外线和内线，就应配置专职的话务员操作交换机，并将其安置在临近前台的机房内。

（二）必须安静、保密

为了保证通话的质量，总机房必须有良好的隔音设施，以确保通话的质量。未经许可，无关人员不得进入总机房内。

（三）必须优雅、舒适

一个优雅、舒适的环境能为话务员搞好本职工作创造良好的客观条件。总机房应有空调设备，并保证足够的新鲜空气。话务员的座椅必须舒适，以减少话务员的疲劳感。另外，应注意总机房的室内布置，使周围环境赏心悦目。

任务二　掌握总机服务的基本要求

总机服务在酒店对客服务中扮演着重要角色。每一位话务员的声音都代表着酒店的形象，是酒店的幕后服务大使。话务员必须以热情的态度、礼貌的语言、甜美的嗓音、娴熟的技能优质、高效地开展对客服务，让客人能够通过电话感觉到来自酒店的微笑、热情、礼貌和修养，甚至感受到酒店的档次和管理水平。

一、话务员的素质要求

① 修养良好，责任感强。
② 口齿清楚，语速适中，音质甜美。
③ 听写迅速，反应敏捷。
④ 专注认真，记忆力强。
⑤ 有较强的外语听说能力。
⑥ 熟悉电话业务。
⑦ 熟悉电脑操作及打字。
⑧ 有较强的沟通能力和表达能力。
⑨ 掌握丰富的知识和信息。
⑩ 严守话务机密。

二、话务员的岗位要求

① 话务员必须在电话铃响三声之内应答电话。
② 话务员应答电话时，必须礼貌、友善、愉快，且面带微笑。
③ 接到电话时，首先用中英文熟练准确地自报家门，并自然、亲切地使用问候语。

④ 话务员与客人通话时，声音必须清晰、亲切、自然、甜美，音调适中，语速正常。

⑤ 为了能迅速、高效地接转电话，话务员必须熟悉本酒店的组织机构、各部门的职责范围、服务项目及电话号码，掌握最新的、正确的住客资料。

⑥ 为客人提供电话接转服务时，接转之后，如对方无人接电话，铃响半分钟后，应使用婉转的话语建议客人留言或稍后再打，不可使用命令式的语句。对于客人的留言内容，应做好记录工作，不可单凭大脑记忆，复述时，应注意核对数字。

⑦ 如遇查询客人房间的电话，在总台电话均占线的情况下，话务员通过电脑为客人查询。话务员遇到无法解答的问题时，要将电话转交领班、主管处理。

⑧ 若对方讲话不清，应保持耐心，要用提示法来弄清问题，切不可急躁地追问、嘲笑或模仿等。若接到拨错号或故意烦扰的电话，也应以礼相待。

⑨ 话务员应能够辨别主要管理人员的声音，接到他们的来电时，话务员须给予恰当的尊称。

⑩ 结束通话时，应主动向对方致谢，待对方挂断电话后，再切断线路，切忌因自己情绪不佳而影响服务的态度与质量。

任务三　熟悉总机服务的项目

一、电话接转及留言服务

电话接转及留言服务是总机服务中最常见的一项服务，当接到客人来电时，首先认真聆听完客人讲话再转接，并说"请稍等"，若客人需要其他咨询、留言等服务，应对客人说："请稍等，我帮您接通××部门。"在等候接转时，按音乐键，播放悦耳的音乐。接转之后，如对方无人听电话，铃响30秒后，应向客人说明："对不起，电话没人接，您是否需要留言或过会儿再打来？"需给住客留言的电话一律转到前厅问讯处；给酒店管理人员的留言，一律记录下来，并重复确认，并通过寻呼方式或其他有效方式尽快将留言转达给相关的管理者。

二、提供叫醒服务（Wake-up Call）

叫醒服务是总机为客人提供的又一项重要服务。总机所提供的叫醒服务是全天24小时服务，可细分为人工叫醒和自动叫醒两类。首先受理客人要求叫醒的预订。问清要求叫醒的具体时间和房号。然后填写叫醒记录单，内容包括房号、时间、（话务员）签名等，最后提供叫醒服务。

三、问讯服务

话务员常接到客人从店内外打来的问讯电话，客人问讯的范围非常广泛，既包括酒店内外相关情况，也包括住客和酒店员工的基本情况，所以话务员必须跟问讯员一样，掌握丰富的知识和信息，尤其是各种电话号码，要做到对常用电话号码对答如流、准确快速。如遇查询非常用电话号码，话务员应请客人保留线路稍等，以最有效的方式为客人查询号码，确认后及时通知客人；如需较长时间，则请客人留下电话号码，待查清后，再主动与客人电话联系。如遇查询住客房间的电话，在前厅电话均占线的情况下，话务员应通过计算机为客人查询，此时应注意为住客保密，不能泄露其房号，接通后让客人直接与其通话。

四、挂拨长途电话服务

为了方便住客，酒店设计了电话服务指南及常用电话号码立卡（置于房间床头柜上），供住客查阅使用，住客在客房内直拨国际长途电话（International Direct Dial，IDD）和国内长途电话（Domestic Direct Dial，DDD），电脑自动计时计费，大大减轻了话务员的工作量。另外，话务员应注意及时为抵店入住客人开通电话以及为退房结账的客房关闭电话，若团队、会议客人需自理电话费用，则应将其打入相应的账单。

五、"免电话打扰（DND）"服务

将所有要求DND服务的客人姓名、房号、要求DND服务的时间记录在交接班本上或注明在记事牌上，并写明接受客人通知的时间。将电话号码通过话务台锁上，并将此信息准确通知所有其他当班人员。在免打扰期间，如有客人要求与住客讲话，话务员应将有关信息礼貌、准确地通知客人，并建议其留言或待取消DND之后再来电话。客人要求取消DND后，话务员应立即通过话务台释放被锁的电话号码，同时，在交接班本上或记事牌上标明取消记号及时间。

六、紧急情况时充当酒店临时指挥中心

当酒店出现紧急情况时，总机房便成为酒店管理人员迅速控制局势，采取有效措施的临时指挥协调中心。话务员应按指令执行任务，注意做到以下几点。

① 保持冷静，不惊慌。

② 立即向报告者问清事情发生地点、时间，报告者身份、姓名，并迅速做好记录。

③ 即刻使用电话通报酒店有关领导（总经理、驻店经理等）和部门，并根据指令，迅速与市内相关部门（如消防、安全、公安等）紧急联系，随后，话务员应相互通报、传递所发生情况。

④ 坚守岗位，继续接听电话，并安抚客人，稳定他们的情绪。

⑤ 详细记录紧急情况发生时的电话处理细节，以备事后检查，并加以归类存档。

宾客服务中心

宾客服务中心（Guest Service Center）是近几年在原先总机房的基础上演化而成的一个服务部门，该部门以电话为媒介帮助宾客解决住店期间的一切需求。服务项目包括：账单查询服务、失物招领服务、换房服务、客房预订服务、生活用品借用、洗衣服务、收发传真服务、房内送餐服务等。以前这些服务需要客人到不同的部门寻求帮助，现在只需一个电话就可全部解决，极大地方便了客人，但同时也意味着该部门的员工需要有多项服务技能和良好的沟通能力。

总之，电话总机所提供的服务项目视酒店而异，有些酒店的总机房还负责背景音乐、闭路电视、收费电影的播放，监视火警报警装置和电梯运行等工作。

项目二　电话接转及留言

📖 **学习与训练子目标**

1. 掌握电话接转服务的工作程序。
2. 熟悉留言服务的基本步骤和注意事项。
3. 能熟练地为客人提供电话接转及留言服务。

 案例导读

电话接转的技巧

某天早晨8:00，毛先生打电话到总机，询问同公司的王总住在几号房。总机李小姐接到电话后，请毛先生"稍等"，然后在电脑上进行查询。查到王总住在901房间，而且并未要求电话免打扰服务，便对毛先生说"我帮您转过去"，说完就把电话转到了901房间。此时901房间的王先生因昨晚旅途劳累还在休息，接到电话就抱怨下属毛先生不该这样早吵醒他，并为此很生气。

【问题】总机李小姐的做法是否妥当？

【解析】

首先，李小姐应该考虑到通话的时间，早上8:00是否会影响客人休息。其次，应迅速分析客人询问房间号码的动机。此时毛先生的本意也许并不是要立即与王总通话，而只想知道王总的房间号码，便于事后联络。在不能确定客人动机的前提下，可以先回答客人的问话，同时征询客人意见"王总住在901房，请问先生需要我马上帮您转过去吗？"必要时还可委婉地提醒客人，现在时间尚早，如要通话是否1小时之后再打。这样做既满足了客人的需求，又让客人感受到了服务的主动性、超前性、周到性。

现代酒店管理崇尚CS（Customer Satisfaction，即客人满意度）理论。规范化服务、超前服务如果违背了客人的本意，就说明服务还不到家，还不能让客人满意。

任务一　电话接转

一、准备工作

话务员在转接电话前要在电脑中储存下列常用电话号码：各大酒店电话号码、各驻华使领馆电话号码、各大医院电话号码、各大餐厅酒楼电话号码、各大文艺场所电话号码、政府机关电话号码等。

二、工作程序标准

（一）及时应答

电话铃响三声或10秒内接听，用礼貌用语向客人问好。明确电话转接顺序：先外线，后内线，最后是酒店内部电话。

1. 店外电话应答

您好（早上/下午/晚上好），白天鹅宾馆电话总机，有什么需要帮忙的吗？

Good morning（good afternoon /good evening），White Swan Hotel operator，may I help you?

2. 店外电话应答

您好（早上/下午/晚上好），电话总机，有什么需要帮忙的吗？

Good morning（good afternoon /good evening），operator，may I help you?

（二）准确转接

首先认真聆听完客人讲话再转接，并说"好的，请稍等（Please wait a moment）"，若客人需要其他咨询、留言等服务，应对客人说："请稍等，我帮您接通××部门。"在等候转接时，按下音乐键，播放悦耳的音乐。在电话转接过程中会存在以下几种情况。

1. 电话占线

对不起，电话占线，请您不要挂断，稍等好吗？

I'm sorry. The line is busy. Please hold on for a moment.

对不起，电话占线，请您稍后再打好吗？

I'm sorry. The line is busy. Would you like to call back later?

对不起，电话占线，请问您需要留言吗？

I'm sorry. The line is busy. Would you like to leave a message?

2. 电话无人接听

转接之后，如对方无人听电话，铃响30秒后（大约5声），取回电话，向客人说明：

对不起，电话没有人接，请您稍后再打好吗？

I'm sorry. Nobody answer. Would you please call back later?

对不起，电话没有人接，请问需要留言吗？

I'm sorry. Nobody answer. Would you like to leave a message?

3. 住客房号保密

经过电脑查询，发现客人要求接转的住客房间已经设置房号保密，这时，话务员不能立即为客人转接电话，应该打电话给住客，询问住客的意愿，若住客愿意接听再转接电话，若住客不愿意接听电话，则委婉地回绝客人，比如告诉客人住客尚未住店或已结账退房。

4.房间免电话打扰

经电脑查询，发现住客设置了免电话打扰服务（DND），话务员应委婉地告诉对方住客不方便接电话。

（三）留言或挂断电话

如果客人需要留言，则按照客人要求填写留言单，若客人不需要留言就感谢客人来电并挂断电话，值得注意的是结束通话时，待对方挂断电话后，再切断线路，以防他们在最后一刻有问题询问。详见表6-1。

表6-1　转接电话至客人房间

程序	标准
1.接听电话	三声铃响以内接起电话，使用固定短句（Fixed Phase）应答
2.询问客人	听到来电者要求转接电话至某一客房时，请来电者提供房号，根据来电者提供的房号与电脑中进行核对，并询问："请问登记客人姓名是什么？"
3.转接电话	（1）来电者提供住客房号、姓名与电脑一致时　感谢客人来电："请您稍等，感谢来电。"并将电话转至客人房间。 （2）来电者提供客人房号、姓名与电脑不一致时 ·按照客人姓名在电脑中查询到正确房号进行转接，并告知来电者："对不起，××先生/女士不住××房间，我帮您转到他的房间请您与客人核对一下房号。" ·来电者只知道房号不知客人姓名，不可以转电话，客人的信息保密。 ·如果来电者只知房号不知客人姓名同时又坚持转接此电话到房间，可以记下来电者的名字，再询问房间内住客可否转此电话，如允许可转接。 （3）如果来电者所提供的客人姓名在电脑中没有查到时　告诉来电者："对不起，我们电脑中登记的没有这个名字，也许客人用其他名字进行的登记，请您与客人联系一下。"不要告诉来电者："这位客人没有住在我们酒店。"
备注	注：在转接电话前，一定先询问来电者姓名，然后按话务台的振铃功能打到客人房间询问客人是否愿意接听来电者的电话，如果愿意接听转接电话，如不愿意接听按照客人的意愿转达给来电者。

任务二　留言服务

当来电者要找的住客暂时外出或要求对房号保密不接电话时，话务员可以建议客人留言，一般情况下给住客的留言都应该转到前台问讯处，给酒店内部员工的留言则由话务员进行留言，但在前厅问讯处比较繁忙的情况下，话务员也可以给住客留言。

一、留言服务的种类

（一）语音留言

当电话转入住客房间，如果响过四声后无人接听，电话自动进入语音信箱，这时来电者可以在这里为客人留言。

客人回到房间后发现电话上的留言红灯闪，说明电话语音信箱内有留言。

（二）口头留言

总机话务员记录以下信息：客人姓名、房间、日期、时间、来电者姓名、公司名称、联系电话、留言详细内容，并与来电者重复留言内容，将留言信息输入电脑系统，打印留言内容并装入信封，然后由礼宾部送至客人房间。

二、电话口头留言的步骤

（一）接听留言

① 店外客人要求留言。

② 话务员认真核对住店客人的房号、姓名。

③ 准确记录留言者的姓名、联系电话和留言内容。

④ 复述留言内容，并得到店外客人的认可。

（二）输入电脑

① 用电脑查出店内客人房间，通过固定程序输入留言内容。

② 核实留言内容无误；在留言内容下方提供留言服务员的姓名。

③ 打印出留言单。

（三）开/关留言灯

① 按客房留言灯开启程序开启留言灯。

② 每日接班和下班时核对留言和留言灯是否相符。

③ 当客人电话查询时，将访客留言内容准确地告知客人。

④ 关掉留言灯，清除电话留言内容。

三、电话口头留言的注意事项

（1）留言的记录要快而准确。

（2）确保把留言者的名字写正确。如果不知道留言者的姓名和电话号码，则要询问，但不是强问。不要问"您叫什么名字？"，而要说"我可以知道您的姓名吗？"；不要问"您的电话号码是多少？"，而要问"××先生（指留言者要找的住客）知道您的电话号码吗？"对于容易听错或拼写困难的姓名，可使用常用词来拼读。

（3）重复留言内容与留言者核对。为避免可能发生的错误和误解，对来电者要重复一下留言的要点。

（4）留言完毕后要向客人道再见。

（5）对不能确认是否住在本店的客人，或是已退房离店的客人，除非客人委托，否则不接受住客留言。

项目三　叫醒服务

📖 学习与训练子目标

1. 了解叫醒服务的种类。
2. 掌握叫醒服务的程序和注意事项。
3. 熟悉叫醒服务失误的原因及应对措施。

 案例导读

客人Morning Call "叫而不醒"怎么办？

一天，一位酒店客人要求总台为他做一次第二天早上6点钟的Morning Call服务（叫早服务）。总台的员工马上通知了总机。然而，第二天早上7点过后，客人非常气愤地来到大堂经理处投诉说：今天早上并没有人来叫他起床，也没有听见电话铃声，以致他延误了国际航班。后经查实：总机在接到总台指令后，立刻就通过电脑为客人做了Morning Call服务并排除了线路及器械上故障的可能。经过分析后认为，可能是由于客人睡得较沉，没有听见。电话铃声响了几次之后就会自动切断，最终导致客人迟到误飞机的结果。

【解析】

单从这个案例表面来看，客人要求的服务，我们的确也做了，但最终结果却没有达到服务的目的。从这里，我们也可以看出"宾客至上"并非是一个简单的口号，这是一项很细致、具体的工作。平时只要多一些人情化的服务，少一些公式化、程序式的服务，那么工作将做得更好。比如在这里，客人要求是6点钟叫醒，除了做一个电脑设置之外，在6点10分可以再让服务员到房间做一次上门叫醒。这样，就可以完全避免此案例中所发生的不愉快。假如客人已醒了，可以询问客人是否要退房，需不需要通知收银处把账单列出。还可以征询客人是否要为他叫一辆出租车，以及是否帮他把行李搬下去等。总之，在服务过程中，能设身处地为客人多想一想，那么，这些事故根本就不可能发生。

知识点与技能点

叫醒服务（Wake-up Call）是前厅部为客人提供的又一项重要服务，即由话务员利用电话或利用人工叫醒的方式在客人要求的时间把客人叫醒。

任务一　了解叫醒服务的种类

一、按叫醒时间划分

叫醒服务（Wake-up Call）多数情况下在早上进行，因此叫醒服务也称为叫早服务（Morning Call），但有时也在下午或其他时间进行。

二、按叫醒服务方式划分

（一）电脑自动叫醒

总机房一般配备电脑自动叫醒机器和系统，话务员根据客人需求设置好叫醒服务，第二天叫醒机器会按照所输叫醒时间自动拨打客人房内电话进行叫醒并打印出叫醒报告。电脑自动叫醒只针对普通客人，如遇VIP或行政楼层客人则应提供人工叫醒。

（二）人工电话叫醒

人工电话叫醒的方法是由话务员打电话到客房，向客人问好，告诉客人这是叫醒电话，并祝客人住店愉快。

（三）人工敲门叫醒

对于电话自动叫醒和人工电话叫醒无人应答的房间，总机要立即通知客房中心或楼层服务台，由客房中心或楼层服务台员工前往客房进行人工敲门叫醒。

任务二　掌握叫醒服务的程序

叫醒服务可以由客人向总机提出，也可以由客人向客房中心、总台、大堂副理等提出，再由这些员工通知总机话务员。

一、叫醒服务的程序

（一）接到叫醒预定电话

接到客人叫醒预定电话时，话务员要礼貌地问候客人。

Operator，good morning/good afternoon/good evening，Anna speaking. How can I help you?

（二）详细记录客人的叫醒要求

（1）记录客人的姓名和房间号码。

May I have your name and room No.?

（2）记录客人要求的叫醒时间和日期。

What time would you like your call?

（三）复述并与客人确认细节

记录完客人的叫醒要求后需要重复一遍，确保信息准确，同时询问是否需要第二遍叫醒。

May I reconfirm your wake-up details with you? Your wake-up call is at tomorrow morning 5:30，and your room No.is 1516，am I correct?

（四）设置叫醒

总机话务员负责在每日凌晨将当日要求叫醒的客人房号和有关信息录入电话交换机系

统。对当天的日间叫醒服务要求，电话员应随时录入电脑。

（五）确认叫醒成功

电脑自动叫醒过程中，话务员要注意机器的运行情况，看是否准时叫醒了客人，如有必要，话务员应适时插入叫醒服务用语；如果电脑出了问题，应采用人工电话叫醒的方法。

已叫醒过并且客人有应答的客房在叫醒控制表（Morning Call Record）上划掉；无人应答（No Answer）的客房应用人工电话叫醒；如再无人应答，应通知楼层服务台员工或客房中心去敲门叫醒；对应答含糊的客人为防止其睡着，可以过3～5分钟再叫醒一次，并就此向客人表示道歉。

二、叫醒服务用语

（一）叫醒服务用语

早上好/下午好/晚上好，××先生/小姐。现在是×点。正在为您提供叫醒服务。祝您心情愉快！

（二）第二遍叫醒服务用语

早上好/下午好/晚上好，××先生/小姐。现在是×点。已经超过叫醒时间5分钟。祝您心情愉快！

三、叫醒服务注意事项

（一）客房内无人应答（No Answer）

若客房内无人应答，过3～5分钟后再叫一次，若仍无人回话，则应立即通知大堂经理或楼层服务员前往客房实地察看，查明原因，并进行敲门叫醒。

（二）电话占线（The line is busy）或打不通（Ringing Block）

电话占线或打不通的情况下，则应立即通知大堂经理或楼层服务员前往客房进行敲门叫醒。

（三）叫醒次数不宜超过3次

案例链接

4月的一天，清晨总机房就接到8号楼一个房间客人的投诉电话，这位客人质疑：酒店的叫醒服务要打多少次的叫醒电话才停啊？总机房一早上的叫醒电话吵得人不得安宁。还投诉说去敲门的客房服务员让他形象尽失……

酒店的叫醒一般不超过3次，自动叫醒、5分钟后再次叫醒、若无人应答则人工叫醒。这样做是为了确定客人在睡觉没有听到叫醒电话，还是客人在叫醒电话前已自行起床外出了，或者是客人出了其他什么突发事情……

话务员须提醒客人若已醒来或者是睡眠中听到电话铃响也要接听电话，以避免话务员发生误会继续叫醒。若客人已醒来且接听电话，则将第二遍叫醒删除，以免打扰客人。

（四）注意时间的区分

客人提出叫醒服务要求时，话务员要仔细核对时间，如客人在晚上10:00通知第二天6点叫醒，我们在确认时要注意问到是早晨6点还是下午6点等。

另外，客人也可能会记错当天的日期，因此服务人员在向客人确认时要加上"今天是×月×日，您是需要在明天也就是×月×日……吗？"之类时间确认的话，以提醒客人。

7月20日909房间客人晚11:00左右致电总机要设置叫醒服务，据当班话务员反映，客人当时称要一个明天12:50的叫醒，话务员还重复问了一句："是明天吗？"客人答复"是"。但第二天一早客人到前台称他要的是凌晨12:50的叫醒，且他称在讲完后补充了是凌晨叫醒。客人买了长沙到西安的火车票，票价490元，但由于没有叫醒，导致他们睡过了头，耽误了赶火车。

四、叫醒服务失误

（一）叫醒服务失误的原因

1.酒店方面原因

① 话务员漏叫；

② 总机话务员进行了记录，但忘了输入电脑；

③ 记录的房号太潦草、笔误或误听，输入电脑时输错房号或时间；

④ 电脑出了故障。

2.客人方面原因

① 错报房号；

② 电话听筒没放好，无法振铃；

③ 睡得太沉，电话铃响没听见。

张先生打电话给总机要求第二天早上7:30叫醒，总机第二天要叫早的时候，正好有个电话转入张先生房，于是话务员为其转接了电话，2分钟后，话务员打电话给张先生，房间占线，10分钟后房间依然占线。于是总机断定张先生已经醒了，但是最后张先生接完电话后没有醒来，耽误了办事时间。

（二）叫醒失误的对策

为了避免叫醒失误或减少失误率，酒店方面可从以下几方面着手，积极采取措施：

① 经常检查电脑运行状况，及时通告有关人员排除故障。

② 客人报房号与叫醒时间时，接听人员应重复一遍，得到客人的确认。

③ 遇到电话没有提机，通知客房服务员敲门叫醒。

酒店方面针对散客及团队的叫醒工作见表6-2、表6-3。

表6-2　散客叫醒

序号	标准
1	与客人仔细确认姓名、房号、叫醒时间（询问客人是否需要5分钟后的二次叫醒），并与电脑中信息核对
2	与客人重复所有要求以保证准确无误
3	填写叫醒记录表
4	所有叫醒统一由夜班员工输入话务台，并在叫醒记录表上签字
5	叫醒输入后会打印出一份报告，将叫醒报告与叫醒记录表逐一核对
6	第二天早晨叫醒机器会按照所输叫醒时间自动进行叫醒并打印出叫醒报告

序号	标准
7	如报告显示客人已醒，在叫醒记录表上注明； 如报告显示客人未醒，系统会自动再叫3次，如3次都未醒，电话会弹回到总机，电话弹回到总机后，员工需在电脑中核对房态查看客人是否退房，如未退房，与餐厅或康体中心联系看客人是否在用早餐或健身；如未用早餐，联系行李员去敲门提示客人
8	如客人在房已醒，行李员会通知总机做好记录工作； 如客人未醒，联系大堂副理进行处理
9	一天叫醒结束后，应将叫醒记录表与打印出的叫醒报告附在一起存档

表6-3　团队叫醒

序号	标准
1	与前台仔细确认叫醒时间，并与电脑系统再一次核对团队客人的名字和房间号码
2	填写叫醒记录表，房号一栏只需填写团队代码，无需将所有房号都逐一填写在记录表上
3	夜班员工需从电脑系统中打印团队报告
4	根据团队报告在话务台上输入叫醒并在叫醒记录表上签字
5	第二天早晨叫醒机器会按照所输入的叫醒时间自动进行叫醒并打印出叫醒报告
6	将团队报告与叫醒报告逐一核对，以确保每个叫醒按时完成
7	叫醒完成后，将团队报告与叫醒记录表、叫醒报告附在一起存档

思考与训练

一、单项选择题

1.对应答含糊的客人为防止其睡着，可以过_____分钟再叫醒一次，并就此向客人表示道歉。

A. 1～2　　　　　B. 3～5　　　　　C. 7～9　　　　　D. 10～15

2.关于总机服务，下列说法错误的是_____。

A.在前台电话均占线的情况下，可以为访客办理住客查询及留言服务

B.转接电话之前不需要询问住客意愿

C.每位话务员都能回答客人简单的相关问题而不需要转求他人

D.接受客人叫醒服务时应询问是否需要二次叫醒

3.是酒店的幕后形象大使，被称作"看不见的接待员"是的_____。

A.客房服务员　　　B.前台接待员　　　C.总机话务员　　　D.总台收银员

4.关于叫醒服务，下列说法错误的是_____。

A.叫醒服务的次数不宜超过3次

B.VIP客人叫醒时应采用人工叫醒

C.若两次叫醒均无应答，应立即通知客房中心实地查看

D.若叫醒时电话占线，可判断客人已醒来，则无需再次叫醒

二、问答题

1.如何成为一名优秀的总机话务员？

2.电话总机的服务项目有哪些？

3.如何为客人提供电话接转及留言服务？

4.如何为客人提供叫醒服务？

5.如何为客人提供电话问讯服务？

三、案例分析

"请总机房的大姐小妹们，不要随随便便就把电话转到前台：问个地址，问个设施，问个房价，查个客人难道都不知道，都不会吗？所有做过前台的同仁们应该深有体会，当你手里同时忙着三件事情的时候，突然再来个电话，只是问一下房价、地址这样再简单不过的问题而已，这是什么打击啊？！"

思考题：

1.你同意上述观点吗？为什么？

2.有关客人的问讯，在总台和总机之间究竟应该如何划分？

四、实训项目

项目名称：总机服务。

练习目的：通过训练，使学生能掌握总机服务的内容、程序和注意事项，并能熟练地为客人提供总机服务。

实训内容：电话接转、电话留言、叫醒服务、电话查询。

测试考核：根据《前厅服务员国家职业标准》要求考核。

模块七
商务中心服务

Module Ⅶ　Business Center

　　为了满足客人的需要，现代酒店（尤其是商务型酒店）一般都设有商务中心（Business Center），为客人提供打字、复印、翻译、电子邮件及传真收发、文件核对、抄写、会议记录及代办邮件、打印名片等服务。

学习与训练总目标

- 了解并熟悉商务中心设施设备的配备。
- 了解并熟悉商务中心的工作环境。
- 掌握商务中心服务员的素质要求。
- 了解商务中心的服务项目。
- 熟练地提供各种商务中心服务。

项目一　认识商务中心

📖 **学习与训练子目标**

1.了解商务中心设施设备的配备要求。
2.熟悉商务中心的工作环境要求。
3.掌握商务中心服务员的素质要求和培训要求。

 案例导读

传真未及时收到

某五星级酒店的一位经商的住客弗兰克先生，一天下午14:45来到商务中心，告诉早班服务员小陈15:15将有一份发给他的加急传真，请收到后立即派人送到他房间或通知他来商务中心领取。15:15这份传真发到了商务中心。15:10时，中班服务员小张已经上班，15:15时早班小陈正向小张交代刚接收到的一份紧急文件的打印要求，并告诉她有一份传真要立即给客人送去，然后按时下班。恰巧在这时，有一位商务客人手持一份急用的重要资料要求打印，并向小张交代打印要求；此时又有一位早上打印过资料的客人因为对打印质量不满而向小张交代修改要求。忙乱之中，小张在15:40才通知行李员把传真给弗兰克先生送去。弗兰克先生拒绝收传真。他手指传真说因为酒店商务中心延误了他的传真使他损失了一大笔生意，并立即向大堂副理吴先生投诉。吴先生看到发来的传真内容是：如果下午15:30没有收到弗兰克先生发回的传真，就视作弗兰克不同意双方上次谈妥的条件而中止这次交易，另找买主。弗兰克自称为此损失了3万美元的利润，要求酒店或者赔偿他的损失，或者开除责任人。

知识点与技能点

商务中心（Business Center）是酒店为客人进行商务活动提供相关服务的部门。许多商务客人在住店期间要安排许多商务活动，需要酒店提供相应的信息传递和秘书等服务。为方便客人，酒店一般在大堂附近设置商务中心，专门为客人提供商务服务。

一、商务中心设备要求

商务中心需要配备的设备及用品主要有打印机（图7-1）、复印机、传真机（图7-2）、扫描仪、程控直拨电话、工作及客用电脑、网络设备，一定数量的办公桌椅和休息用沙发，一定数量的供客人查询用的有关书籍、刊物、报纸、指南、资料和其他信息，其他办公用品等。

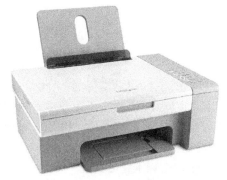

图7-1 打印机

图7-2 传真机

二、商务中心工作环境要求

（一）应便于住客寻找及与总台联系

商务中心一般设在一层的公共区域内，除了在商务中心处设有标记，还应在公共区域和走道等处挂有指示牌，以利于客人的寻找，从而迅速得到服务。同时，商务中心还应设在便于与总台联系的地方，以利于合理地互相利用现有设备，沟通有关信息，互相帮助及合理地调配人员。

（二）布局合理，设计周全

为了方便客人从事商务活动，商务中心应具备安静、舒适、优雅、干净等特点，让客人感到周围的环境赏心悦目，从而保持客人和服务人员良好的精神状态。一般来说，商务中心应以房间为单位来设计，可有一至数间不等，房间与房间可互通，可以让一位客人单独进行工作，也可以让几位客人在不受干扰的情况下各自进行工作。商务中心的秘书在为客人服务时，可与客人在休息处坐着进行，也可在工作台处坐着进行。

三、商务中心服务员的要求

（一）商务中心服务员的素质要求

① 气质高雅，有良好的外部形象。
② 性格外向，机智灵活，沟通能力强。
③ 工作认真、细致，有耐心。
④ 具有较高的文化程度和外语水平。
⑤ 具有熟练的电脑打字和操作技术。
⑥ 掌握旅游景点及娱乐等方面的知识和信息。
⑦ 熟悉酒店设施、服务项目。

（二）商务中心服务员的培训要求

由于商务中心工作的特殊性，在人员配备上要挑选一些优秀的服务人员来担任，在平时的岗位培训工作中尤其要突出以下几个方面：

① 服务态度；
② 各种服务项目的技能技巧；

③ 外语水平；

④ 商务等信息知识；

⑤ 秘书等工作知识；

⑥ 机器设备的良好使用习惯及清洁保养等。

四、商务中心的发展趋势

由于信息技术的飞速发展，越来越多的客人拥有自己的手机和手提电脑，在客房内也可以通过互联网直接订票，发送、接收电子邮件和传真，一些高档酒店还在其客房内配备了打印机、复印机和传真机，因而，客人对酒店商务中心的依赖程度将大大减少，使得商务中心的生意清淡，正如一些经营者的自嘲式感叹："我们商务中心设备齐全，唯一缺少的就是客人！"21世纪，酒店商务中心经营的重心和职能将作出如下转变。

（一）从提供商务服务，转向提供商务设施出租

酒店虽为客人在客房内提供了电话、互联网接口等设施和设备，但不可能在所有的房间内提供所有商务设备，为了方便客人在房内办公，可以根据客人需要，向客人出租传真机、手提电脑、扫描仪等商务设施。

（二）从商务服务的主要场所，转向商务技术支持和帮助的提供者

尽管越来越多的客人喜欢用自己的电脑在客房办公，但并非每一位客人都是电脑专家，而且，由于信息技术发展极快，人们很难赶上新技术发展的步伐，因此，在酒店中便从金钥匙（Concierge）的委托服务衍生出专为商务客人提供电脑技术服务的"技术管家"（Technology Butler）。一旦客人的笔记本电脑遇到麻烦或其他电子技术问题，这些电脑天才们可随叫随到，当即为客人排除"故障"，保证其能够顺利工作。著名的四季酒店集团（Four Seasons Hotel）和丽晶集团（Grand Regency Hotel）则创造出一个新名词——Compcierge，由电脑和金钥匙两个单词各取一半，拼购而成，意即"电脑金钥匙"，能高水平地解决客人遇到一切电脑问题。

（三）服务内容发生变化

从以打电话等电讯服务为主，转向以大批量复制、印名片、激光打印、四色打印、收发传真、翻译、票务服务、文本的高级装订及电脑技术服务为主。

（四）服务方式发生变化

从被动地在商务中心为客人提供服务，到主动为各类会议提供支持和帮助。为会议提供支持和帮助，是当今商务中心兴起的一个极为重要的新的服务领域。商务中心不能只是被动地等客上门，要更主动、热情、全面地为在酒店里举办的各类会议提供技术服务和其他各种劳务，如文本的打印、校对和复印等，当好主办单位的"秘书"。

项目二　了解商务中心的服务项目

📖 **学习与训练子目标**

1. 了解商务中心的服务项目。
2. 熟悉各种服务项目的程序要求。
3. 掌握订票服务程序。

 案例导读

车票日期订错了

下午16:00，大堂副理小周处理完意见投诉回到大堂，总台有人告诉她，大堂吧有一位姓郭的客人一直在等她，说是一定要见大堂副理。小周立即迎了上去，郭先生非常生气地说：他前天入住时在商务中心订了3张今天下午15:26回上海的火车票。酒店昨天把票交给他，他未查验，直到今天下午去火车站，才发现酒店给他订的是昨天下午15:26的车票，他要求酒店赔偿损失。由于酒店本身并没有票务人员，均是委托中旅票务中心代订，如果确定是中旅票务中心出的差错，那么损失就得由他们承担。小周请郭先生先别着急，在大堂吧休息片刻，她马上着手调查此事。她找到商务中心的小郑，恰好前天当班的也是小郑。她记得那天的情景，然而究竟订的是哪天的票，她记不清楚了。小周要求小郑立即将订票的存根联找出来，一查就会明白真相，谁知小郑找了半天却说找不到了。

【解析】

（1）酒店服务员在受理客人订票委托时，应当请客人自己填写订票委托单并签字认可。如果客人要求服务员代填订票委托单，服务员应根据客人的陈述仔细填写，然后向客人复述要点，请客人核实后签名认可。

（2）店外票务代办机构送票时，酒店应核对所收到的票是否与订票委托单一致，准确无误后，登记签收，以明确送票、收票的时间和出现差错的责任，避免合作中的纠纷，杜绝因票务问题而影响客人行程的问题。

（3）订票客人取票时，服务员应请客人再核对一遍，并在票务登记簿上签字。

（4）酒店服务人员应当做好各项委托单据的登记存档工作，一旦出现差错应立即对责任人进行惩罚并改善管理，以避免同类事情再次发生。

商务中心服务内容包括打字、复印、传真、会议服务（包括会议室出租、会议记录等）、翻译、票务、Internet服务、委托代办、办公设备出租等业务。各项业务相差很大，但其服务程序却有许多共同点，概括起来其服务程序可分为迎客、了解客人需求、介绍收费标准、业务受理、结账和送客6个方面。

任务一　打印、复印和传真服务

一、打印服务程序

打印，是商务中心常见的服务项目，客人往往要求将写好的文稿用电脑打印成字迹清楚的印刷体文件。其服务程序如下。

（1）主动迎接客人；

（2）了解客人的要求；

（3）接收打印；

（4）校稿；

（5）交件收费；

（6）送客。

二、复印服务程序

复印，是将客人交给的文稿按其要求用复印机进行复制，其服务程序如下。

（1）主动迎接客人。

（2）了解客人的要求　向客人问清复印的数量和规格，并介绍复印收费标准。

（3）复印　调试好机器，首先复印一份，征得客人同意后，再按要求数量进行复印。

（4）交件收费　将复印文件装订好后，连同原稿一起双手送给客人，然后按规定价格计算费用，办理结账手续。

（5）送客。

三、传真服务程序

传真服务可分为发送传真和接收传真两种服务。

（一）发送传真服务程序

（1）主动迎接客人。

（2）了解其发送传真的有关信息。主动向客人问清传真要发往的国家和地区，并认真核对发往国家和地区的电话号码。

（3）主动向客人介绍传真收费标准。

（4）发送传真。认真核对客人交给的稿件，将传真稿件装入发送架内，用电话机拨通对方号码，听到可以传送的信号后，按发送键将稿件发出。

（5）结账。

（6）将原稿送还客人，按规定办理结账手续。

（7）向客人致谢道别。

案例链接

刘先生拿着那份密密麻麻、才整理好的数据单匆匆来到酒店商务中心，还有一刻钟总公司就要拿这些数据与另一家公司谈生意。"请马上将这份文件传去北京，号码是……"刘先生一到商务中心直接将数据单交给商务文员要求传真。商务文员一见刘先生的紧张样，拿起传真件便往传真机上放，一番熟练的操作之后，很快将数据单传真过去，而且传真机打出报告单为"OK"，刘先生直舒一口气，一切搞定。

第二天，商务中心刚开始营业，刘先生便气冲冲地赶到，开口便抱怨："你们酒店是什么传真机？昨天传出的这份文件一片模糊，一个字也看不清。"商务文员接过刘先生手中的原件，只见传真件上写满了蚂蚁大小的数据，但能看清。而酒店的传真机一直是好的，昨天一连发出20多份传真件都没有问题，为什么刘先生的传真件会是这样的结果呢？

对于一些字体太小、行间间隔太近的文件要求传真时，服务员一定要注意提醒客人，再清晰的传真机也传不清楚此类文件。所以商务中心服务员对每份要传真的文件要大体看一下，如有此类情况当首先提醒客人，可以采取放大复印再传出的办法来避免传真件模糊不清。同时，要将传真调至超清晰的位置，尽量放慢传真的速度，以提高其清晰度。如果服务员注重了细节，事先查看了传真件，相信一个不必要的投诉就在自己一瞥中避免了。

（二）接收传真服务程序

接收传真分为两种情况，一是客人直接到商务中心要求接收传真；二是接收到传真，要将传真送交客人。对第一种情况，接待员应主动热情地帮助客人，并按规定收取费用。对第二种情况，其服务程序如下。

1.接收传真

接到对方传真要求，给出可以发送的信号，接收对方传真。

2.核对传真

认真检查传真的字迹是否清楚，页面是否齐全，然后核对传真上客人的姓名、房号，填写传真接收记录，将传真装入传真袋。

3.派送传真

通知客人取件，或派行李员送交传真。行李员送交传真的程序是：将传真及传真收费通知单交给行李员（有时交给楼层服务员），请行李员在传真取件单上签名，由行李员将传真交给客人，并请客人付款或在收费通知单上签名。

4.账务处理

按规定办理结账手续。

任务二　订票服务

订票服务，是指酒店为客人提供订购飞机票、火车票等服务，其服务程序如下。

一、主动迎接客人

二、了解订票信息

向客人了解并记录订购飞机票（或火车票）的日期、班次、张数、到达的目的地及坐席要求。

三、了解航班（车次）情况

向相关票务中心了解是否有客人需要的飞机票（火车票）。如没有，则须问清能订购的最近日期的票，并向客人进行推荐。

四、订票

向客人介绍服务费收费标准、票价订金收取办法。当客人确定航班后，查阅客人证件的有效签证和期限，请客人在订票单上签字并收取订金，向客人说明最早的拿票时间。送走客人后，向相应票务中心订票。

五、送票

拿到票务中心送来的飞机票（火车票）后，根据订票单上的房号或客人的通信地址通知客人取票，并提醒客人飞机起飞（火车开车）时间。对重要客人，由行李员送交客人。

六、按规定办理结账手续

七、向客人致谢道别

任务三　互联网服务

随着互联网的发展，上网、收发电子邮件的业务越来越普遍。互联网服务就是指为客人收发电子邮件、提供计算机上网等电子商务服务，其中发电子邮件是比较常见的服务，其服务程序如下。

一、主动迎接客人

二、了解邮件相关信息

向客人详细了解收件人的E-mail（电子邮箱）地址、客人发送的信件内容和有无附件以及附件的录入方法。同时向客人介绍收发电子邮件的收费方法。

三、邮件发送

启动计算机，连接互联网，打开电子信箱，输入收件人的E-mail地址及信件内容。如有附件，则加入附件内容，点击"发送"。需要注意的是，当信件或附件是客人提供的软盘时，首先应对软盘进行杀毒处理。

四、按规定办理结账手续

五、向客人致谢并道别

任务四　翻译服务

翻译，一般分为笔译和口译两种，两种服务除服务内容和收费计算方式有所区别外，其服务受理程序基本相同。笔译服务的程序如下。

一、主动迎接客人

二、向客人了解翻译的相关信息

向客人核实要翻译的稿件，问明客人的翻译要求和交稿时间；迅速浏览稿件，对不明或不清楚的地方应礼貌地向客人问清。

三、翻译受理

向客人介绍翻译的收费标准。当客人确定受理时，记清客人的姓名、房号和联系方式，礼貌地请客人在订单上签字并支付翻译预付款。送走客人后，联系翻译人员翻译文稿。

四、交稿

接到翻译好的文稿后通知客人取稿。如客人对稿件不满意，可请译者修改或与客人协商解决。

五、办理结账手续

六、向客人致谢并道别

任务五　会议室出租服务

中华人民共和国《旅游涉外饭店星级的划分及评定》规定，四、五星级酒店商务设施应有可以容纳不少于10人的会议室。会议室服务包括会议室出租及客人会议洽谈期间的服务两部分。其服务程序如下。

一、主动迎接客人

二、了解会议需要的相关服务

向客人详细了解会议室使用的时间、参加的人数、服务要求（如坐席卡、热毛巾、鲜花、水果、点心、茶水、文具等）、设备要求（如投影仪、白板等）等信息。

三、出租受理

主动向客人介绍会议室的出租收费标准。当客人确定租用后，按规定办理会议室预订手续。

四、会议室准备

提前半小时按客人要求准备好会议室，包括安排好坐席、文具用品、茶具用品、茶水及点心，检查会议设施、设备是否正常。

五、会议服务

当客人来到时，主动引领客人进入会议室，请客人入座；按上茶服务程序为客人上茶；会议中每隔半小时为客人续一次茶。如客人在会议中提出其他商务服务要求，应尽量满足。

六、结账

会议结束，礼貌地送走与会客人，然后按规定请会议负责人办理结账手续。

七、向客人致谢并道别

八、打扫会议室

思考与训练

一、单项选择题

1.商务中心提供的服务不包括_____。

A.打印、复印服务　　　B.翻译服务　　　　　C.客房预订　　　　D.票务代订服务

2.关于商务中心，下列说法错误的是_____。

A.酒店一般在大堂附近设置商务中心，专门为客人提供商务服务

B.商务中心应具有安静、舒适、优雅、干净等特点

C.商务中心文员应掌握机器设备的操作及清洁保养

D.现在客人对商务中心的依赖越来越大

二、问答题

1.如何成为一名优秀的商务中心文员？

2.商务中心未来发展的趋势如何？

3.商务中心提供的服务项目有哪些？

4.如何为客人提供订票服务？

三、案例分析

传真发出了吗？

一天早上，南京一家酒店的商务中心刚刚开始工作，一位加拿大籍住店客人满面怒容地走进商务中心，"啪"的一声将一卷纸甩在桌子上，嚷道："我昨天请你们发往美国的传真，对方为什么没有收到？小姐，你想想，要是我的客户因收不到传真，影响同我们签订合同，几十万美元的损失谁来承担？"

接待客人的是上早班的宋小姐。面对怒气冲冲的客人，她从容不迫，态度平静，然而却迅速仔细地审核了给客人发传真的回执单，所有项目显示传真已顺利发到美国了。凭着多年的工作经验，她知道，如果客人的传真对方没有收到，责任不在我店。怎么办呢？当面指责客人？不能！因为客人发现对方没有收到传真来提批评意见，也在情理之中。宋小

姐脑子飞快地转动，很快"灵机一动，计上心来"。

只见她诚恳而耐心地对客人说："先生，您且息怒。让我们一起来查查原因。就从这台传真机查起吧。"客人欣然表示同意。宋小姐仔细地向客人解说了这台传真机自动作业的程序，并当场在两部号码不同的传真机上作示范，准确无误地将客人的传真从一台传到另一台上，证明酒店的传真机没有问题。客人比较了两张传真，面色有所缓和，但仍然心存疑虑道："不过，我的那份传真对方确实没有收到呀！"为了彻底消除客人的疑虑，宋小姐主动建议："先生，给美国的传真再发一次，发完后立刻挂长途证实结果，如果确实没有发到，传真、长途均免费，您说好吗？"客人点头同意了。传真发完后，宋小姐立刻为客人接通了美国长途，从客人脸上露出的笑意可以知道：传真收到了！

客人挂完电话，面带愧色地对宋小姐说"小姐，我很抱歉，刚才错怪了你，请你原谅。谢谢你！谢谢你！"宋小姐面带微笑地答道："没关系，先生，这是我们应该做的。"最后，客人愉快地支付了重发的费用，满意而去。

本案例中酒店商务中心宋小姐对客人反映传真没有发出去的意外事件，采取了正确的态度和恰当的处理方法，从而取得了令客人满意的结果。

首先，宋小姐面对客人上门指责的突发事件，沉着冷静，迅速仔细地审核了传真回执单所有项目并确认无误后，确定了责任不在酒店的结论，心里有了底数。

思考题：

1.提供各种商务中心服务时应注意什么？

2.谈谈一名优秀的商务中心服务人员应该具备哪些素质要求？

四、实训项目

项目名称：商务中心服务。

练习目的：通过训练，使学生能掌握商务中心服务的内容、程序和注意事项，并能熟练地为客人提供各种商务中心服务。

实训内容：商务中心服务。

测试考核：根据《前厅服务员国家职业标准》要求考核。

模块八
收银服务

Module Ⅷ　Cashier Service

　　收银服务（Cashier Service）是酒店服务的核心内容，收银员在为客人办理退房结账时，还应征求客人对酒店的意见，良好、快速的服务和临别问候将会给客人留下美好的最后印象。

学习与训练总目标

- 了解一次性结账及其优、缺点。
- 掌握各种付款方式的操作流程。
- 了解外币现钞种类及外币兑换的相关知识。
- 了解贵重物品寄存与保管的相关内容。
- 掌握结账退房服务程序。
- 熟悉结账服务过程中常见问题的处理方法。

项目一 控制客账

 案例导读

一次恶意逃账

星期五晚7时，N酒店703房入住一位客人方先生，预计入住3天。登记时方先生称自己证件遗失，但记得证件号码，接待员也就给其办理了住店手续，预付方式为一张空白支票。星期六上午，方先生到商场部询问是否可以签单一次性结账，得到肯定的答复后，方先生向售货小姐提出要购买20条中华香烟，称公司要送人，该小姐得知703房间方先生的结账方式为押一张空白支票后，向收银员电话挂账，随即为客人办理了签购手续；中午客房服务员为703房清理房间时发现客房的Mini-bar全部消耗完了，服务员立即将Mini-bar补充配备齐。星期日上午，方先生又打电话要求商场部为其准备50条香烟，售货小姐又按照原程序为其办理了签购手续，客房中心也再次为该房配备了Mini-bar。中午12时30分，703房方先生与另外一人到酒店中餐厅消费，点菜时均要了酒店最高档的菜肴，并要服务员将一部分打包。当天，餐厅经理发现消费不正常后向大堂经理汇报，查房已无行李。

星期一，信用组到银行查验支票，被告知该支票为空头支票，登记单上，身份证号码少了1位数。后经确认为恶意逃账。

【解析】

酒店提供给客人一次性结账方式后，就需要对客人入住预付方式与住店客人资信加强日常控制。酒店对入住客人最高赊欠额（House Credit Limit）要有明确规定，每日对超过限额的住店客人消费，通过查验住店客人消费状况、客史档案及预付方式（如，查验支票开户单的银行存款、信用卡的预先授权等），开展客人信用等级核查工作，建立异常消费的"预警"系统，防范逃账情况的发生。酒店各营业点也应加强防范恶意消费的意识，及时传递异常信息，尽量降低酒店的逃账损失。

前厅收银处（Cashier）又称总台收银处，设在酒店大堂，与总台接待处、问讯处相邻。收银处每天负责核算和整理各业务部门收银员送来的客人消费账单，为离店客人办理结账退房手续，编制各种收银报表，及时反映酒店营业情况。从业务性质来看，总台收银一般由财务部门管理，但由于它又处于接待客人的第一线，所以行政上由前厅部负责。

根据酒店的实际情况，收银处工作职责可能略有不同，主要包括：

第一，负责客账控制及营业报表的编制工作；

第二，负责客人贵重物品的寄存与保管；

第三，负责办理外币兑换业务及信用卡服务。

任务一　熟悉酒店的结账方式

一、一次性结账

星级评定标准明确规定：三星（含三星）以上的酒店，都应采用（除商品外）一次性结账方式。所谓一次性结账就是酒店根据信用政策及客人资信情况的不同，给予客人相应的短期限额的签单授权，由客人签认的消费凭单转至总台并记入客账，待客人离店时一次性付清所欠账款的一种结账方式。

由于酒店内前台、餐厅、娱乐等收银点的电脑系统联网，客人可以凭房卡等有效证明在规定的信用限额（House Credit Limit）下在各收银点内以签单挂前台客账的方式结账。签单授权方便了客人，实现了"多点消费，统一结账"的管理模式。酒店采用一次性结账方式一方面为客人在店内消费提供了方便，另一方面从一定程度上促使客人消费，增加了酒店的营业收入。

采用一次性结账，每个酒店都会碰到跑账、漏账等问题。如何有效采用一次性结账方式，首先要解决好各种消费信息的及时收集问题。

前厅收银处是客人办理一次性结账的场所，要随时收集各种消费信息，并及时、准确地入账。酒店一般使用以下几种信息传递方式。

（一）人工传递信息

人工传递信息是指客人在各部门的消费凭单等需要由专人传递至总台收银处，这是酒店最基本的信息传递方式，因为消费凭单上有些内容是用其他办法无法传递的，例如客人签单字迹就是没法用电话、电脑传递到总台收银处的。不过，人工传递信息的速度慢，因此一般酒店不可能安排专人在收到每一张消费凭证后立即送往总台收银处。信息传递慢，会影响入账工作，导致跑账、漏账情况的发生。

（二）电话传递信息

电话传递信息是指通过电话方式快速及时地把有关客人的消费信息传递给总台收银处。该方法是解决人工传递信息慢的最好办法，但是它不能提供原始的消费凭证，而且可能会在记录信息时出现差错而无法核对，所以电话传递信息可以作为信息传递的一种辅助方法。

（三）电脑传递信息

电脑传递信息是指用网络将各个营业网点的终端联结起来，消费信息可通过电脑终端直接传送到客人相应的账户中。使用电脑传递信息速度快，不受地点限制，特别是在当前电脑普及的条件下，无疑是信息传递中最佳的一种方法。但是，客人的原始凭证还需送至前台收银处，作为客人提出异议时的凭据。

二、即时消费结账

即时消费是指客人临近退房前的消费费用，因转送到收银处太迟而没能赶在客人退房前及时入账。酒店须建立一套高效的、多功能的账务处理系统，来确保客人在酒店内部各个部门的消费账单能尽快传到前厅收银处。在采用电脑操作管理的酒店，类似问题一般不会出现，而对于采用手工转账的酒店，及时核查即时消费，确保不产生漏账损失是一件重要工作。通常做法是，客人结账时，收银员应礼貌地询问宾客是否有即时消费，或者直接电话询问易产生即时消费的消费点，如总机、餐厅、商务中心等。这种做法一方面取决于客人的诚信度，另一方面，当面与客人核查费用问题，让客人产生不信任感，影响客人对酒店的印象。而且，在客人结账时去核查消费会耽误太长时间，影响工作效率，引起客人的不满。所以酒店须指定一个大致适当的比例，作为客人即时消费带来的损失，该损失由酒店承担。

三、快速结账（Express Check out）

酒店一般规定退房结账的最后时间为中午12点，在此之前通常结账客人比较集中，为了避免客人排队等候，或缩短客人的结账时间，酒店可以提供快速结账服务。大致分为两种模式：客人房内结账和客人填写《快速结账委托书》办理结账手续。

（一）客人房内结账

客人房内结账的前提是，前厅电脑系统与客人房间的电视系统联网，客人通过电视机显示器查阅账单情况，并通知收银处结账。如果客人使用信用卡，收银员可以直接填写签购单，不需要客人到前台去。如客人使用现金，则必须到前厅收银处结账，因为付现金的客人还没有与酒店建立信用关系，故电脑管理系统控制程序不容许现金付款的客人采取房内结账。一般情况下，房内结账只对信誉较好、采用信用卡结算的客人提供。

图8-1　快速结账专用盒
（Express Checkout）

（二）通过填写《快速结账委托书》结账

对于有良好信誉的使用信用卡结账的客人，酒店为其提供此项快速结账服务：客人离店前一天填写好《快速结账委托书》，然后将《快速结账委托书》及房卡放入前台快速结账的盒子里（图8-1），允许酒店在其离店后办理结账手续。收银员核对委托书的签名与客人签购单、登记表上的签名是否一致，在客人早晨离店时只向客人告知应付费用的大致金额即可，在客人离店后，在不忙的时间替客人办理结账手续，事后按照客人填写的地址将账单收据等寄给客人。

任务二 了解客账控制的流程

一、客账处理的要求

（一）账户清楚

客人在入住之后，开始在酒店各营业场所进行消费。通常酒店都允许宾客在逗留期间将他们在酒店的消费计入其客房账户之中，因此前台接待处给每位登记入住的宾客设立一个账户，供收银处登录该宾客在酒店入住期间的房租及其他各项花费。宾客账户是编制各类营业报表资料的来源之一，也是宾客离店时结账的依据。酒店使用的账户主要有6种，包括散客账户、团体账户、非住客账户、编制账户、永久性账户以及特别账户。清晰的账户是正确计算宾客账目的前提条件。宾客账户包括房号、姓名、付款方式以及宾客在酒店各营业场所的消费项目、日期等内容，用于前厅收银处登录宾客花费情况。

（二）转账迅速

宾客一般入住时间短，费用项目多，这就要求转账应迅速。宾客在每一个营业场所的花费就形成一个分账户，如餐厅分账户、康乐分账户、洗衣分账户等，宾客的账单就是由各营业场所的分户结账单组成的。收银处根据各营业场所送来的结账单将花费登录到宾客的账户中，有关营业部门应把宾客每次与酒店发生的销售交易消费凭证送往前厅收银处，以便及时、正确地计入宾客账户。结账单上方的抬头部分应注明宾客姓名、房间号码，其余部分用来记录影响账目余额的各项消费内容。各营业部门必须按规定的时间将宾客账单送往前厅收银处，防止跑账、漏账。

目前，绝大多数的酒店采用电脑联网收银系统，宾客在酒店任何部门的花费，只需要各营业点的收银员将账目输入联网的电脑软件中，前台软件系统就能即时显示宾客当时的支付款项，避免了漏账现象，大大提高了工作效率。

（三）记账准确

宾客在入住期间的花费采取依日累计的方法，每日结算一次，宾客离店时，只要将结算值再加上当日的房费即可，这样可以大大提高宾客离店时结账的效率。这就要求各营业点的收银员在记录或是登记入账时做到认真仔细、准确无误，特别是宾客房号、姓名、消费日期与时间、消费项目与金额等更应该详细记录，以减少结账错误给酒店与宾客带来的不利影响。

二、客账控制流程

（一）建账（Creation of Account）

前厅接待处为客人办理完入住登记手续后，将入住登记表的其中一联（财务联）移交给前厅收银处，作为建立客账的原始凭证，收银员以此收取押金和建立客户账单。账户建立是记账、入账的第一步，它记录宾客在店内的消费账目。账户所包含的一般信息有宾客姓名、房间号、消费场所、账单号、消费摘要、签字等。在酒店与宾客交易中，酒店会实时地向宾客收账。酒店使用的账户通常有以下六种。

1.散客账户

散客账户也称为个人账单、客房账单、宾客账单，它是为每一位散客设立的账户，其作用是记录他们和酒店之间发生的会计事务。

2.团体账户

团体账户又称为团队账单，它是团体使用的账户，一般多用于多数团队和会议的记账服务。对于团体住客，一般应设公账账户（也称主账户）和私账账户（也称杂费账户）两个账户。公账账户用于记录团体的集体消费账目，由旅行社或接待单位付款。私账账户用于记录团队中的个人消费，由宾客个人支付。

3.非住客账户

非住客账户，也称为工作账户（House Account）或假房（Pseudo），即为非住店客人在店内消费建立的账户。这些宾客一般包括健身房成员、企事业客户或是当地政要等。非住客账户号在账户建立时确定，当收银员向非住客账户收费时，必须要求宾客出示账户卡，以确认转账有效。

4.编制账户

编制账户又称为控制账单，用于酒店各营业部门跟踪转账至其他账单（个人、团体、非住客或员工账单）的所有事务。例如，住店散客在餐厅吃饭，其花费总额将转账至对应的个人账单，与此同时，该总额又将作为餐厅延迟付款转账至对应的控制账单。

5.永久性账户

永久性账户是与酒店有业务合同的信用卡公司账户，用来跟踪由信用卡公司结算宾客的账单余额。酒店将为每个和它有合同付款程序的实体建立一个永久账户。如果宾客要求其账单余额通过一张可接受的信用卡支付，则将宾客余额转账至对应的永久账户。

6.特别账户

特别账户是为提供一些特别服务而设立的账户。

（二）入账（Posting）

入账也叫抛账、过账和记账，指根据凭单上的消费内容、金额切实记入该房号客账的相应栏目中。建立客人的账户后，酒店就应当及时、准确地将客人在各营业点的消费情况分门别类地记录到客人账户中。在电脑化管理下，各联网收银点的挂账均由电脑自动记入前台总账，未联网收银点的客人消费、客人预订押金、结算付款的记录一般由前台收银员负责手工录入。

（三）夜审（Night Audit）

夜审（Night Audit）又称为夜间稽核，是在一个营业日结束后，对所有发生的交易进行审核、调整、对账、计算并过入房租，统计汇总，编制夜审报表，备份数据，结转营业日期的一个过程。除了上述任务以外，夜审工作还包括确认未到预订、检查应离未离客房、办理自动续住、解除差异房态、变更房间状态、过夜租、每日指标及营业报表等。夜审的工作内容与步骤如下。

1.检查前厅收银处工作

夜审人员上班后首先要接管收银员的工作，做好工作交接和钱物清点工作，然后对全天收银工作进行检查。

（1）检查收银台上是否有各部门送来的尚未输入宾客账户的单据，如有则进行单据输入，并进行分类归档。

（2）检查收银员是否全部交来收银报表和账单。

（3）检查每一张账单，看房租和宾客的消费是否全部入账，转账和挂账是否符合制度手续。

（4）将各类账单的金额与收款报告中的有关项目进行核对，检查是否相符。

2.核对客房出租单据

（1）打印整理出一份当天"宾客租用明细表"，内容包括房号、账号、宾客姓名、房租、抵离日期、结算方式等。

（2）核对"宾客租用明细表"中的内容与收银处各个房间记账卡内的登记表、账单是否存在差错。

（3）确定并调整房态。

3.房租过账

经过上述工作，确认无误后通过电脑过账功能将新一天的房租自动记录到各住客的宾客账户中，或者手工过入房租。房租过账后，编制一份房租过账表，并检查各个出租客房过入的房租及其服务费的数额是否正确。

4.对当天客房收益进行试算

为确保电脑的数据资料正确无误，有必要在当天收益全部输入电脑后和当天收益最后结账前，对电脑中的数据进行一次全面的查验，这种查验被称为"试算"。试算分以下三步进行。

（1）指令电脑编印当天客房收益的试算表，内容包括借方、贷方和余额三部分。

（2）把当天收银员及营业点交来的账单、报表按试算表中的项目分别加以结算汇总，然后分项检查试算表中的数额与账单、报表是否相符。

（3）对试算表中的余额与住客明细表中的余额进行核对，如果不等，则说明出现问题，应立即检查。

5.编制当天客房收益终结表

客房收益终结表也称结账表，此表是当天全部收益活动的最后集中反映。此表一编制出来，当天的收益活动便告结束，全部账项即告关闭。如果在打印终结表后再输入账据，只能输入到下一个工作日里。

6.编制借贷总结表

借贷总结表是根据客房收益终结表编制的，是列示当天客房收益分配到各个会计账户的总表，此表亦称会计分录总表。编制完借贷总结表，夜审工作就算结束了。

夜审的由来

夜审是一个酒店行业特有的职业，特有在其工作时间是在夜间。过去在我国的酒店、宾馆没有这个工作岗位，通过国际管理集团引进了这一岗位和工作概念，现在这一职位已经在我国的酒店行业普遍采用。

夜审的工作目标是对于酒店各项营业收入和各个收银点上交的单据、报表，根据酒店制定的各项政策，进行细致查对、纠正错弊、追查落实责任，以保证当天收益的真实、正确、合理和合法。

由于酒店业务的不间断性，夜间是保证这项工作顺利进行的最佳时间。这项工作在夜间完成以后，又能使第二天一早上班的各级管理人员，能够在第一时间了解过去一天的收益情况。鉴于以上两个原因，酒店的这项收益稽核工作一直在夜间进行，这也是这项工作名称的来历。

（四）结账（Settlement）

客人离店前，都需到总台收银处办理结账手续（使用快速结账者除外），无论采取何种方式结账，收银员主要围绕以下三方面进行工作：

第一，了解客人最新消费情况；

第二，结算账户余额；

第三，根据不同方式结清账款。

（五）缴款制表

1.清点现金

总台收银员班次结束前，应清点各种现金，包括备用金、剩下的现金、信用卡签购单、支票和其他可转换款项（如现金预支凭单）等，并放入缴款袋（表8-1）。

表8-1　缴款袋

<table>
<tr><td colspan="5" align="center">收款员缴款袋</td></tr>
<tr><td colspan="5">收款日期　　　　　　　年　　月　　日</td></tr>
<tr><td colspan="5">收款人姓名_____</td></tr>
<tr><td colspan="5">营业部门_____</td></tr>
<tr><td colspan="5">值班时间　　自　午　　时　　分至　　午　　　时　　分</td></tr>
<tr><td colspan="5" align="center">二、本袋内装现金</td></tr>
<tr><td colspan="5" align="center">人民币</td></tr>
<tr><td>100元券</td><td></td><td></td><td>5角券</td><td></td></tr>
<tr><td>50元券</td><td></td><td></td><td>2角券</td><td></td></tr>
<tr><td>10元券</td><td></td><td></td><td>1角券</td><td></td></tr>
<tr><td>5元券</td><td></td><td></td><td>1元币</td><td></td></tr>
<tr><td>2元券</td><td></td><td></td><td>5角币</td><td></td></tr>
<tr><td>1元券</td><td></td><td></td><td>1角币</td><td></td></tr>
<tr><td>小计</td><td></td><td></td><td>小计</td><td></td></tr>
<tr><td colspan="5" align="center">二、本袋内装其他票据</td></tr>
<tr><td colspan="2" align="center">票据</td><td colspan="2" align="center">信用卡</td><td></td></tr>
<tr><td>支　票</td><td></td><td>VISA</td><td></td><td></td></tr>
<tr><td></td><td></td><td>Master</td><td></td><td></td></tr>
<tr><td></td><td></td><td>American Express</td><td></td><td></td></tr>
<tr><td></td><td></td><td>JCB</td><td></td><td></td></tr>
<tr><td></td><td></td><td>Diners Club</td><td></td><td></td></tr>
<tr><td>小　计</td><td></td><td>小　计</td><td></td><td></td></tr>
<tr><td>人民币长款</td><td></td><td>人民币短款</td><td></td><td></td></tr>
<tr><td colspan="5">内附：收款员日报表一份
领班收款员　　　　　　　　　　　　收款员</td></tr>
</table>

2.整理单据

将离店结账的账单：按照"现金结算"、"支票结算"、"信用卡结算"、"挂账结算"等类别分别汇总整理。检查各类凭单、发票、电脑账单、登记单是否齐全。将入住、预订客人的押金、订金单据汇总整理。

3.编制收银报表

总台收银员班次结束前，应根据本班所有收入填制总台收银报表。总台收银报表主要是总台收银员收入明细表和收银员收入日报表。收银员收入日报表一联与钱款经旁证复核，装入缴款袋；另一联与总台收银员收入明细表及结账账单留存联、预付款单财务联交夜间稽核，并在旁证的陪同下，把缴款袋投入指定的保险箱。

任务三　掌握宾客付款方式

常见的付款方式主要有现金支付、信用卡支付、支票支付和转账支付等。除此以外，还有特殊的结算方法，如旅行社结算凭单支付、甲客人代乙客人支付等。各种付款方式的具体操作程序如下。

一、现金支付（Pay in Cash）

现金支付是最普遍的付款方式之一，也是最受酒店欢迎的结算方式。现金支付的客人必须使用人民币进行结算，如客人只有外币，应请客人先办理外币兑换（Foreign Currency Exchange），再付款结算。采用现金支付时，收银员应注意以下几点。

第一，检查大面额现钞，以防有假。

第二，注意防范不法分子以找零钱为借口，谋取非法利益。

鉴定人民币真伪的方法

直观地鉴定人民币真伪，可以将其归纳为"一看、二摸、三听、四测"。详见图8-2。

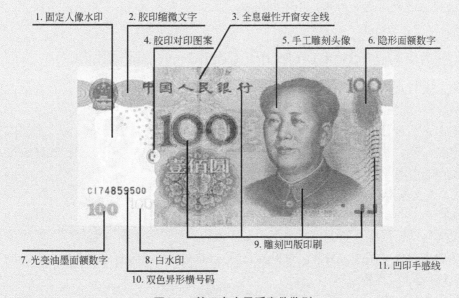

图8-2　第五套人民币真伪鉴别

1. "一看"

第一是看水印。把人民币迎光照看，10元面额以上人民币可在水印窗处看到人头像或花卉水印，5元纸币是满版古币水印。假币水印一种为浅色油墨印盖在币纸正面或背面，还有一种假币水印是将币纸揭层后，在夹层中涂上白色糊状物，再在上面压盖上水印印模。真币水印生动传神，立体感强；假币水印缺乏立体感，多为线条组成，或过于清晰，或过于模糊。第二是看安全线。第四套人民币1990版50元、100元钞票在币面右侧有一条清晰的直线。假币的"安全线"或是用浅色油墨印成，模糊不清，或是手工夹入一条银色塑料线，容易在币纸边缘发现未经剪齐的银白色线头。第五套人民币的安全线有微缩文字，假币仿造的文字不清晰，线条活动易抽出。第三是看钞面图案。色彩是否鲜明、线条是否清晰、对接线是否对接完好，无留白或空隙。

2. "二摸"

由于5元以上面额人民币采取凹版印刷，线条形成凸出纸面的油墨道，特别在盲文点、"中国人民银行"字样、第五套人民币人像部位等。用手指抚摸这些地方，有较明显的凹凸感，较新钞票用指甲划过时有明显阻力。目前收缴到的假币是使用胶版印刷，平滑、无凹凸手感。

3. "三听"

人民币纸张是特制纸，结实挺括，较新钞票用手指弹动会发出清脆声响。假币纸张发软、偏薄，声音发闷，不耐揉折。

4. "四测"

用简单仪器进行荧光检测，一是检测纸张有无荧光反应，人民币纸张未经荧光漂白，在荧光灯下无荧光反应，纸张发暗；假币纸张多经过漂白，在荧光灯下有明显荧光反应，纸张发白发亮。二是人民币有一到两处荧光文字，呈淡黄色，假人民币的荧光文字光泽色彩不正，呈惨白色。

二、信用卡支付（Pay by Credit Card）

信用卡支付是持卡人赊购商品和服务、记账付款的一种信用工具，具有安全方便的特点，也是一种比较常见的付款方式。

信用卡是由银行或信用卡公司提供的一种供宾客赊欠消费的信贷凭证，上面印有持卡者的姓名、号码、初签等。中国银行自1981年4月起，先后与一些代理行签订协议，代兑由它们发行的信用卡。

（一）五大国际信用卡品牌

1. 维萨卡（Visa）

Visa是全球最负盛名的支付品牌之一（图8-3），是世界上覆盖面最广、功能最强和最先进的消费支付处理系统。目前，全世界有超过2000万个特约商户接受Visa卡，还有超过84万个ATM遍布世界各地。

2. 万事达卡（Master）

万事达国际组织于20世纪50年代末至60年代初期创立了一种国际通行的信用卡体系，旋即风行世界。1966年，组成了一个银行卡协会（Interbank Card Association）的组织，1969年银行卡协会购下了MasterCharge的专利权，统一了各发卡行的信用卡名称和式样设计（图8-4）。随后十年，MasterCharge改名为MasterCard。

图8-3　Visa（维萨）卡标志

图8-4　Master（万事达）卡标志

3. 美国运通卡（American Express）

美国运通公司自1958年发行第一张运通卡（图8-5）以来，迄今为止运通已在68个国家和地区以49种货币发行了运通卡，构建了全球最大的自成体系的特约商户网络，并拥有超过6000万名的优质持卡人群体。

4. 大莱卡（Diners Club）

1950年春天，麦克纳马拉与他的合伙人施奈德合伙投资，在纽约注册成立了第一家信用卡公司——"大莱俱乐部"（Diners Club International），后改组为大莱信用卡公司。大莱俱乐部实行会员制，向会员提供一种能够证明身份和支付能力的卡片。最初他们与纽约市的14家餐馆签订了受理协议，并向一批特定的人群发放了"大莱卡"（图8-6）。会员凭卡可以在餐馆实行记账消费，再由大莱公司作为支付中介，延时为消费双方之间进行账务清算。信用卡的雏形由此诞生。

图8-5　American Express
（美国运通）卡标志

5. JCB信用卡

JCB卡（图8-7）和大莱卡是日本信用卡产业发展史上发行最早的两个卡品牌。当时美国的大莱信用卡公司于1960年在日本成立了日本大莱信用卡公司，主要向当地的高端客户发行大莱卡，发卡量微乎其微。JCB成立之后，决定选择与大莱发行的高端用户卡不同的道路，把卡片定位于大众化的JCB卡。

图8-6　大莱卡标志

图8-7　JCB卡标志

（二）我国主要信用卡种类

① 中国银行长城卡；

② 中国工商银行牡丹卡；

③ 中国农业银行金穗卡；

④ 中国建设银行龙卡；

⑤ 中国交通银行太平洋卡。

（三）信用卡支付的注意事项

随着信用卡用户的增多，为了保证酒店利益，前台收银员在接受客人信用卡支付时要特别注意以下几个方面。

① 核对客人持有的信用卡是否是本酒店可接受的信用卡。

② 检查信用卡的有效日期和外观是否完整。

③ 根据最新收到的"黑名单"和"取消名单"，进一步检查信用卡是否有效。

④ 注意信用卡公司所允许的信用卡支付最高限额。

当出现不符合上述要求的信用卡时，收银员应请客人更换另一种信用卡或使用现金支付，不能盲目交易。

三、支票支付（Pay with Check）

国内一些公司和企业多数会采用支票（图8-8）与酒店进行消费结账。处理这种支付方式时，收银员应当具备有关支票的专业知识，熟悉操作规程和细则，辨别真伪，避免因业务不熟而使酒店遭受损失。目前，大部分酒店可以通过电脑网络来验证支票，有效提高了支票检验的准确性和工作效率。在办理客人支票支付时要注意以下几个方面。

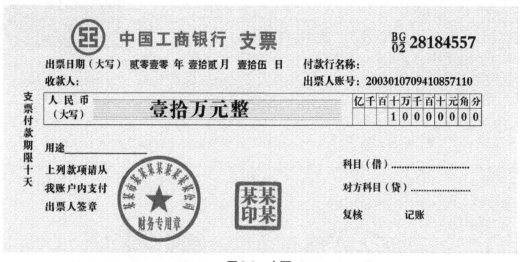

图8-8　支票

（1）检查支票内容是否齐全、完整。

（2）拒绝接受字迹不清、过有效期的支票。

（3）检查支票是否是挂失或失窃的支票。

（4）核对客人入住登记表上的签名是否与支票上的签名相符。

（5）仔细核对客人的身份证件，登记证件号码及公司联系电话。

（6）若有不清楚之处，应向客人核实清楚，或向银行或财务部门查询。

四、旅行支票支付（Pay with Traveler's Check）

旅行支票（图8-9）属可转让票据，可被酒店视为现金。使用时应注意检查旅行支票的真伪。

图8-9 旅行支票

五、转账支付（City Ledger）

转账支付，也称为挂账支付，是指客人凭合同单位的联单或证明函件消费酒店产品，日后由消费者或第三者付款的支付方式。酒店通常会与一些大型的、信誉好的、稳定的业务单位（如旅行社）签订转账支付的协议。这样可以简化客人抵离店的手续，方便客户。采用转账支付时，应注意以下几个方面。

第一，酒店应对申请采用转账支付的业务单位的财务状况非常清楚。

第二，要注意转账的范围。采用转账支付时，收银员要注意可以采用转账支付的范围，一般有下面几种情况：客人在店全部费用由指定单位支付；食宿费全部由指定单位支付；住宿费用与三餐费用由指定单位支付；住宿费与某些特定项目费用由指定单位支付；住宿费由指定单位支付。对于不在挂账范围的费用，需请客人自己支付。

第三，转账单位能够根据双方约定的时间准时付款，没有不良消费信用记录。

第四，酒店对转账支付单位的客账消费管理要准确全面，没有误差，否则双方容易产生矛盾和不信任，导致客户流失。

第五，酒店应与转账单位的财务人员保持良好的关系，确保收款渠道畅通，避免发生拖欠赊账和债务转移现象。

六、混合方式支付

指客人结账时采用上述两种或更多种方式一起支付，如客人现金不足时，部分费用会采用信用卡支付；另外对于采用转账支付的客人，要分清转账的范围，转账范围以外的客人需要自己采用现金、信用卡或支票付款。

项目二　外币兑换

> 📖 **学习与训练子目标**
>
> 1. 熟悉外币现钞的种类。
> 2. 掌握外币现钞兑换的程序。
> 3. 了解旅行支票的相关知识。

 案例导读

一张图像模糊的100美元外币

下午16时，某五星级酒店总台收银员小任和实习生白洁正在进行交接手续。约翰——一位常住酒店的美国商务客人急匆匆地跑了过来："嗨，白洁、小任，你们好！请帮我换一些人民币。"约翰说完，递过来一叠美元，小任一看，最少也得上万元人民币。此时正是交接班时间，总台非常忙碌。再说，刚刚把今天的营业额整理好，准备交银行，现在已经没有那么多现金可以兑换了。而且，该酒店外币兑换的时间正好是下午16时结束，照常理，也可以让客人明天再来换，但约翰看起来很着急。正犹豫间，白洁又说："小任，你看，这张100美元的外币图像很模糊，会不会是假币？"小任接过一看，果然与别的100美元外币不同，总台却没有验钞机。这边，约翰又在叫了："帮帮忙，白洁，能快点吗？我的朋友在等我，我们要出去谈判。"小任看看白洁，显然这位实习生并不知道该怎么处理。她想，只有自己来决定了。

问题： 请问总台收银员小任该不该给客人约翰兑换外币？

【解析】

（1）告诉客人总台现在已经交账了，没有那么多现金，请约翰自己到对面银行去兑换。

因为总台较忙，营业款刚整理好，兑换这么多外币确实有些困难，更何况又怀疑有一张假币。劝客人到对面银行去兑换，对客人来说，也是顺便，因为他正要出去；对酒店来讲，少了麻烦，保证了外币兑换的安全性。一般酒店可以这么做，但对于高星级酒店来说，既然客人有求于你，就不应该拒绝客人的要求。所以这种做法有所欠缺。

（2）从营业款中再调出人民币现金兑换给客人，但拒绝那张图像模糊的100美元外币，告诉客人因为怀疑那张是假币。

这样做对酒店比较稳妥，况且已经提供了超过兑换时间的非常服务，客人应该也会接受，但或多或少会留下一丝不快，还有可能会引起争执。因此也不建议这么做。

（3）考虑到客人是常客，现在很着急，按客人要求给予兑换；但是向客人提出该图像模糊的100美元可能是假币，酒店已记下号码，到银行确认后若的确是假币，事后再请客人处理。

在客人时间紧张的情况下，急客人所急，满足客人的要求，同时提出酒店方的合理要求，相信客人是不会拒绝的。这样，既帮助了客人，又保障了酒店利益不受损失。是一种较好的处理方法。

（4）请客人稍等，帮助客人到对面银行去兑换外币。

在客人时间允许的情况下，银行又在酒店附近，总台收银处资金不方便的话，可以这样处理，既解决了一些实际困难，又能避免兑换过程中出现可疑钱币，酒店却没有条件识别的麻烦。但在本例中，客人时间比较紧张，又是酒店的常客，酒店应及时给予方便并给予信任。因此，在本例中这样做并不圆满。

【启示】

（1）外币兑换业务是涉外酒店一项不可或缺的服务，前台员工应根据外币识别规则仔细检查外币的真伪。在没有把握的情况下，可请银行帮忙。有条件的酒店，应备有外币验钞机。

（2）在怀疑有假币的情况下，首先要再次进行仔细的检查；同时，也可征求客人的意见，是否请银行帮助识别，要顾及到客人的面子。

知识点与技能点

外币（Foreign Currency），从广义上讲，通常是指本国货币以外的其他国家或地区发行的货币，它包括现钞、票据、证券、存款等。而狭义上的外币仅指现钞，主要表现为纸币和铸币两种形式。酒店为了方便中外客人，经中国银行授权，在酒店内设立外币兑换点（Foreign Currency Exchange），根据国家外汇管理局每日公布的外汇牌价，为住店客人提供外币兑换服务。兑换后未用完的人民币在离境前可凭六个月内有效期的外汇兑换单兑换成外币，携带出境。

酒店提供外币兑换业务主要出于以下三方面的考虑。

第一，与酒店的门面、星级和身份相匹配。《中华人民共和国星级酒店评定标准》中明确规定：四星级（含四星级）以上酒店前厅中必须18小时提供外币兑换服务。如果高星级酒店不提供外币兑换服务会让客人怀疑其星级服务是否完善。

第二，与酒店的定位和客源市场有关。酒店由于受人员、设备、客源等条件制约，通常仅接受几种主要外币现钞兑换业务，这几种主要外币就是酒店客源国的外币。例如，山东的威海国际金海湾饭店，由于韩国、日本客人较多，所以酒店的外币兑换主要以韩元和日元为主。这样做的目的是为了更好地为客人提供服务。

最后，还要指出的是，酒店开设外币兑换这项业务虽说是不赚钱的，但是通过兑换这项业务，酒店可根据需要兑回实际操作中所需要的大量零钱。

任务一　了解外币现钞的种类

一、我国可兑换外币现钞的种类

目前可在中国银行及指定机构兑换的外国（地区）货币有21种：英镑、港币、美元、瑞士法郎、新加坡元、瑞典克朗、挪威克朗、丹麦克朗、日元、加拿大元、澳大利亚元、欧元、菲律宾比索、泰国铢、韩国元、澳门元、新台币、印度尼西亚卢比、马来西亚林吉特、俄罗斯卢布、新西兰元。如图8-10～8-19所示。

酒店由于受人员、设备、客源等条件制约，通常仅接受几种主要外币现钞兑换业务。

图8-10　英镑

图8-11　美元

图8-12　欧元

图8-13 港币

图8-14 新台币

图8-15 加拿大元

图8-16 澳门元

图8-17 卢布

图8-18　泰铢

图8-19　日元

二、外币真伪的鉴定

（一）美元

（1）看　首先看票面的颜色。真钞正面主色调为深黑色，背面为墨绿色（1963年版以后版），冠字号码和库印为翠绿色，并都带有柔润光泽。假钞颜色相对不够纯正，色泽也较暗淡。其次，是看票面图案、线条的印刷效果。真钞的票面图案均是由点、线组成，线条清晰、光洁（有些线条有轻微的滋墨现象，属正常），图案层次及人物表情丰富，人物目光有神；假钞的线条发虚，发花，有丢点、线的情况，图案缺乏层次，人物表情呆滞，眼睛无神。再次，看光变面额数字，1996年版10美元以上的真钞均采用光变面额数字，变换观察角度，可看到由绿变黑。假钞或者没有变色效果，或者变色效果不够明显，颜色较真钞也有差异。最后，透光看纸张及水印和安全线。美元纸张有正方形的网纹，纹路清晰，纸中有不规则分布的彩色纤维。

（2）摸　一是摸纸张。真钞纸张挺括、光滑度适宜，有较好的韧性；而假钞纸相对绵软，挺度较差，有的偏薄、有的偏厚，光滑度或者较高，或者较低。二是摸凹印手感。真钞的正、背面主景图案及边框等均采用凹版印刷，手摸有明显的凹凸感；假钞或者采用平版胶印，根本无凹印手感，或者即使采用凹版印刷，其版纹比真钞要浅，凹印手感与真钞相比仍有一定差距。

（3）听　用手抖动或者手指弹动纸张，真钞会发出清脆的声响，假钞的声响则较为沉闷。

（4）测　一是用放大镜观察凹印缩微文字。从1990年版起，5美元以上面额的纸币加印了凹印缩微文字，在放大镜下观察，文字清晰可辨。假钞的缩微文字则较为模糊。二是用磁性检测仪检测磁性。真钞的黑色凹印油墨含有磁性材料，用磁性检测仪可检测出磁性；假钞或者没有磁性，或者磁性强度与真钞有别。三是用紫外光照射票面。真钞纸张无荧光反应，假钞有明显的荧光反应；1996年版美元的安全线会有明亮的荧光反应，假钞安全线有的无荧光反应，有的即使有荧光反应，但亮度较暗，颜色也不正。

（二）欧元

（1）看　一是迎光透视。主要观察水印、安全线和对印图案。二是晃动观察。主要观察全息标识，5、10、20欧元背面珠光油墨印刷条状标记和50、100、200、500欧元背面右下角的光变油墨面额数字。

（2）摸　一是摸纸张。欧元纸币纸张薄、挺度好，摸起来不滑、密实，在水印部位可以感到有厚薄变化。二是摸凹印图案。欧元纸币正面的面额数字、门窗图案、欧洲中央银行缩写及200、500欧元的盲文标记均是采用雕刻凹版印刷的，摸起来有明显的凹凸感。

（3）测　用紫外灯和放大镜等仪器检测欧元纸币的专业防伪特征。在紫外光下，欧元纸张无荧光反应，同时可以看到纸张中有红、蓝、绿三色荧光纤维；欧盟旗帜和欧洲中央银行行长签名的蓝色油墨变为绿色；12颗星由黄色变为橙色；背面的地图和桥梁则全变为黄色。欧元纸币正背面均印有缩微文字，在放大镜下观察，真币上的缩微文字线条饱满且清晰。

（三）日元

（1）看　真钞纸张为淡黄色，水印是黑白水印，层次清楚；盲人标记类似水印，迎光透视清晰，手感明显。假钞没有盲人标记或很不清楚，也没有凸感。真钞1993年版正背面均增加了缩微印刷文字，在放大镜下清晰可见。

（2）摸　真钞正面凹印的人像套印在浅色底纹线上，人像清楚自然。假钞人像是平版印刷，底纹线条不清楚，油墨浓淡也不均匀，手摸光滑。真钞大写面额数字笔画系细砂纹构成，手感凸起。

（3）测　真钞正背面凹印部位的油墨带有磁性。印刷油墨是采用防复印油墨。1993年版正面"总裁之印"印章改以荧光油墨印刷，在紫外灯下印章发亮。

任务二　掌握外币兑换的程序

一、外币现钞兑换程序

（1）主动问候，了解客人要求，问清客人所需兑换的币种，看是否属于酒店的兑换范围。

（2）礼貌地告诉客人当天的外币兑换率。

（3）清点外币，通过外币验钞机或人工检验外币真伪。

（4）请客人出示护照和房卡，确认其住客身份。

（5）填写兑换水单（表8-2），将外币名称、金额、兑换率、应兑金额及客人房号填写在相应栏目内。

（6）请客人在水单上签名，检查客人与证件上的照片是否一致，并通过电脑核对房号。

（7）检查复核，确保金额准确。

（8）清点人民币现金，连同护照、一联水单交给客人，请客人清点并道别。

表8-2　外币兑换水单

No._____

××× HOTEL Foreign Exchange Voucher
外币兑换水单

Guest Name 宾客姓名		Gender 性别		Nationality 国籍	
Passport Number 护照号码		Room No. 房号		Date 日期	
Currency Type 外币种类	Amount 金额		Exchange Rate 汇率		RMB 人民币

Guest Signature
客人签名

Total
合计

Cashier Signature
经手人签名

二、外币兑换的注意事项

（1）酒店的外币兑换服务只对住店客人开放，为住店客人服务。如非住店客人需要兑换，可请客人持有效证件去就近银行办理。

（2）收进外币后，应先辨明是否为可兑换外币、外币的真伪以及某些版本是否已停止流通兑换。

（3）兑换时，应注意唱收。即收到客人多少外币及兑付给客人多少人民币时都需要当着客人的面大声报出来。

（4）提醒客人妥善保管好兑换水单，以便客人需要时可在6个月内再依据水单把钱再换回来。同时提醒客人硬币（Coin）银行是不予兑换的，可通过买英文报纸或小礼品把硬币使用完。

三、旅行支票兑换程序

旅行支票是一种有价证券、定额支票，亦称汇款凭证，通常由银行（或旅行社）为便利国内外旅游者而发行。旅游者在国外可按规定手续，向发行银行（或旅行社）的国内外分支机构、代理行或规定的兑换点，兑取现金或支付费用。

国外客人经常使用旅行支票，而我国客人则很少使用，这主要跟支付习惯有关。西方国家的支付习惯是一步步进化的：从现金，到支票，再到信用卡。而我国则从现金直接过渡到信用卡，所以社会接受旅行支票还有漫长的路程要走。

（一）旅行支票的特点

（1）旅行支票很像现金，具有良好的流动性、永久有效且无使用时间限制，如果用不完，可以留着下次再用，或支付一定费用换回现钞。

（2）旅行支票即使丢失和被盗也不用担心，只要凭护照和购买合约去指定机构办理挂失手续，即可得到新的旅行支票；如果遇到意外，还可申请旅行支票发行机构提供的医疗紧急援助服务。

（3）旅行支票的购买和使用，手续费低廉，仅需支付0.75%的手续费；在美国甚至是免费的。

（4）旅行支票的使用不像信用卡受到通信状况制约。

（5）旅行支票具有多币种选择，避免了兑换产生的汇率损失。

（二）全球通行的旅行支票的品种

（1）有运通、VISA以及通济隆等，而印有"中国银行"字样的上述旅行支票能够在世界各地800余家旅行支票代兑行兑换，或在各国的大商铺和宾馆酒店直接使用。

（2）除最为常用的美元旅行支票外，客户还可根据需要在中国银行上海市分行买到欧元、英镑、日元、澳元等币种的旅行支票，避免了兑换当地货币所带来的不必要的汇率损失。

（三）旅行支票的兑换程序

（1）热情接待客人，询问客人需要何种服务。

（2）检查客人所持支票的真伪及支付范围。

（3）请客人在支票指定的复签位置上当面复签，并核对支票的初签与复签是否相符，如有可疑之处，应进一步检查，比如要求持票人背书。

（4）请客人出示证件，经收银员进行核对，如相片是否相符，支票上的签名与证件上是否一致，而后将支票号码、持票人的号码及国籍抄到水单上。

（5）填写兑换水单，一式两联，并计出贴息及实付金额。让客人在水单的指定位置上写上姓名、房号，将尾签撕下给客人，将水单及支票送交复核员。

（6）经收银员认真复核水单上的金额及出纳所配好的现金，将应兑换给客人的金额唱付给客人。

项目三　保管贵重物品

学习与训练子目标

1. 熟悉贵重物品寄存的程序。
2. 了解贵重物品寄存的注意事项。
3. 明确客人贵重物品丢失的责任问题。

案例导读

2010年，陈女士入住北京国贸饭店期间，发现丢失了衣服、皮包及饰品，便将北京国贸饭店所属的中国国际贸易中心股份有限公司告上北京市朝阳区人民法院，要求赔偿损失83400元。

陈女士在起诉中称，2010年3月31日至5月19日，陈女士入住在被告下设的北京国贸饭店。5月13日，陈女士发现房间内有物品丢失，其中包括1条项链、1件衣服、1个皮包、1个爱马仕珐琅手镯以及1条普拉达女士连衣裙，以上物品价值共计83400元。后陈女士报案，并与被告协商赔偿问题，但是被告拒绝赔偿。

陈女士认为，根据相关法律规定，经营者或提供服务者应对客人的人身及财产安全提供保障。被告的管理疏忽造成了原告的巨大损失，故诉至法院。

最后法院认为，陈女士的现有证据不能证明在被告处丢失了贵重物品，因此裁定驳回陈女士的起诉。

【解析】

据业内人士介绍，在国外，四星级以上的酒店一般会对贵重物品有明确的金额界定，对入住客人的物品采取两种方式处理：一种方式是为客人提供保险箱；第二种方式，如果酒店没有设置保险箱，就由酒店负责为客人代管，客人的物品一旦丢失，也需要有相应的证据酒店才会进行赔偿。就目前的案例来看，在缺乏直接证据的情况下，还未有酒店承担全责的先例。所以客人外出入住酒店时尽量把贵重物品放在保险箱内，如果物品在保险箱内被窃，就可归责于酒店的安保设施问题，要求酒店协助解决。

知识点与技能点

酒店不但要为住店客人提供舒适的客房、美味的菜肴、热情礼貌的优质服务，还必须对住客的财产安全负责，因此，酒店应为客人设置寄存贵重物品的场所和设施。

住店客人的贵重物品（Valuables）一般指其携带的现金、支票、首饰、照相机、重要文件等。为了保证客人住店期间贵重物品的安全问题，《中国旅游饭店行业规范》中明确规定："酒店应当在前厅设置有双锁的客人贵重物品保险箱。贵重物品保险箱提供住店客人贵重物品的保管服务"。

酒店通常在前厅收银处为客人提供客用安全保险箱（Safe Deposit Box），供客人免费寄存贵重物品。它是一种带一排排小保险箱的橱柜（图8-20）。小保险箱的数量，一般按酒店客房数的15%～20%来配备，若酒店的常住客和商务散客比较多，可适当增加保险箱的数量。此外，有的酒店配有一种不分隔的大保险柜（Non-compartmentalized Safe），采用客人个人用一纸袋寄存的方式为客人寄存贵重物品。我国一些高星级酒店除了在前厅收银处设置安全保险箱外，为了方便客人贵重物品的存放，同时在客房内配备小型保险箱（In-home Safe）供客人使用。小型保险箱（图8-21）的数量按酒店客房数的一定比例配备，一般为50%以上。

图8-20　前厅客用安全保险箱

图8-21　客房内配备的小型保险箱

任务一　掌握客用安全保险箱的使用程序

客用安全保险箱通常放置在前厅收银处后面或旁边一间僻静的房间，由收银员负责此项服务工作。保险箱的每个箱子有两把钥匙，一把为总钥匙（Master Key）由收银员负责保管，另一把由客人亲自保管，只有这两把钥匙同时使用，才能打开和锁上保险箱。保险箱的启用、中途开箱、退箱，一定要严格按酒店规定的操作程序进行，并认真填写有关保管记录，以确保客人贵重物品的安全，防止各种意外事故的发生。

一、保险箱的启用

（一）询问确认

（1）主动问候，了解客人寄存贵重物品的要求，不接受危险品、禁品的存放。

（2）请客人出示房卡、钥匙，确认其是否为住店客人。

（二）填单签名

请客人填写贵重物品寄存单（图8-22），提醒客人阅读寄存单上的宾客须知，请客人签名确认，并在电脑上查看房号与客人填写的资料是否一致。

（三）择/开箱

（1）根据客人要求，选择相应规格的保险箱，介绍使用须知和注意事项。

（2）将箱号记录在寄存单上；打开保险箱，请客人存放物品，并回避一旁。

（正面）

客人贵重物品寄存单
Safety Deposit Box Services

保险箱号码   客人姓名
Box No.＿＿＿＿＿＿＿＿ Guest Name＿＿＿＿＿＿＿＿＿
房间号码   存放物品
Room No.＿＿＿＿＿＿＿＿ Valuables＿＿＿＿＿＿

日期   客人签名
Date＿＿＿＿＿＿＿＿＿＿ Guest Signature＿＿＿＿＿
时间   收银员签名
Time＿＿＿＿＿＿＿＿＿＿ Counter Signature＿＿＿＿

（反面）

1.如遗失此钥匙，必须要更换新锁，须赔偿价款的半数金额。If the key is lost，we will not only replace a new key but a new lock，you will be charged half the cost. Please take good care of the key.

2.如退房离店时未能将此钥匙交回前台收银处，酒店有权自行开启并移出保存物品，不负任何责任。The hotel management reserves the right to open the box and remove contents，without liability，if the key is not surrendered when guest departs from hotel.

3.我认可已取走所存放物品，以后与酒店无关。I acknowledge that all property stored in the box has been safely withdraw therefrom，and liability of said hotel is released.

日期   客人签名
Date＿＿＿＿＿＿＿＿＿＿＿＿ Guest Signature＿＿＿＿＿
时间   收银员签名
Time＿＿＿＿＿＿＿＿＿＿＿＿ Counter Signature＿＿＿＿

图8-22　贵重物品寄存单（正卡）

（四）交付钥匙

（1）客人将物品放好后，收银员当面锁上箱门，向客人确认已锁好；取下钥匙，一把给客人，另一把由收银员保管。

（2）提醒客人妥善保管钥匙，向客人道别。

（五）记录存档

在电脑内予以记录，并将寄存单存档。

二、中途开箱

客人在住店期间，由于种种原因可能会多次要求打开保险箱取出寄存的物品或增加寄存物品，前台收银员应该严格按照中途开箱的流程进行服务。

（一）核对开启

（1）请客人出示房卡及保险箱钥匙，找出寄存单，请其在副卡（如图8-23）上签字。

当您中途需要使用保险箱时，请在此卡上签名。
保险箱号码
  Box No.＿＿＿＿＿＿＿＿＿＿
日期   客人签名
Date＿＿＿＿＿＿＿＿＿＿ Guest Signature＿＿＿＿＿
时间   收银员签名
Time＿＿＿＿＿＿＿＿＿＿ Counter Signature＿＿＿＿

图8-23　贵重物品寄存单（副卡）

（2）确认客人寄存单副卡签字与正卡签字一致。

（3）当着客人面用两把钥匙打开保险箱，请客人取用物品。

（二）签名记录

（1）客人使用完毕，按照启用保险箱的要求，将保险箱锁上。

（2）请客人在寄存单相关栏内签名，记录开启日期及时间；收银员核对、确认并签名。

三、客人退箱

（一）取出物品

（1）核准钥匙及客人签名后，当面打开保险箱。

（2）客人取出物品后，检查一遍保险盒，以防有遗留品，收回保险箱钥匙，锁上该箱。

（二）请客人签名

请客人在寄存单相应栏内签名，记录退箱日期和时间。

（三）记录告别

（1）记录退箱时间、经手人，在电脑上删除记录，并将寄存单存档。

（2）向客人致谢告别。

四、客人贵重物品保管的注意事项

前厅收银处在提供贵重物品寄存服务时，应注意以下几个方面。

第一，定期检查保险箱各门锁是否处于良好的工作状态。

第二，必须落实专人保管钥匙制度，在每次交接班时，应有书面记录，并实行定期核对保险箱钥匙制度。

第三，客人寄存贵重物品时，收银员应注意回避，做到不看、不问。

第四，严格、认真核对客人的签名。

第五，通常一次只为一个客人办理寄存手续。如遇两人或夫妻共同使用一个小保险箱。应让两人分别签字认可，取物品时，必须两人同时在场。

第六，只为住店客人免费提供此项服务，如遇特殊情况，根据酒店规定程序执行。

第七，必须请客人亲自来存取，一般不能委托他人。

第八，酒店可规定客人寄存贵重物品的最高标准及赔偿限额，避免不必要的麻烦。

第九，客人退箱后的寄存单应存放至少半年以上，以备查核。

任务二　熟悉保险箱客用钥匙遗失的处理方法

总台的客用保险箱钥匙系统一般为子母制，两把钥匙同时使用才能将保险箱打开或锁上。如果客人将客用钥匙遗失，那么保险箱就无法正常使用，给寄存工作带来一定的麻烦。

一般情况下，若客人遗失保险箱钥匙，酒店通常都要求客人做出经济赔偿，但必须有明文规定。如可在记录卡正卡上标出："如遗失此钥匙，必须要更换新锁，须赔偿价款的半数金额（If the key is lost, we will not only replace a new key but a new lock, you will be charged half the cost.Please take good care of the key）"。或在寄存处的墙上用布告出示有关赔偿规定，让客人知晓；在启用保险箱时收银员也应向客人说明有关规定，通过这些措施来减少处理工作中可能出现的不必要麻烦。保险箱客用钥匙遗失的处理程序如下。

首先，如果保险箱客用钥匙丢失，应请客人出示有效证件和房卡，核实其身份后，请其在寄存单背面注明钥匙丢失并签字，以防日后他人冒领，然后由前厅经理签字认可。

其次，若客人未能找到钥匙并要求破箱取物时，按酒店规定收取赔偿费用后，必须在客人、当班的收银员、大堂经理以及酒店保安人员在场的情况下，由酒店工程部有关人员强行将该保险箱的锁做破坏性钻开，请客人核对寄存物品是否完整、无遗漏，并做好记录工作，以备查核。

任务三　了解客人贵重物品丢失的责任问题

尽管酒店对客人贵重物品的保管采取了严密的措施，但任何时候，酒店都不能完全保证客人的贵重物品万无一失。那么，一旦发生客人贵重物品失窃事件，酒店是否该对此负责呢？如果负责，要负多大的赔偿责任呢？

一、寄存在酒店收银处保险箱内的贵重物品丢失

一些酒店在其向客人提供的"住宿登记表"上明确指出："贵重物品请存放在收银处之免费保险箱内，阁下一切物品之遗失，酒店概不负责"（Safe Deposit Boxes are available at cashier counter at no charge.Hotel will not be responsible loss of your property）。显然，这种做法对客人来讲是不公平的，在法律上也是站不住脚的。具体原因如下。

其一，按照国际惯例和有关法律，酒店有义务保护住店客人人身和财产安全。

其二，客人入住酒店是以"安全"为前提条件的，安全对于客人来讲，是第一重要的，服务质量居于其次。而这里的安全既包括人身安全也包括财产安全，如果客人的财产安全得不到保障，那么客人的安全感就无从谈起。

其三，虽然酒店收银处保险箱的钥匙系统是子母制，两把钥匙共同使用才能打开保险箱，但这并不能保证客人的贵重物品万无一失，因为酒店负责保管客人贵重物品的收银员完全有机会利用工作之便另配一把客用钥匙，打开保险箱。因此，很多酒店都在一定的场所和位置（如住宿登记表）向客人声明：请将您的钱财、珠宝等贵重物品存放在酒店贵重物品保管处，否则，如丢失，酒店概不负责（Money，jewels，and other valuables must be deposited in the hotel safe .Otherwise the management cannot assume responsibilities.）。这就意味着，如果客人按照酒店的要求将贵重物品存入贵重物品保管箱，酒店就应该对其负责。反之，如果酒店已向客人声明贵重物品需要寄存，但客人没有照此办理，那么发生客人贵重物品的丢失，酒店可以不负责任或少负责任。

但贵重物品如钻石、名贵字画、古董等，价值大，可有时很难说清其真正价值，万一丢失，如果按客人所述价值照"价"赔偿，这对酒店来说是不公平的，那么酒店到底应该承担多少赔偿责任呢？

按照国际酒店协会于1981年11月2日在尼泊尔的加德满都通过的《国际酒店规章》（International Hotel Regulations）的有关规定："如果客人及时得到报告，酒店对贵重物品的赔偿应有合理的限度。"这就意味着：一方面酒店对客人的贵重物品在一定条件下负有赔偿责任；另一方面，这种赔偿"应有合理的限度"。为此，酒店可规定对客人贵重物品的最高赔偿限额，并将这一限额在某一明显的位置告知客人（如贵重物品寄存单），如同酒店在为客人提供洗衣服务时，在洗衣单上注明"酒店对客人待洗衣物的损坏或丢失赔偿限额最高

不超过该衣物洗涤费用的10倍"一样，酒店对于客人贵重物品的赔偿也可以作出类似的规定，如"酒店对客人贵重物品的赔偿限额，最高不超过客人在酒店住宿费用的10倍"。这样做双方都可以理解和接受，从而可以避免出现不必要的纠纷。

同时，为了防止出现赔偿责任过大的问题，酒店甚至可以规定客人寄存贵重物品的最高标准。据业内人士介绍，在国外，四星级以上的酒店一般会对贵重物品有明确的金额界定，比如名贵字画、古董等物品，酒店一般不予寄存，通过规定寄存贵重物品的最高标准可保护酒店和客人双方的利益。

另外，为了防止一些客人声称自己"放在贵重物品保管处的钱少了"，或"钻石被偷换了"等类似事件的发生，酒店应要求客人在寄存贵重物品时，对于一些体积较小、数量多的贵重物品，如钻石、戒指、现金等，将贵重物品用酒店提供的专用信封封起来，并请客人在封口处签字。这样，酒店就只对寄存在贵重物品保管处的确实丢失的物品负责。

二、寄存在酒店客房保险箱内的贵重物品丢失

除酒店收银处提供保险箱外，很多酒店在客房内为客人配备小型保险箱（In-room Safe），对于在这种保险箱内"丢失"的物品（一般不可能出现），酒店可以不予赔偿。因为，一方面酒店客房里配备的保险箱是密码箱，此时保险箱的密码只有客人自己知道，别人不可能打开，除非连保险箱也被人偷走，当然这样的情况也有，但很少发生。如2009年8月，英国媒体报道，一位沙特公主到意大利度假，竟在下榻的高档酒店内遭遇小偷。小偷用"万能钥匙"破解了公主所住套房的房门，然后将房内的保险箱偷走。保险箱内物品总价值高达1600万美元。另一方面，客人对是否将贵重物品存入保险箱、贵重物品为何物以及是否"丢失"等也无法举证。因此，对于酒店来说，为客人在其客房内提供保险箱，也不失为一种可以免除或减少酒店对客人贵重物品赔偿责任的好方法。目前，越来越多的酒店倾向于在客房内为客人配备小保险箱。

当然，如果确实发生寄存在客房保险箱内的贵重物品丢失，作为酒店有义务协助客人追回丢失物品。

项目四　结账离店

📖 **学习与训练子目标**

1. 了解结账之前的相关准备工作。
2. 熟练掌握散客和团体的结账服务流程。
3. 能熟练解决收银过程中的常见问题。

 案例导读

这时，总台服务员王小姐拎起话筒。

旁白：915房的预订客人即将到达，而915房的客人还未走，其他同类房也已客满，如何通知在房的客人迅速离店，而又不使客人觉得我们在催促他，从而感到不快呢。

王小姐一皱眉，继而一努嘴，拨打电话。

"陈先生吗，我是总台的服务员，您能否告诉我打算什么时候离店，以便及时给您安排好行李员和出租车。"

镜头一转，915房间，陈先生："哈哈，我懂你的意思啦，安排一辆Taxi吧。"

知识点和技能点

任务一　结账准备

一、发放离店结账通知书

向预期次日离店客人房间发放"离店结账通知书"（表8-3），由收银员通过电话联系等方式通知客人。

二、打印次日离店客人名单

总台夜班接待员按时打印次日离店客人名单（Expected Departure List）（表8-4）。

表8-3　离店结账通知书

			NO.	
日期Date	摘要Description	参照Reference	借方Debit	贷方Credit
付款方式Payment	核收Audit	经手人Cashier	在任何情形下，本人都同意负责支付以上的账目。 Regardless of charge instruction.I acknowledge that I am personally liable for payment of the above statement. 客人签名： Guest's Signature:	

表8-4　次日离店客人名单

日期
Date

房号Room No.	姓名Name	住店日期Period	人数PAX	备注Remarks

总数
Total：_____　　RMS：_____　　PAX：

三、核查账单

收银员核查次日离店客人账夹内的账单，问讯员检查有无客人信件、留言、需要转交的物品等，礼宾部应提前安排离店客人用车及行李运送等准备工作。

任务二　散客结账

一、散客结账服务程序（FIT Check-out Procedure）

（1）主动问候客人，询问客人是否结账离店。

（2）询问客人房号，收回房卡、钥匙和押金单等，通过电脑与客人核对姓名、房号。

（3）通知客房中心查房，检查客房小酒吧（Mini-bar）耗用情况以及客房设施设备的使用情况等。

（4）核实退房时间是否符合酒店规定。

（5）委婉地问明客人是否有其他临时消费，如餐费、洗衣费等，以免产生漏账，给酒店造成损失。

（6）问明客人付款方式。

（7）打印账单（Bill）。

（8）双手呈送账单给客人核对、请其签名确认。如有疑问，可向客人出示保存在账单盒内已经核对的原始凭单。

（9）按照客人要求的付款方式结账，开发票。

（10）检查是否有邮件、留言、传真未传递给客人，是否有寄存的贵重物品未取。

（11）弄清客人是否要预订下次来的客房，或者预订本酒店集团属下的其他酒店客房。

（12）发给客人征求意见卡，请客人对酒店进行评估。

（13）对客人表示感谢，并祝其旅途安全、愉快。

（14）将客人离店信息通知有关班组，如，总机关闭外线电话。

（15）更新房间状态。

（16）整理账单、款项等，方便审核人员审核。

二、散客结账时的注意事项

（1）客人结账时，要注意收回房门钥匙及房卡（Hotel Passport）。如客人暂不交钥匙，在通知楼层客人结账时，提醒服务员收回钥匙。

（2）通知楼层服务员迅速检查客房，以免有客人的遗留物品或房间物品有丢失或损坏现象。

（3）委婉地问明客人是否还有其他临时消费（如电话费、早餐费等），以免漏账，给酒店造成损失。

（4）如果客人采用信用卡结账，收银员要注意做好"验卡"工作。

（5）结账业务的办理要迅速，散客结账一般要求在3～5分钟完成。

任务三　团体结账

一、团体结账服务程序（Group Check-out Procedure）

（1）团体客人退房前一天应提前作好准备，核对清楚主账户（Master Folio）与杂项账户（Incidental Folio），与相关班组联系，做好查房、行李服务等准备工作。

（2）与有自付项目的客人联系，建议客人于退房前一天晚上提前结清自付款项，以免退房时客人等待时间过长。

（3）退房时，核准团体名称、房号、付款方式、打印总账单，请地陪或会议负责人确认并签名。

（4）为有自付账目仍未结清的团体客人打印账单、收款。

（5）如出现账目的争议，及时请主管或大堂副理协助解决。

（6）不得将团体房价透露给团体成员及非相关人员。

（7）回收钥匙与房卡，调整房态，并通知相关部门。

二、团体结账时的注意事项

（1）结账过程中，如出现账目上的争议，及时请结账主管人员或大堂经理协助解决。

（2）收银员应保证在任何情况下，不得将团队房价泄露给客人，如客人要求自付房费，应按当日门市价收取。

（3）团队延时离店，须经销售经理批准，否则按当日房价收取。

（4）凡不允许挂账的旅行社，其团队费用一律到店前现付。

（5）团队陪同无权私自将未经旅行社认可的账目转由旅行社支付。

任务四　收银中常见问题处理

一、客人消费超过信用限额（House Credit Limit）

当客人账户接近或超过其信用限额（House Credit Limit）时，可能会发生逃账等情况。酒店可拒绝新的消费记入客人账单。

酒店前厅每天应定时检查客人账单，当发现超限额账户时，前厅可以通过向信用卡公司申请增加信用授权或要求客人支付部分账款以减少应收款来解决此问题。

防止客人逃账（Skipper）是酒店前厅部管理的一项重要任务，总台员工应该掌握防止客人逃账的技术，以保护酒店利益。防止客人逃账可以采用如下方法：

（1）收取预订金；

（2）收预付款；

（3）对持信用卡的客人，提前向银行授权；

（4）制定合理的信用政策；

（5）建立详细的客户档案；

（6）从客人行李多少、是否列入黑名单等发现疑点，决定是否收留；

（7）加强催收账款的力度；

（8）与楼层配合，对可疑客人密切注意其动向；

（9）不断总结经验教训。

案例链接

1206房的陈先生又到了消费签单限额了，陈先生是与酒店有业务合约的客人，来店后无需交预付款，只在他消费额达到酒店规定的限额时书面通知他。

但总台发了书面通知后，陈先生没来清账，甚至连打电话也没来一个，因为是老客户，且以前一直是配合的，所以总台也只是例行公事地发了一封催款信，礼貌地提醒了一下，可催款信放在陈先生的台上后，犹如石沉大海，还是没回音，消费额还在上升。

总台便直接打电话与他联系，陈先生当然也很客气："我这么多业务在你们市里，还不放心吗？我还要在这里扎根住几年呢，明天一定来结。"可第二天仍依然如故，总台再次打电话，委婉说明酒店规章，然而这次陈先生却支支吾吾，闪烁其词。

这样一来，引起酒店的注意，经讨论后决定对他的业务单位作侧面了解，了解的结果，使酒店大吃一惊：陈先生在本市已结束了业务，机票也已订妥，不日即飞离本市，这一切与他所说的"这么多业务在本市"、"还要在这里扎根住几年"显然不符，这里面有诈。

酒店当即决定，内紧外松，客房部以总经理名义送上果篮，感谢陈先生对本酒店的支持，此次一别，欢迎再来。

陈先生是聪明人，知道自己的情况已被人详知。第二天，自己到总台结清了所有的账目，总台对陈先生也礼貌有加，诚恳地询问客人对酒店的服务有什么意见和建议，并热情地希望他以后再来，给陈先生足够的面子，让其下了台阶。

二、他人代付账款

当客人要求代付他人账款时，应请客人填写书面授权书（图8-24）并签名，注意代付项目，在电脑中予以记录，以免事后发生纠纷。

广州××大酒店

HOTEL GUANGZHOU

承诺付款书

GUARANTEE OF PAYMENT

我承诺支付_____房_____先生/小姐的

ⅰ）全部费用

ⅱ）房费　　　　　　　　　付款方式为现金/信用卡（信用卡号码：　　　　　）

ⅲ）其他费用（请特别说明）

　　　　　　　　　　　　ⅰ）total charges　　　　　Ms._____

I will guarantee pay the ⅱ）room charges　　　for Mrs._____

　　　　　　　　　　　　ⅲ）others（please specify*）　Ms._____

of room number_____during the stay from_____to_____

By Cash/My Credit Card Number_____

客人姓名　　　　　　　　　　　　　　签名

Guest Name_____　　　　　　　　Signature_____

房号　　　　　　　　　　　　　　　　日期

Room Number_____　　　　　　　Date_____

*特别费用说明：　　　　　　　　　　　经办人：

Please specify the other charges：　　　Prepared By：_____

图8-24　承诺付款书

三、延迟结账

酒店设定结账时间为的是客房部能有足够的时间为新到的客人准备房间，前厅同意延迟结账还可能导致酒店成本增加。另外，还必须考虑给新入店客人带来的不便和潜在的不满。

总台员工应催促那些预期离店的客人，如果超过时间，应加收房费。一般中午12:00至下午6:00以前结账的应加收半天房费，下午6:00以后结账的要加收一天的房费（有的酒店规定：下午3:00以前结账者，加收一天房费的1/3；下午3:00～6:00结账的，加收1/2；6:00以后结账的，则可加收全天房费）。客人可能会对加收额外的费用非常不满并拒付。总台员工应平静地处理这种情况，向客人解释酒店制定的延迟结账费用的政策，必要时请前厅经理来与客人讨论这件事。

酒店应在显眼的位置公布结账时间。此外酒店须重视与即将离店客人的沟通，以减少延迟结账离店。对于熟客和某些特殊客人的此类要求，在酒店出租率不高时，也可考虑免收延迟结账费用。

四、提前结账暂不退房

对于客人提出的提前结账的要求，收银员要密切关注客人的消费情况，做法是收银员每一小时通过电脑查核提前结账客人的消费情况。

（1）收银主管每一小时通过计算机查核提前结账客人的离店情况。

（2）收银员在结账时，暂时不把客人的资料从电脑中删去，确定客人真正离店且无其他消费项目后方可把客人的资料从电脑中删除。

（3）在住房登记卡上注明客人提前退房的时间，并在电脑系统中做标记。

（4）可将客人的住房登记卡按照所标明的退房时间放入离店夹内。

案例链接

一位住客当天中午乘火车回乡，提早在某酒店总服务台办好结账退房手续，他认为虽然结了账，但在中午十二时以前客房的住用权仍是属于他的，因此把整理好的行李箱放在客房内，没有向楼层服务员打招呼，就出去买东西逛街了。

过了一个多小时，那位客人回到酒店准备取行李离店，谁知进入原住客房一看，已经有新住客在房间内喝茶，而他的行李已不知去向。当他找到楼层服务员以后才知道自己的行李已送到总台去了，楼层服务员反而责怪他为什么在结账后不和楼层联系。

客人听了以后很生气，"回敬"了几句便到总服务台提意见，谁知总台人员不记得他已结账，还不肯马上把行李交还给他。经过与楼层服务员联系的反复折腾，客人离店时已经快中午了。客人临行时说了句："如果下次再来这个城市，我发誓不住你们这里！"

【解析】

客人办理结账退房以后并未最后离店的情况并非罕见。通过以上案例，可以看出该酒店在客房服务的程序方面存在漏洞。

有些酒店把房间钥匙交给客人保管使用，比较方便，当客人结账时即把钥匙交回，如果需要寄存行李也应交给总台，不再回客房了。该酒店是采用由楼层服务员为客人开房门的办法，由于总服务台和楼层服务台之间配合得不好，无法掌握客人的行踪去向，造成服务混乱无章。

正确的做法是楼层服务员心中应当对客人退房离店的时间有个数，主动和客人联系以安排打扫客房接待新来的客人的有关事宜。

如果客人不通过楼层服务员而直接到总台结账，总台人员也应该同时和楼层服务员联系，如果客人不马上离店，那么房间也不可急于打扫，总台也不可把新客人安排入住该房间。假如客人想再进房间，而已把行李寄放到总台，那就另当别论了。

上述案例中该酒店的最大失误之处，在于客人虽已办理结账退房手续，但行李仍放在房间内，本人尚未最后离店。在客房未重新整理打扫好之前，马上又安排新的客人入住，这显然是错误的，因为这间客房还不够重新出租的条件。

五、结账时要求优惠

有些客人在结账时，往往以各种理由要求优惠，这时，要视具体情况而定。

（1）如果符合酒店优惠条件，收银员要填写"退账通知书"（一式两联，分交财务处和收银处），然后由前厅部经理或相关人员签名认可，并注明原因，最后在电脑中做退账处理。

（2）有时候也有客人要求取消优惠的特殊情况，这也要尊重客人的意见，满足客人的要求。

（3）遇有持酒店VIP卡的客人在结账时才出示VIP卡并要求按VIP优惠折扣结账时，应向客人解释酒店的规定：VIP卡在入住登记时出示才有效，否则不能按优惠折扣结账；如客人坚持要求按优惠折扣结算，可报大堂副理或部门经理，由其决定是否予以退账处理。

六、客人带走客房物品

有些客人或是为了留作纪念，或是想贪小便宜，常常会带走毛巾、烟灰缸、茶杯、书籍等客房物品，这时应礼貌地告诉客人："这些物品是非纪念品，如果您需要，可以帮您在客房部联系购买。"或巧妙地告诉客人："房间里的××东西不见了，麻烦您帮忙找一下，是否忘记放在什么地方了。"这时切忌草率地要求客人打开箱子检查，以防使客人感到尴尬，下不了台，或伤了客人的自尊心。

处理时应兼顾酒店与客人双方的利益，尽量保证酒店不受大的经济损失，并能让客人接受，不使客人感觉丢面子。

案例链接

某天上午9:00左右，住在1056房的陈先生打电话到总台通知退房，并希望总台派一名行李员上去为他搬行李。总台领班小孙立即通知行李房，并准备好客人的账单及其他退房手续。

15分钟后，陈先生带着他的随身行李来到了总台收银处。小孙立即通知客房中心查房，同时熟练地打出账单给客人过目。陈先生接过账单，非常满意。正准备付钱时，收银处电话响了。小孙提起电话，原来客房中心在查房时发现印有本酒店品牌的一件浴袍不见了。小孙已做了多年的收银员，她凭经验知道这样的事多半是客人因为喜欢拿走了。有的客人是存心不想付钱，有的是认为他本来就可以拥有，因此切不可盲目下结论并要求客人赔偿，更何况这位陈先生还是酒店的常客。可这件浴袍价格不菲，值400元左右，又不能像处理其他小物件那样……这时，客人有点等急了，"快点，我还要去赶飞机呢！"

问题：下一步小孙该怎样做才能既不伤客人的自尊心，又不使酒店受到损失呢？

【解析】

1. 可能采用的做法及评析

（1）告诉客人查房结果，问客人是否拿走了浴袍，并请他归还。

这样做很明显是告诉客人他是第一被怀疑对象，而且性质严重。客人此时没有任何台阶下，往往会赌气拒绝承认，更何况酒店没有充足证据能证明是客人带走了浴袍。若客人确实没有带走，那后果就更不堪设想。轻则酒店将永远失去这个客人，并失去一些有可能成为酒店住客的潜在客人；重则客人会状告酒店侮辱人格，酒店的公众形象会因此受损。所以，这个办法绝不可用。

（2）告诉客人他住过的房间少了一件浴袍，价值400元，要求索赔。

不问青红皂白地要求赔偿，这种态度根本不利于解决问题。结局往往是，有的客人一声不响付钱，他再也不会选择这家酒店；有的客人会用同样的态度坚决拒绝索赔，致使事态扩大，受损失的还是酒店。因此，此法也不妥。

（3）婉转提醒客人，查房时找不到浴袍，请客人帮助回忆放在哪里了。同时让客房部根据客人提供的线索再次查房。

在服务员的好心询问下，大多数客人还是愿意配合的。这样有助于客房部查找，也可以让那些有意或无意间拿走酒店物品的人有台阶下，主动归还物品。因此，这个办法可以采用。

（4）询问客人是否很喜欢酒店的浴袍，准备买走一件。"如果是那样的话，我们将帮您换一件新的。"暗示客人并给予更好的建议，客人一定会心领神会，并接受你的建议，高兴地买走他喜爱的物品。这是一种较好的办法。

（5）告诉客人浴袍不是一次性用品，旧的需要循环使用的，间接地提醒客人。

聪明的客人一定不会让自己在大庭广众之下出丑，会做出恍然大悟状，迅速拿出物品归还酒店或表达出因为酒店物品的质量特别好而希望购买的意向。这个办法也较好，但碰到比较迟钝的客人或故意装蒜的客人，就不可行了。

（6）考虑到陈先生是酒店的常客，并且可以预见他将给酒店带来很大的效益，顺水推舟，假装不知，将浴袍赠送给陈先生。

这种做法看似风平浪静，但也许会"后患无穷"。客人会因此以为浴袍是一次性用品，以后每一次住店都会带走，长此下去，就会增加客房成本。这样做陈先生并不了解酒店对他的特殊关照和心意，不以为然，也不会因此给酒店带来效益。因此，这个办法不值得提倡。

（7）主动征询客人客房内有没有特别喜欢的物品，因为他是常客，酒店可以特别赠送给他。

避开敏感的问题——少了东西，而是用另一种方式提示客人，不仅给客人解围，更给予客人惊喜；不仅不伤客人自尊，更体现客人尊贵。使他在离店前获得比期待中更好的服务，相信这个　客人一定会成为这家酒店的忠诚客人。对待类似陈先生这样的客人，这是一个很好的办法。

（8）也可以请客人协助客房服务员回房再次查找浴袍。当客人同意并一同去房间时，服务员应停留在客房外，如果客人拿了浴袍而又有意放回去，他刚好有机会悄悄放回。酒店则对客人的合作表示感谢。

此方法给客人留了台阶，相信多数客人会顺台阶而下，酒店也会避免损失。

（9）直接把浴袍400元计入账单，客人接受酒店这一做法的可能性不大。多数情况下，这一做法会行不通。

2.对酒店的启示

（1）在处理类似事件的过程中，自始至终都要把客人的自尊放在第一位，千万不要伤了客人的自尊。否则会得不偿失，也许酒店追回了物品，却永远失去了这个客人。

（2）对能为酒店带来较大经济效益的长住客、VIP、常客等，必要的时候，可以顺水推舟，把客人喜欢的物品作为礼物送给他，让客人感受到酒店做得比他期待的更好。

（3）根据客人的要求，对所售物品给予一些折扣，尽量满足客人的喜好之情。同时，客人买走酒店的物品，或许展示给他的家人看，或许赠送给他的亲朋好友，也是无形中给酒店做了广告，这样的好事何乐而不为呢？

七、客人对账单有异议

结账工作是酒店整个接待工作中的重要一环，应把这一工作做好，让客人们高兴而来，满意而归，使整个接待工作更加完美；接待员要仔细检查客人账单，发现差错，及时更正；有时账单上的实际费用会高出客人的预算，当客人表示怀疑时，我们应予以耐心地解释。一些额外的费用（如过夜费、服务费等），客人往往容易忽略，特别是加急服务更应说清楚，让客人明白所支出的费用是合理的；若是账单上的费用有错漏，客人提出时，我们应表示歉意，并到结账处查核更正。

八、当发现客人走单

客人一般都是比较爱面子的，特别是身份较高的客人。因此，当发现走单，在公共场所找到客人时，首先要考虑到客人爱面子的心理，先把客人请到一边，然后小声地解释并注意运用语言艺术，如："对不起，先生，因我们工作的疏忽，还有（酒水、洗衣、电话等）单据漏结算，请您核对一下，现在结算好吗？"客人付钱后，服务员应说："对不起，打扰您了，谢谢。"

如果我们不是这样做，而是在大庭广众之下，特别是当客人与朋友在一起时，直接对客人说："还有单据没有付钱。"就会使客人感到难堪而产生反感，甚至为了面子，对账单不承认，给收银工作带来困难；同时这也是有失礼貌的表现。

思考与训练

一、单项选择题

1.根据国际惯例，一般情况下，酒店的退房时间为_____。

A.中午11点　　　　B.中午12点　　　　C.下午1点　　　　D.下午2点

2.关于贵重物品寄存，下列说法错误的是_____。

A.酒店只为住店客人提供贵重物品寄存

B.通常一次只为一个客人办理寄存手续

C.客人存放物品时，收银员应侧目勿观看

D.员工可以占用收银处的小保险箱

3.若客用钥匙丢失，必须由客人、收银员、保安部员工和_____同时在场的情况下才能钻开保险箱。

A.总经理　　　　B.大堂经理　　　　C.前厅经理　　　　D.客房经理

4.客人办理退房离店时，查房的目的不包括_____。

A.查看有无客人遗留物品　　　　B.查看房内有无物品丢失或损坏

C.查看小酒吧的耗用情况　　　　D.查看电话消费记录

5.下列哪些人士可以采用快速结账服务_____。

A.使用现金付款的客人　　　　B.使用旅行支票付款的客人

C.采用挂账付款的客人　　　　D.具有良好信誉且采用信用卡付款的客人

6.星级评定标准明确规定：三星（含三星）以上的酒店，都应采用（除商品外）_____方式一次性结账。

A.即时消费结账　　　　B.一次性结账

C.房内快速结账　　　　D.填写《快速结账委托书》结账

7.国际五大信用卡品牌不包括_____。

A.维萨卡和万事达卡　　　　B.JCB卡和大莱卡

C.银联卡　　　　D.美国运通卡

8.关于押金，下列说法错误的是_____。

A.客人入住时应收取预住天数1.5～2倍的房费

B.若客人使用信用卡支付押金，则需取得客人信用卡的预授权

C.若客人是酒店会员，可以不收取押金

D.不管何种客人入住都需要支付一定数量的押金

9.关于结账服务，下列说法错误的是_____。

A.若客人对账单有异议，则应出示原始消费凭单请客人核对

B.结账时应委婉问明客人是否有临时性消费

C.采用转账结账时必须弄清转账的范围

D.在查房完毕之前不能给客人办理退房结账手续

10._____是中国银行发行国内信用卡品牌。

A.牡丹信用卡   B.长城信用卡

C.太平洋信用卡   D.龙卡

二、问答题

1.什么是一次性结账？

2.谈谈散客和团体结账服务的程序。

3.散客结账服务过程中应注意哪些问题？

4.谈谈结账服务中的常见问题及处理措施。

5.谈谈保险箱的使用程序。

6.简述外币现钞的兑换程序。

7.简述旅行支票的兑换程序。

三、案例分析

"1605退房。""好的，请您稍等。"接待员小王经过电脑核对和查房确认无误之后，在POS机上顺利用客人登记时的银行卡授权号完成了结账工作，"张先生，这是您的发票，请收好，欢迎您下次光临。"此时，张先生提出将昨天登记时的手工压印卡单退还给他，但小王经过仔细查找却没有发现。张先生认为空白压印单上有他的签名，担心单子遗失会给自己带来财产安全隐患，于是向大堂副理投诉，并要求酒店为此出具书面担保，以保证其信用卡的安全。

经与当时的接待员核实后，大堂副理了解到：因客人所持有的上海银行卡未与酒店签约，所以押卡时应用POS机打印的单据让客人确认。办理登记的新员工小韩错用外卡压印单压印了该客人所持的上海银行信用卡，并请客人在单子上签了字，POS机上也作了预授权，而客人对压错了单却并不清楚。之后小韩发现了这个错误，但她认为既然在POS机上已作了预授权，那么酒店的利益也就得到了保障，而那张手工压印单虽然有客人的签字，但其实是无效的，于是就随手将压印单撕毁后扔进了垃圾桶。

由于当时客人急着赶飞机，大堂副理将情况向客人说明后，致以诚挚的歉意并承诺会将书面保证书以传真形式发给客人，同时请他留下详细的联络方式。之后，大堂副理给张先生发去传真，书面道歉，并承诺如果由于此压印单造成客人损失，酒店会承担责任。事后大堂副理又通过电话征询了客人的意见，张先生对酒店的做法表示接受。

思考题：

1.常见的付款方式有哪些？

2.谈谈使用信用卡付款的程序和注意事项。

四、实训项目

项目名称：收银结账服务。

练习目的：通过训练，使学生能掌握收银服务的相关知识，并能根据结账服务流程熟练地为客人收银结账服务。

实训内容：押金收取、散客结账服务、团体结账服务。

测试考核：根据《前厅服务员国家职业标准》要求考核。

模块九
宾客关系管理

Module IX　Guest Relation Management

　　酒店通常通过设立大堂副理（Assistant Manager）和宾客关系主任（Guest Relation Officer）等岗位来建立、发展和改善与住店客人及来访客人的关系，努力使每一位不满意的客人转变为满意的客人，使客人对酒店留下良好的印象。

学习与训练总目标

- 了解前厅宾客关系机构的设置。
- 了解并熟悉大堂副理和宾客关系主任的岗位职责与素质要求。
- 掌握客人对酒店产品的需求心理及对客沟通技巧。
- 掌握处理客人投诉的步骤和方法。
- 了解客史档案的必要性和主要内容。

项目一 建立良好的宾客关系

📖 **学习与训练子目标**

1. 正确看待客人。
2. 掌握客人对酒店产品的需求心理。
3. 掌握与客人沟通的技巧。

 案例导读

"一站式"服务（One-stop Service）

10月16日中午时分，某五星级酒店，前台。

一位客人办理完入住登记手续后，坐在酒店大堂的沙发上，仔细地观察着周围的环境，并不时拿起桌子上的雕塑摆设玩赏。然后，他招呼过在门口迎宾的行李员，对小伙子说："我非常喜欢你们酒店大堂的环境，我想中午就在这里用午餐，麻烦你帮我拿一份菜单。"行李员听完客人的叙述，说："对不起，先生，这不属于我的工作范围，您找餐饮部可以吗？"客人听后，脸上呈现出一丝不悦的表情，说："那找你们领导来。"这时，正好前台的主管看到这一幕，她上前向客人又询问了一遍情况，得知客人想在大堂用餐，为难地对客人说："先生，我们酒店的餐厅在六楼，您若用餐，应该到六楼去。大堂这里是不允许客人就餐的。"客人听后生气地说："你们酒店不是说把客人当成上帝吗？不是说要让我们客人把酒店当成自己的家吗？我想在我家里的客厅用餐，难道不行吗？找你们总经理出来！你们这是什么五星级的服务！"客人的声音越来越大，引得在大堂的其他客人纷纷侧目。这时，大堂副理走过来，先对客人说："您好，先生。"然后对前厅主管说："请给客人端杯茶。"她将客人让到大堂较为隐蔽的一处座位，向行李员询问了大致情况，然后微笑地对客人说："先生，非常荣幸您喜欢我们大堂的装饰和环境，您在这里用餐完全没有问题。只是您刚才可能已经知道了，我们酒店的餐厅和厨房都设在六楼，饭菜在运输的过程中，由于路线的延长，可能会带来一些不必要的细菌入侵，另外，现在临近中午，大堂这边来来往往的客人比较多，虽然我们看不到，但是大堂有很多被带进带出的灰尘，就餐的环境不是很理想，可能对您的身体不好。我们酒店的六层餐厅最近刚刚经过重新的设计，风格跟大堂十分相似，难得先生喜欢，我们很希望您能去看一看，也对我们的设计提出更好的建议。"这时，客人脸上的怒气渐渐散去，大堂副理将茶让至客人面前，说："刚才我们的服务人员也是出于对您身体健康的考虑，可能有些话说得不恰当，我代表酒店向您道歉。您远道而来，选择我们的酒店，我们感到十分荣幸。"然后，大堂副理看到客人已经平静下来，拿起桌边的电话，拨了六层餐厅，说："请找一下餐厅的主管王飞……王飞，一楼有位VIP客人，大概五分钟后会到达餐厅用餐，听说餐厅有刚刚空运来的台湾水果，请为客人免费准备一份，照顾好客人，谢谢。"客人看到大堂副理所做的一切，十分感激，主动提起行李，并一再致谢。大堂副理边和客人交谈，边将客人送到了六层餐厅……

【解析】

客人在前厅部的区域活动，可能会提出一些与本部门的业务没有直接关系的要求，如上述客人所提出的就餐要求，服务人员在面对这种情况时，应本着"一站式"服务（One-stop Service）的原则，不相互推诿，推行"首问责任制"，使服务更加快捷，而不能像案例中的行李员那样，直接拒绝客人的要求。

知识点与技能点

前厅部作为联系酒店与客人的桥梁和纽带，在宾客关系管理（Guest Relation Management）中起着非常重要的作用。所谓宾客关系是指酒店与住店客人及来访客人的关系。酒店应通过设立特定的体系来建立和发展与客人的关系，努力使每一位不满意的客人转变为满意的客人（Turn Dissatisfaction to Satisfaction），从而对酒店留下良好的印象。建立良好的宾客关系对提高酒店的服务质量、扩大和增强酒店品牌的美誉度，提高酒店的营收都有重大而深远的影响，主要有以下两个目的：

第一，扩大销售，增加客人的回头率，以期得到更多利润；

第二，通过良好的口碑，提高品牌的知名度。

前厅部要与客人建立良好的宾客关系，就要树立"宾客至上"的服务意识，正确看待客人，了解客人对酒店服务的需求，提供优质高效的服务，掌握与客人沟通的技巧等。

任务一　正确认识客人

要与客人建立良好的宾客关系，就要对客人有个正确的认识，正确理解酒店员工与客人的关系。

一、客人是什么

（一）客人是"人"，而非"物"

这就要求我们要真正把客人当作"人"来尊重，而不是当作"物"来摆布。人际沟通中的黄金法则，即你希望别人怎样对待你，你就应该怎样对待别人，说的就是这个道理。服务人员要时时提醒自己，一定要把客人当作人来尊重，否则，一不注意，就会引起客人的反感。例如，一位心情烦躁的服务员，觉得客人妨碍了自己的工作，于是就很不耐烦地对客人说："起来，让开点！"像这样去对待客人，就会使客人觉得服务人员好像不是在把他当作一个人，而是把他当作一件物品来随意摆布。

（二）客人是服务的对象

在酒店的客我交往中，双方扮演着不同的社会角色，服务人员是"服务的提供者"，而客人则是"服务的接受者",是服务的对象。前厅部员工在工作中始终都不能忘记这一点,不能把客人从"服务的对象"变成别的什么对象。所有与"提供服务"不相容的事情,都是不应该做的。特别是无论如何也不能去"气"自己的客人。道理很简单:客人来到酒店,是来"花钱买享受",而不是来"花钱买气受"的。

(三)客人是具有情绪化的自由人

这就要求我们要充分理解、尊重和满足客人作为人的需求;并且对待客人的"不妥之处",要多加宽容、谅解。

一位客人在餐厅喝多了,踉踉跄跄地走在廊道里,一位男服务生走上前问候并想搀扶他,这位客人恼羞成怒,大声训斥服务员说看不起他。明明喝多了,但客人非说半斤八两的白酒不算什么,明明是摔倒了,但那位客人还大声嚷嚷"没事儿,没事儿"!事后还是服务员搀扶他走进了房间,并帮他脱掉鞋和外衣,盖好被子,关好房门才离开。在客人的行为不超越法律的范畴内,服务人员要学会宽容客人,设身处地地为客人着想,用换位思考的方式来处理这些问题。才能使服务工作做到位。

(四)客人是绅士和淑女

谈及曾否遇到过特别粗鲁的客人时,丽兹·卡尔顿(Ritz Carlton)酒店的一位经理曾对酒店的培训生讲道:"如果你善待他们,他们自然也会善待你。切记,你们要以绅士和淑女的态度为绅士和淑女们提供优质服务。"说着,他停下脚步,弯腰捡起地上的一些杂物,放入自己的口袋中,然后接着说:"我们要尽力帮助客房服务生,正如他们帮助我们从楼厅内清理餐车一样。"这位经理以自己的言行完美地诠释了酒店员工与客人及同事的沟通。

二、客人不是什么

(一)客人不是评头论足的对象

任何时候,都不要对客人评头论足,这是极不礼貌的行为。请听一下一位客人的经历和反应。

"当我走进这家酒店的餐厅时,一位服务员颇有礼貌地走过来领我就座,并送给我一份菜单。正当我看菜单时,我听到了那位服务员与另一位服务员的对话:'你看刚才走的那个老头,都快骨瘦如柴了还舍不得吃,抠抠缩缩的……''昨天那一位可倒好,胖成那样儿,还生怕少吃一口,几个盘子全叫他给舔干净了!'听了他们的议论,我什么胃口也没有了。他们虽然没有议论我,可是等我走了以后,谁知道他们会怎样议论我?我顿时觉得,他们对我的礼貌是假的!……"

(二)客人不是比高低、争输赢的对象

服务人员在客人面前不要争强好胜,不要为一些小事与客人比高低、争输赢。例如,有的服务员一听到客人说了一句"外行话",就迫不及待地去"纠正",与客人争起来。这是很不明智的,因为即使你赢了,你却得罪了客人,使客人对你和你的酒店不满意,实际上你还是输了。

案例链接

一天,1917房的徐先生气冲冲地跑到总台,把房卡狠狠地在台面上一摔,说道:"你们是怎么搞的,我的房门又打不开!早上已经换了一张,现在又没用了,你们想气死我呀!"大堂副理到场处理,先是安慰了客人,让他不要生气,后迅速地把房卡读了一遍,

的确是1917房，时间也对，应该是可以打开的。为确保无误，大堂副理又重新做了一张新卡，并陪同客人一起去房间。当时客人还很恼火，说："早上就打不开了，是服务员给我开的门，我到总台换了一张卡，没想到回来还是打不开。"

到了房间，大堂副理却发现房卡没有问题，这种情况很可能是客人没有正确使用房卡，插反了方向。于是，大堂副理把门关上，用慢动作再一次把门打开。这一切客人看在眼里，他心里也明白了怎么回事。但大堂副理还是礼貌地对客人说："对不起，徐先生！可能是刚才门锁有点小问题。"这时客人表情变了，态度也变了，忙说："谢谢，谢谢，麻烦你了。"

【解析】

酒店是高新科技产品运用的地方，有些东西不要说第一次住店客人不懂如何使用，就连经常住店的客人一时间也会摸不着头脑，这就要求酒店的工作人员，在带客人进房间时多介绍一下房内设施的使用方法。

行李员在带客人进房间时能够向客人说一下"带芯片的朝上"，就可以带来不必要的麻烦了。我们要时刻记住"客人永远是对的"。设想一下，如果当时大堂副理说："这房卡可以开的呀，是不是您插错方向了？"正在火头上的客人会有什么反应？会更恼火，可能会说："怎么可能呢？明明是你们的门锁问题，倒变成我在找事了。"遇到内向一点的客人，他虽不说什么，但心里却会不舒服，特别是有朋友在的时候，会感觉很丢面子。

因此，我们在平时处理问题的时候，一定不能跟客人抢"对"，要把"对"让给客人，事情也就会迎刃而解。否则，就算最后说明我们是正确的，但客人却感到不开心，这还能说我们是对的吗？

（三）客人不是"说理"的对象

在与客人的交往中，服务人员应该做的只有一件事，那就是为客人提供服务，而不是跟客人说理。所以，除非"说理"已经成为服务的一个必要的组成部分，作为服务人员，是不应该去对客人"说理"的。尤其是当客人不满意时，不要为自己或酒店辩解，而是立即向客人道歉，并尽快帮客人解决问题。如果把服务停下来，把本该用来为客人服务的时间，用去对客人"说理"，肯定会引起客人的反感和不满。所以服务人员一定要懂得，客人是服务的对象，不是"说理"的对象，更不是争辩的对象。不管你觉得自己多么有道理，也不应该去和他争辩，争辩就是"没理"，"客人总是对的"。

（四）客人不是"教训"和"改造"的对象

酒店的客人中，什么样的人都有，思想境界低、虚荣心强、举止不文雅的大有人在。但服务人员的职责是为客人提供服务，而不是"教训"或"改造"客人，不要忘了自己与客人之间的社会角色关系。对那些言行不文明的客人，也要用"为客人提供服务"的特殊方式进行教育。

案例链接

某日，有几位客人在客房里吃西瓜，桌面上、地毯上到处是瓜子。一位客房服务员看到这个情况，就连忙拿了两个盘子，走过去对客人说："真对不起，不知道您几位在吃西瓜，我早应该送两个盘子过来。"说着就去收拾桌面上和地毯上的瓜子。客人见这位服务员不仅没有指责他们，还这样热情周到地为他们提供服务，都觉得很不好意思，连忙作自我批评："真是对不起，给你添麻烦！我们自己来收拾吧。"最后，这位服务员对客人说："请各位不要客气，有什么事，尽管找我！"

这位服务员就不是用训斥的方式，而是用"为客人提供服务的方式"教育了客人。

任务二　掌握与客人沟通的技巧

一、客人对酒店产品的需求心理

客人住在酒店的这段时间，实际上是在过一种"日常生活之外的生活"，是从"第一现实"，走进"第二现实"，不管他们是否清楚地意识到，实际上都必然存在"求补偿"和"求解脱"心理。"求补偿"就是要在日常生活之外的生活中，求得他们在日常生活中，未能得到的满足，即更多的新鲜感、更多的亲切感和更多的自豪感。"求解脱"就是要从日常生活的精神紧张中解脱出来。

要使客人"解脱"，体验更多的新鲜感、亲切感和自豪感，作为前厅部服务人员不仅要为客人提供各种方便，帮助他们解决种种实际问题，而且要注意服务的方式，做到热情、周到、礼貌、谦恭，使其感受到一种几乎从未有过的轻松、愉快、亲切、自豪。

二、对客沟通技巧

世界顶级酒店集团丽兹·卡尔顿（Ritz Carlton）对员工提出20条服务准则，其中第14条准则是：告诫员工与客户以及同事沟通时注意措辞得体。例如：应该说"请接受我的道歉"而非"对不起"；"愿意为您效劳"而非"可以"。为此，前总裁舒尔策曾宣布过一条著名禁令：禁止说"行"或"可以"。

由此可见，在酒店服务中，沟通是何等重要。主动、规范的沟通语言，是提高酒店前厅接待质量及酒店服务质量的重要途径，也是建立良好客人关系的重要环节。

（1）重视对客人的"心理服务"。酒店为客人提供"双重服务"，即"功能服务"和"心理服务"。功能服务满足消费者的实际需要，而"心理服务"就是除了满足消费者的实际需要以外，还要能使消费者得到一种"经历"。从某种意义上讲，客人就是花钱"买经历"的消费者。客人在酒店的经历，其中一个重要的组成部分，就是他们在这里所经历的人际交往，特别是他们与酒店服务人员之间的交往。这种交往，常常对客人能否产生轻松愉快的心情以及能否带走美好的回忆，起着决定性的作用。所以，作为前厅服务员，只要能让客人经历轻松愉快的人际交往，就是为客人提供了优质的"心理服务"，就是生产了优质的"经历产品"。

总而言之，酒店员工如果只会对客人微笑，而不能为客人解决实际问题，当然不行，但如果只能为客人解决实际问题，而不懂得要有人情味儿，也不可能赢得客人的满意。

（2）对客人不仅要斯文和彬彬有礼，而且要做到"谦恭"、"殷勤"。斯文和彬彬有礼，只能防止和避免客人"不满意"，而只有"谦恭"和"殷勤"才能真正赢得客人的"满意"。所谓"殷勤"，就是对待客人要热情周到，笑脸相迎，嘘寒问暖；而要做到"谦恭"，就不仅意味着不能去和客人"比高低、争输赢"，而且要有意识地把"出风头的机会"全都让给客人。如果说酒店是一座"舞台"，服务员就应自觉地去让客人"唱主角"，而自己则"唱配角"。

（3）对待客人，要"善解人意"。要给客人以亲切感，除了要做"感情上的富有者"以外，还必须"善解人意"，即能够通过察言观色，正确判断客人的处境和心情，并能根据客人的处境和心情，对客人作出适当的语言和行为反应。

（4）"反"话"正"说，不得对客人说"NO"。将反话正说，就是要讲究语言艺术，特别是掌握说"不"的艺术，要尽可能用"肯定"的语气，去表示"否定"的意思。比如，可以用"您可以到那边去吸烟"，代替"您不能在这里吸烟"；"请稍等，您的房间马上就收拾好"，代替"对不起，您的房间还没有收拾好"。在必须说"NO"时，也要多向客人解释，避免用钢铁般生硬冰冷的"NO"字一口回绝客人。

案例链接

希尔顿不允许员工对客人说"NO"。当客人问："有房间吗？"，如果没有怎么说？

"对不起，我们最后的两间保留房已经卖出去了，很抱歉。"

作为五星级的希尔顿酒店，如果只说这句话，那他只说了一半。还有一半怎么说呢？他应该说："我给您推荐两家酒店，档次跟我们差不多，而且价格还低20元，要不要帮您看看？"客人听到这句话，能不要吗？接待员马上连线其他酒店的客房预订中心，直到把客人送上车。这种出乎意料的服务一下就会赢得客人的好感，激起客人下次一定要住希尔顿的欲望。

（5）否定自己，而不要否定客人。在与客人的沟通中出现障碍时，要善于首先否定自己，而不要去否定客人。比如，应该说："如果我有什么地方没有说清楚，我可以再说一遍。"而不应该说："如果您有什么地方没有听清楚，我可以再说一遍。"

（6）投其所好，避其所忌。客人有什么愿意表现出来的长处，要帮他表现出来；反之，如果客人有什么不愿意让别人知道的短处，则要帮他遮盖或隐藏起来。比如，当客人在酒店"出洋相"时，要尽量帮客人遮盖或淡化之，绝不能嘲笑客人。

（7）不能因为与客人熟，而使用过分随意的语言。做酒店工作久了，就会有许多客人成为自己的朋友了。于是见面的问候不再是"您好"而是"哇！是你呀！"彼此之间的服务也由"格式"化变成"朋友"化了。这会导致沟通失误，甚至造成严重后果。

项目二　前厅宾客关系机构的设置

📖 **学习与训练子目标**

1. 了解大堂副理的素质要求和岗位职责。
2. 掌握大堂副理的工作程序。
3. 熟悉宾客关系主任的工作职责和日常工作流程。

 案例导读

大堂副理：与"魔鬼"打交道的人

对于大堂副理这一职位的描述，业界流传的这句话——与"魔鬼"打交道的人，入木三分地概括了这一工作职位的特殊性。

愤怒，毋庸置疑是一种"恶魔"。遇上无情冷面，这种恶魔的火药将迅速引爆；遇上善意微笑，愤怒的寒霜迅速冰释。

一次，某酒店接待一个因美国航班延误而滞留的乘客团。飞机本应早晨起飞，但由于机械故障经过多次试飞最终还是失败。晚上七点多，有关方面决定将客人安排在该酒店过夜。因为从早到晚的一天时间都耗在机场和机舱内，这一百多名乘客都已愤怒到了极点。

航班负责人因害怕触碰客人们的愤怒情绪，而未敢在酒店露面。如何安抚这一百多愤怒的乘客的任务就全落在了酒店身上，大堂副理成了完成这一任务的直接领导人。接到任务，当值大堂副理马上向相关部门下达了接待这群特殊来客的要求。当满脸怒容的客人下车后悻悻冲进酒店大堂，迎接他们的是一张张微笑的面孔，客人们的怒火却怎么也发作不起来。

此时，大堂副理站在门口耐心地向他们解释一切，二十分钟后，所有客人都领到了自己的钥匙，当他们坐在餐厅吃上可口的饭菜时，大堂副理已经操着沙哑的嗓音在布置着这些客人明天的安排了。

当晚竟然没有一个客人向酒店抱怨，也没有一个客人来述说航空公司给他们带来的不便。第二天早上客人起来后，许多客人都来到前台询问昨天晚上的大堂副理是谁，他们说要向酒店高层写信，是酒店出色的工作，使他们忘却了不快，酒店的工作太完美了，听着客人们的陈述，大堂副理站在人群后，脸上充满了笑意。

前厅部是酒店的门面，是直接对客服务的部门，是客人产生第一印象和最后印象的地方；前厅部也是整个酒店业务活动的中心，是为客人提供各种接待服务的综合性部门。前厅部在对客服务过程中，如何代表酒店与客人沟通，处理对客关系，提供优质服务，直接影响着客人对酒店的评价，直至酒店良好的经济效益和社会效益的实现。

酒店往往在前厅设置大堂副理（Assistant Manager，缩写AM）一职，大堂副理作为酒店与客人之间联系的桥梁，代表总经理（General Manager）接待每一位需要帮助的客人，解决客人的疑难问题，处理客人投诉，与客人建立一种良好的客我关系。一些高星级酒店为进一步增进与客人的双向沟通，加强与客人的联系，维护与客人的关系，专门设立宾客关系主任（Guest Relation Officer，缩写GRO）一职，宾客关系主任隶属大堂经理，他（她）要主动征询客人的意见，随时了解客人需求，改善酒店与客人的关系。

任务一　掌握大堂副理的工作职责

在我国，三星级以上的酒店一般都设有大堂副理（AM）。大堂副理可以是主管级也可以是部门副经理级，以体现这一职位的重要性和权威性。对大堂副理的管理模式通常有两种：一种隶属于前厅部；另一种隶属于总经理办公室。以上两种形式各有其利弊。从工作性质（属于对客服务项目）和工作岗位的位置（位于前厅大堂）来讲，应属于前厅部；而从职责范围来讲，涉及酒店各个部门，为了便于协调管理和有效的开展工作，则应由总经理办公室直接管理。有的酒店还将大堂副理划归质监部，由质监部经理（或总监）负责，直接处理出现在各部门的服务质量问题和客人投诉问题，以增强其权威性。具体而言，各酒店应根据自身的实际情况来决定。

一、大堂副理的素质要求（Qualification）

（1）学历要求：受过良好的教育，大专以上学历，受过旅游与酒店管理专业培训。

（2）工作经验：在前台岗位工作3年以上，有较丰富的酒店实际工作经验，熟悉客房、前厅工作，略懂餐饮、工程和财务知识。

（3）相貌仪表：有良好的外部形象，仪表整洁，风度优雅。

（4）面对突发情况：能应付各类突发事件，遇事沉着，头脑冷静，随机处理。

（5）性格要求：个性开朗（Outgoing），乐于且善于与人打交道，有高超的人际沟通技巧。能妥善处理好与客人、各部门之间的关系，有较强的写作及口头的表达能力。

（6）表达能力：口齿清楚，语言得体。

（7）外语水平：外语流利，能用一门以上的外语（其中一门是英语）与客人沟通。

（8）学识要求：见识广，知识面宽；了解公关、心理学、礼仪、旅游等知识，掌握计算机使用知识。

（9）政策法规：对国家及酒店的政策规定有着充分的了解。

（10）个人能力：对工作有高度的自觉性和责任感，有很强的协作能力和敏锐的观察能力，处理问题和接受客人投诉时要既有原则又有灵活性。

一位AM（大堂副理）的心得

我个人认为大堂副理是一个很锻炼人的工作岗位，也能考查一个人的综合能力，如应变能力、谈话技巧、果断性、灵活性、原则性等。说得通俗些，大堂副理是客人的一个"出气筒"，客人对酒店内的任何事情不满，都有可能发泄在大堂副理身上，这也是由大堂副理的工作性质所决定的。

作为大堂值班经理应该具备被批评、被粗鲁言语指责的承受能力，同时还要做到认真向客人解释、道歉；态度上要做到不卑不亢、耐心劝导，充分体现大堂副理的良好风貌。

我认为大堂副理在工作中的难点是人情关系不好处理。工作的兴奋点是为客人排忧解难，解决问题，通过自己的努力而使需要帮助的客人得到帮助。通过这项工作，我个人收获到的是自己逐步走向成熟，经过多年的工作使自己看待问题更理智、更客观、更全面，不掺杂个人感情色彩（对于我，有的是由于自己的疏忽，而导致事情无法挽回的局面或造成损失的遗憾）。我对大堂副理的领悟是：有喜有忧，有惊有险，有付出有收获，有成功的喜悦，也有失败的苦涩。

总而言之，大堂副理是一项具有挑战性的工作，可以说是我生命中的一部分，我热爱这项工作。

当客人为一件不愉快的事情或我们员工的失误和未能准确捕捉客人的意图而不开心时，经过自己的努力工作，客人满意了，员工得到教训和培训了，酒店因自己的工作在经济和名誉上未受损失，这时就是最开心的时候。

二、大堂副理的岗位职责（Description）

大堂副理（AM）的主要工作职责是代表酒店总经理接待每一位在酒店遇到困难需要帮助的客人，并在自己的职权范围内予以解决，包括回答客人的问询、解决客人的疑难，处理客人投诉等。

（1）代表总经理处理对酒店内各部门的一切投诉。

（2）负责检查大堂内各区域的设施设备的完好程度。

（3）负责检查大堂区域的清洁卫生，监督大堂各部门员工的仪表和工作效率。

（4）维护大堂秩序，确保客人的人身和财产安全及酒店员工和酒店财产的安全。

（5）代表酒店迎接贵宾的来临：确保在贵宾到达之前，做好一切必要的准备工作；编排每日贵宾情况登记表，熟悉其姓名，落实贵宾接待的每一个细节；为每一位客人送行。

（6）征求客人的意见，沟通酒店与客人间的情感，维护酒店的声誉。

（7）为客人提供信息服务，处理客人的特别需求。

（8）协助前厅部员工处理好日常接待中出现的各种问题（如超额预订问题、客人丢失保险箱钥匙问题、签账超额而无法付款的客人、逃账事件以及其他账务等方面的问题）。

（9）每日参加部门经理例会，通报客人投诉情况、员工违纪等，并提出相关建议。

（10）沟通前厅部与各部门之间的关系。

（11）协助保安部调查异常事物和"不受欢迎"的客人。必要时，按照酒店紧急情况处理程序处理突发事件。

（12）完整、详细地记录在值班期间所发生和处理的所有事项，将一些特殊的、重要的及具有普遍性的内容整理成文，交前厅部经理阅后呈总经理批示。

（13）认真做好每日的工作日志，对重大事件认真记录、存档。

（14）完成上级交给的其他工作。

三、大堂副理的工作程序（Procedure）

（一）常规工作（Daily Work）

（1）查看前一班大堂交接记录，处理未完成的事项。

（2）了解当班情况，例如贵宾抵离情况、活动通知、当天的客房出租与抵离情况等。

（3）工作的安排和落实，内容包括贵宾抵离的迎送、上级下达的临时任务通知、替换吃饭及其他事项等。

（4）工作检查，内容包括大堂内设施设备维修状况、客房卫生抽检、大堂内的违纪情况、向住店客人征求对本店的意见等。

（5）下班交接，内容包括未完成事项、工作要求。

（6）注意事项，内容包括大堂的治安情况和事故隐患、大堂内员工违纪情况；在保证大堂值班的前提下完成上述工作。

（二）督察各营业部门（Inspect all Business Sector）

（1）当班期间，巡视酒店内的主要营业场所，主动征求客人对酒店服务的建议和意见。

（2）对各营业部门在岗员工的仪表、言谈进行监督，对不符合规定的言行进行批评与纠正，并报其所属部门领导。

（3）在巡视中，若发现设备故障，应立即通知工程部维修；若发现卫生问题，应立即通知客房清洁卫生人员清洁，并检查清洁结果。

（4）夜班检查各营业部门夜间在岗情况，巡视主要场所，检查卫生、设备情况；与保安人员检查酒店安全情况。

（5）对于重大事件有处理决定权。

（三）贵宾迎送（VIPs' Welcome and Farewell）

（1）在贵宾到达前两小时到贵宾用房查看客房设备、卫生状况、赠品摆设、留言簿和宣传资料是否已准备好，检查公关部是否已派专人给TOP VIP摄影或摄像。

（2）根据订房表提前填好贵宾入住登记表，只留签名处待贵宾到店时签名即可；或把填好的入住登记表直接放入客房，请贵宾在房内签名并由大堂副理或接待员把表取出。

（3）贵宾到店时，大堂副理拿着准备好的钥匙引领客人进入客房，并介绍客房设备。

（4）贵宾在店期间，给予特别照顾，协调各部门为贵宾提供优质服务。

（5）贵宾离店时，送别客人离店。

（6）接待完贵宾后，及时做好接待记录工作，建立贵宾的档案。

（四）礼貌问候电话（Courtesy Calls）

（1）22:00以前至少给当日住店的三至五位客人打礼貌问候电话。打电话之前要根据当日住店客人的有关资料查清客人房号及姓名。

（2）给客人打电话，称呼客人姓名，并对客人表示欢迎，同时征询客人对酒店的设施、服务的意见和建议，了解其有无特殊要求。

（3）将客人的意见和建议记录在值班日志上，并按程序呈送酒店领导。

（4）及时将能解决的客人意见、建议或特殊要求进行落实，并及时回复客人。

（五）紧急情况处理（Handling Emergency）

（1）随时注意，监视有无紧急情况发生。有紧急情况（如房客生病或受伤、房客自杀或死亡、火灾、偷盗、员工意外等）发生时，应立即赶到现场。

（2）根据现场情况、事故类别和禁忌程度，迅速按酒店规定的程序通知有关应到现场人员，及时向酒店领导汇报，并指挥所有现场人员对事故进行应急处理。

（3）酒店领导到场后，根据其命令，协助其做好协调工作。

（4）紧急情况处理完毕后，填写有关事故记录报告，呈送有关领导和部门。

案例链接

一日，一男士找到酒店大堂副理，要求查找一位刘姓女士，男士自称是刘女士的弟弟。

大堂副理根据酒店为客人保密的惯例进行处理，先打电话到刘女士的房间，无人接听，遂转告："客人房间无人接听。"随后，男士出示一张刘女士的遗书，上面写明离开这个世界前要来入住这个酒店。

前台接待立即通知酒店安全部。安全部接报后，根据前台提供的刘女士的房间号，迅速派员赶赴房间，发现刘女士已服安眠药呈半昏迷状态。安全人员遂通知其在大堂等待的亲属赶到现场，同时，通知酒店的值班汽车在原地待命。

亲属赶到现场，同安全人员一道将刘女士通过员工电梯运送到地下停车场，迅速送往医院抢救。房务部人员赶到现场，同安全人员和其亲属对现场物品进行清理，并做好详细认证登记工作，随后清理现场。

刘女士经抢救脱险，大堂副理到医院送去鲜花，计财部清理客人账单请亲属处理。从刘女士的家属进酒店查找，到离店送医院抢救，从正常程序转为应急程序，整个过程经酒店监控系统记录为23分钟，赢得了宝贵的时间，避免了严重后果。

【解析】

（1）在确认紧急事态之前，仍需执行正常程序。案例中大堂副理在未确定那位男士所说是否属实的情况下，仍根据为客人保密惯例处理，未透露客人房间号。对这位不知名男士无法辨认其身份及所说是否属实前，如果工作人员透漏出客人信息可能会引起其他不必要的事情发生。从保证客人安全角度出发，此时应按正常程序执行。

（2）各相关部门按程序逐步纳入应急程序，整体协调配合，以最快速度解决问题。案例中各部门协调工作，处理程序流畅，节约了宝贵时间，整个过程仅用23分钟。

（3）事后工作处理得当。案例中的酒店进行了到位的、尽心的事后抚慰工作。让客人深切感到酒店的人情和温暖。

设置应急程序是酒店管理工作中不可缺少的一环，但管理人员稳定的心理素质，丰富的知识，缜密、远见的处事方式都是提高酒店服务品质的不可或缺的必备条件，各部门密切的配合更是完美处理紧急事件的关键。

"99＋1=0"的含义大家都知道，那就是服务无止境。在当前已经规范了的程序下，任何细小的问题都能引发客人对我们的不满意，从而影响酒店的整体服务水准。因此，我们有必要对出现的任何情况进行分析，寻找原因，找出答案，进而制订成合乎酒店实际情况的可操纵程序，从而不断提升酒店的服务品质，提高酒店的综合竞争能力。

（六）特殊情况补救

（1）根据授权给予房价优惠。

（2）发生客账争端时，如客人意见合理，根据授权签订减免。

（3）可向客人提供鲜花或水果篮，附上总经理名片，送至客人房间，代表总经理表示谢意或歉意。

（4）可向客人赠送酒店小礼品，或请客人饮用咖啡，以表谢意或歉意。

（5）在住房条件许可的情况下，可向前厅接待或收银员发单允许客人推迟退房。原则上退房时间不得超过当天18:00。

（七）为住店客人过生日（图9-1）

图9-1　泰国芭堤雅阿玛丽兰花酒店的大堂副理为一位长住客过80岁生日

（1）在客人生日申报单上签字。生日客人的查询由前厅夜班负责，如有生日客人，填写客人生日申报单，然后交由大堂副理签字。

（2）将经过签字的"客人生日申报单"一份交回前厅留存，另一份由前厅交餐饮部准备生日蛋糕。

（3）通知柜台员工，以备随时祝贺客人生日快乐。

（4）从办公室秘书处领取生日卡，请总经理签字后，准备送入客人房间。

（5）与客人取得联系，在适当的时候持生日贺卡上楼，由送餐人员送上蛋糕，同时祝贺客人生日快乐。

（6）借此机会与客人做短暂交流，征求客人的意见。

四、大堂副理工作"十忌"

大堂副理（AM）是沟通酒店和客人之间的桥梁，是酒店建立良好宾客关系的重要环节。为了把大堂副理的工作做得更好，就此归纳总结出大堂副理工作"十忌"。

（1）忌总是刻板呆坐在大堂工作台。

大堂副理大多数时间应在大堂迎来送往招呼来来去去的客人，随机地回答客人的一些问询，不放过能与客人交往的任何机会，一方面方便了客人，使酒店的服务更具人情味，增加了大堂副理的亲和力；另一方面可以收集到更多客人对酒店的意见和建议，以利于我们发现酒店服务与管理中存在的问题与不足，及时发现隐患苗头，抢在客人投诉之前进行事前控制。

（2）忌在客人面前称酒店其他部门的员工为"他们"。

在客人心目中，酒店是一个整体，不论是哪个部门出现问题，他们都会认为就是酒店的责任，而大堂副理是代表酒店开展工作的，故切忌在客人面前称别部门员工为"他们"。

（3）忌在处理投诉时不注意时间、场合、地点。

有的大堂副理在处理客人投诉时往往只重视了及时性原则，而忽略了处理问题的灵活性和艺术性。例如客人在午休、进餐、发怒时，或在大堂、宴会厅等公共场所，在这些时间和场合去处理投诉效果就不佳，还可能引起客人反感。

（4）忌缺乏自信，在客人面前表现出过分的谦卑。

过分的谦卑是缺乏自信的表现，往往会被客人看不起，对酒店失去信心。确实地说，大堂副理是代表酒店总经理在处理客人的投诉和进行相关的接待，其一言一行代表着酒店的形象，应表现出充分的自信，彬彬有礼，热情好客，不卑不亢，谦恭而非卑微。

（5）忌唯恐客人投诉。

投诉是坏事，也是好事，投诉的客人就像一位医生，在无偿地为酒店提供诊断，以使酒店管理者能够对症下药，改进服务和设施，提高服务质量和管理水平。因此我们不应该回避投诉，而应正确对待。

（6）忌讲话无分寸，不留余地。

为了避免在处理客人投诉时使自己陷入被动，一定要给自己留有余地，不能把话说死，但要明确告诉客人会多长时间内解决问题。

（7）忌不熟悉酒店业务和相关知识。

大堂副理如果不熟悉酒店业务知识和相关知识，如客房服务程序、送餐服务、收银程序及相关规定、酒店折扣情况、信用卡知识、洗涤知识、基本法律法规、民航票务知识等，势必会影响到处理投诉的准确性和及时性，同时也将失去了客人对酒店的信赖。

（8）忌存有与客人暗地比高低、争输赢的心态。

一般来讲，客人投诉，说明我们的服务和管理上有问题，而且一般情况下客人是不愿来当面投诉的，因此，即使是客人的言行有些出入，我们也应把"对"让给客人。因为即使我们表面上"赢"了客人，却得罪了客人，使客人对我们和酒店不满意，实际上我们还是输了。

（9）忌在处理投诉时只对客人就事论事，不能领会客人的真实意图。

客人投诉归纳起来不外乎三种心态，即，求发泄、求尊重、求补偿。大堂副理要能准确地把握客人投诉的真实心态和用意，要给客人发泄的机会，不要与客人进行无谓的争辩和解释。及时、正确地领会投诉的心态和意图是处理好投诉的关键和捷径。

（10）忌忽视对投诉结果的进一步关注。

接待客人投诉的人，往往并不是实际解决问题的人，因此客人的投诉是否最终得到解决仍然是个问号，事实上，很多客人的投诉并未得到根本解决，或是这个问题解决了，却又引发了另一个问题，故对投诉的处理过程进行跟踪，对处理结果予以关注尤其重要，从而使客人对酒店留下良好的印象。

任务二　熟悉宾客关系主任的岗位职责

为进一步增进与客人的双向沟通，加强与客人的联系，维护与客人的关系，现在，不少高档豪华酒店在前厅设有客务关系部（Guest Relation Department），宾客关系主任（Guest Relation Officer，缩写GRO）就是专门用来建立和维护良好的宾客关系的岗位。宾客关系主任（图9-2）直接向大堂副理（AM）或值班经理（MOD）负责。其职责是与客人建立良好的关系，协助大堂副理欢迎贵宾以及安排团体临时性的特别要求。

图9-2　宾客关系主任

一、宾客关系主任的工作职责

（1）执行有关对客关系区域的服务，例如，迎接VIP、订花、送生日卡、书写欢迎信或道歉信等。

（2）在VIP到达前，确定房间已按标准设置完毕，例如，礼品已摆放、鲜花已送。针对不同需求，与送餐服务部、客房部和工程部等部门通力合作。

（3）VIP到达时，迎送客人至客房，解释酒店及客房设施，为他们逗留期间提供帮助。

（4）经常巡视大堂和前台，主动为客人提供帮助。

（5）与VIP客人和长住客人保持良好关系。在他们入住期间，打礼貌电话征询其意见，为他们提供酒店服务信息及当地风景名胜介绍，处理他们的特殊要求，如餐厅定位和用车需求等。

（6）有礼、有效地处理客人需求和投诉，如果有必要，给相关人员提供指导以保证客人满意。记录下所有客人需求和投诉，以便进一步跟踪。

（7）VIP结账离店时，与其进行告别，询问入住期间情况，邀请他们下次光临。如有必要，帮助他们预订下次房间。

（8）收集客人意见，以便掌握他们在店期间所受服务的反馈，分析归纳他们的意见，提供合理化建议。

（9）高入住率期间，协助前台和行政楼层工作，帮助登记入住，结账和处理客人特殊要求。

（10）与前厅部其他管理人员、客房部和送餐服务部紧密合作，确保诸如VIP入住行政楼层的房间检查、迎送VIP登记入住、结账和行李运送等服务顺畅。

（11）掌握酒店产品知识、当地旅游商务信息，并将其传递给直接下属，以便他们能够回答客人的要求和问题。

从宾客关系主任的职责可以看出这个岗位的重要性和必要性，由此对宾客关系主任提出了很高的要求，不但要熟悉酒店运转体系，掌握酒店管理，特别是前台运转部门管理基础理论，掌握公共关系学及旅游心理学的基本知识；更应该熟悉酒店的各项政策及管理规定，了解酒店安全、消防方面的规章制度、处理程序及应急措施；同时具有高度的责任感和强烈的服务意识，为人正派，热情大方，办事稳重；能独立处理较复杂的紧急问题，有较强的应变能力、组织指挥能力和是非判断能力。只有具备了以上素质，才能够去做一名合格的宾客关系主任。

二、宾客关系主任的日常工作流程

（1）VIP房的保留和检查。

（2）问候、欢迎VIP客人。

（3）陪同并帮助VIP客人办理入住登记手续。

（4）向客人致礼貌问候电话。

（5）离店问候电话，受理客人推迟退房的请求。

（6）帮客人预订下一家酒店。

（7）办理快速结账离店。

（8）带领客人参观酒店。

（9）处理客人投诉。

（10）接受客人表扬。

（11）监督对客服务质量。

（12）电话要求医生服务。

（13）长住客计划。

（14）为客人过生日。

（15）客人喜好卡。

项目三　处理客人投诉

> 📖 **学习与训练子目标**
>
> 1. 了解客人投诉的原因和类型。
> 2. 熟悉客人投诉的心理和性格分析。
> 3. 正确认识客人投诉并掌握客人投诉处理的程序和艺术。

 案例导读

叫早（Morning Call）失误引起的投诉

王先生入住北京一家五星级酒店，头天晚上11时多曾让话务员帮助叫早，但不知什么原因，话务员没有准时叫醒客人，而使客人晚起耽误了航班，客人向酒店投诉要求店方承担责任。大堂副理（AM）去见王先生，下面是他们的对话。

AM：你好，王先生，我是大堂副理，请告诉我发生了什么事？

王先生：什么事你还不知道？我耽误了飞机，你们要赔偿我的损失。

AM：你不要着急，请坐下慢慢说。

王先生：你别站着说话不腰疼，换你试试。

AM：如果这件事发生在我身上，我肯定会冷静的，我希望你也冷静。

王先生：我没你修养好，你也不用教训我。我们没什么好讲的，去叫你们经理来。

AM：可以叫经理来，但你对我应该有起码的尊敬，我是来解决问题的，可不是来受你气的。

王先生：你不受气，难道让我这花钱的客人受气？真是岂有此理。

AM：……

【解析】

大堂副理是对客关系的代表，能否有效处理投诉，既反映大堂副理的能力，也是赢得并保住客人的重要手段。有人作了调查，得罪一个客人，会潜在损失25位客人。可见正确处理投诉的重要性。

案例中大堂副理缺乏处理投诉的技巧和经验。正确的处理投诉的技巧为：听——专心致志地听，以示你对客人的关心；道歉——若是店方的问题，对客人的抱怨表示歉意；询问——了解问题，以示同情；记录——有必要把客人反映的情况记录下来；办法——提出解决问题的办法，有时可以是几种办法，让客人参与；跟查——跟踪检查结果。

客人投诉（Complaint）管理，是酒店宾客关系管理的一项非常重要的内容。对于酒店来讲，其工作目标是使每一位客人满意。但事实上，由于酒店是一个复杂的整体运作系统，而且客人的个性特点千差万别，对服务的需求也是多种多样的，因此，无论多么豪华、多高档次的酒店，无论酒店经营多么出色，都不可能百分之百地让客人满意。客人投诉也是不可能完全避免的。酒店投诉管理的目的和宗旨，在于如何减少客人的投诉，及如何使因客人投诉而造成的危害减少到最低限度，最终使客人对投诉的处理结果感到满意。

前厅作为酒店和客人之间的纽带，当客人对酒店产生不满时，常常来前厅投诉。前厅员工需要掌握正确的投诉处理方法，妥善地处理客人的投诉，将投诉造成的损失降至最低程度，并努力使每一位不满意的客人转变为满意的客人。

任务一　认识客人投诉的原因

投诉是指客人对酒店的设备、服务等产生不满时，以书面或口头方式向酒店提出的意见或建议。酒店客人投诉的原因涉及方方面面，既有酒店方面的原因，也有客人方面的原因。分析客人投诉的原因，往往集中体现在以下几个方面。

一、酒店方面的原因所引起的投诉

1.有关酒店硬件设施设备的投诉

此类投诉是指由于酒店的设施设备不能正常运行而给客人带来不便，甚至伤害，引起客人投诉。它包括客人对空调、照明、供暖、供水、供电、家具、门锁、钥匙、管道、电器、电梯等设备、设施的投诉。此类投诉一般占有很大比例。我国酒店与国际酒店相比，存在的突出问题之一就是设施设备保养不善。当然，即使酒店采取了全方位的预防性维修与保养，也很难杜绝所有运转中的设备、设施可能出现的故障。因此，前台工作人员在受理此类投诉时，最好是协同有关部门的工作人员去实地观察，然后根据实际情况，配合有关部门一起采取措施解决。

2.有关酒店软件服务的投诉

此类投诉是指服务人员在服务态度、服务礼节礼貌、服务技能、服务效率、服务纪律等方面达不到酒店服务标准或客人的要求与期望，引起客人的投诉，例如，服务人员对客服务中服务态度不佳，包括冷冰冰的面孔、无礼粗鲁的语言、嘲笑戏弄的行为、过分热情或不负责任的答复、结账时间过长、出现差错、索要小费等。据调查，此类投诉一般要占总投诉的一半以上。

3.有关酒店食品及饮料的投诉

此类投诉是指由于酒店食品及饮料出现的卫生及质量问题，如不清洁、过期变质、口味不佳等，引起客人的投诉。酒店的食品及饮料是除客房及其他设施、设备外另一重要的有形产品，此类质量问题直接影响酒店的声誉及其他服务产品的销售。

4.有关酒店安全状况的投诉

此类投诉是指客人在酒店因人身安全、财产安全或心理安全受到侵犯而投诉，例如，因酒店管理不善而使住客在房间受到骚扰，客人的隐私不被尊重，客人的财物丢失等。

5.有关酒店相应规章制度的投诉

此类投诉是指客人由于对酒店的有关政策规定及制度产生不满而引起的投诉，例如，对酒店内房价、预订、入店手续办理、通信、会客等方面的相应规定，表示不认同或感到不方便等。此时，前台工作人员应努力为客人做好解释工作，说明这些规定是为了保障客人的利益而专设的。同时，在规定范围内，从多角度、多方面帮助客人，消除客人疑虑。在多次接到此类投诉情况下，酒店方面应不断加以归类总结，完善相应规定及制度，使其成为对客服务的更好依据。

二、客人方面的原因所引起的投诉

（1）客人对酒店的希望要求太高，感到酒店相关的服务及设施、项目没有达到应有的水准，不符合其心中的预期，未能体现出物有所值。一旦发现与期望值相差太远时，会产生失望感。

（2）客人的需求及价值观念不同，对事物的看法及衡量的标准不一致，对酒店宣传内容的理解上与酒店有分歧，导致其不同的看法及感受，从而产生某种误解。

（3）少数客人的住店经验及投诉经验非常丰富，熟知酒店的弱点及相关的法律规定，利用酒店管理与服务中存在的不足和通常害怕把事情闹大的顾忌，力图通过投诉迫使酒店给予他们较大的折扣及答应他们比较苛刻的条件。

（4）因客人本身心情不佳，或其他非酒店原因产生的不满在酒店内发泄，或借题发挥，或故意挑衅寻事，导致对服务的投诉。

除此之外，一些意外事件，如交通、天气、地震、台风等也会引发客人的投诉，对此酒店应做好安抚工作，稳定客人的情绪，适当地给客人以补偿。

任务二　了解客人投诉的类型

一、典型性投诉

一位正在结账的客人为等了20分钟仍不见账单而大发雷霆，要求酒店给一个说法，这类问题便是由于酒店的服务与管理不到位而引发的典型性投诉。在酒店所收到的客人投诉中，此类投诉所占比例最大，也是酒店需要及时改进的地方。

二、非典型性投诉

某房间的客人在咖啡厅用餐后对服务员讲"小姐，今天的菜挺好，就是餐厅温度高了些。"这位客人的上述讲话不大像是告状，但我们仍然应该把它视为投诉。因为客人毕竟向我们传达了一种批评的信息。尽管他可能是随口而说，且并无怒气。次日，当他又一次来到餐厅时，经理走上前来对他说："先生，我们已把您对温度的意见转达给了工程部，他们及时处理过了，您觉得今天的温度怎么样？"尽管客人只是说了声"谢谢，很好"，但他对这家酒店的信心已大为提高。如果酒店在其他方面没有大的差错的话，这位客人算是留住了。

然而，在当今酒店业，更大的一种可能性是：客人又一次来到餐厅，包括温度在内的一切都是老样子，也没人向他解释什么。餐厅的员工们不记得他昨天说了什么，即使记得也不会认为那是在投诉，因为他没有发脾气，也没要找经理，只不过随口说说，况且他还夸过餐厅的菜不错呢。

一般情况下，无论对哪种结果，客人都不会作出强烈的反应，但这些所闻所见却会形成一种积累，最终促使他们是否仍选择这家酒店。他还可能把这愉快或不愉快的感觉或经历告诉他的朋友、亲属和同事。

三、控告性投诉

此类投诉的特点是：当客人的人身或财产受到伤害或损失时，客人往往采取较为激烈的控告性投诉，并要求酒店给出某种承诺或选择。

案例链接

任何酒店都拥有一批老客户，他们都十分偏爱自己常住的酒店，并且客人与酒店上上下下的工作人员都很亲热友好。C先生就是这样一位老客户。一天，他和往常一样，因商务出差，来到了X酒店。如果是平时，C先生很快就能住进客房。但是，正在酒店召开的一天大型会议使得C先生不能马上进房，服务员告诉他，到晚9点可将房间安排好。C先生只好到店外的一家餐厅去用餐。由于携带手提包不方便，他顺便来到前台，没有指定哪一位服务员，和往常一样，随随便便地说，他把手提包寄存在他们那里，10点以前来取，请他们予以关照。当然，他没有拿收条或牌号之类的凭证。当C先生在10点前回到酒店吩咐服务员到大堂帮他取回手提包时，大堂经理却说找不到，并问C先生的存牌号是多少？ C先生讲，同平时一样，他没拿什么存牌。第二天，尽管酒店竭尽全力，却仍未找到。于是，C先生突然翻脸，声称包内有重要文件和很多现金，他要求酒店处理有关人员，并赔偿他的损失。

四、批评性投诉

此类客人通常很在意自己的心理感受，在自己受到冷遇并心怀不满时，情绪相对平静，但只是把这种不满告诉酒店，向酒店提出批评，以此希望引起酒店的重视，不一定要对方作出什么承诺。

五、建设性投诉

此类客人通常非常理智，而且对酒店的产品和服务非常熟悉，根据自身在酒店的消费经历来评判酒店的服务质量和服务水平，提出相关的意见和建议，而并不要求酒店给予自己何种物质或精神上的补偿。

有一位先生是一家酒店的长住客人（LSG），这天早上他离开房间时，同往常一样，还是习惯要和清扫房间的服务员聊上几句。他说他夫人和孩子今天就要从国外来看他了。他夫人以前曾住过这家酒店，印象非常好，而且凡是她有朋友到此地，大多都被推荐到这里来，先生说，她夫人唯一希望的是，酒店的员工能叫出她的名字，而不仅仅是夫人或太太，因为她的先生是酒店的长住客人。这样她会觉得更有面子。

当然，投诉的性质不是一成不变的，不被理睬的建设性投诉会进一步变成批评性投诉，进而发展成为控告性投诉，或是客人愤然离店，并至少在短期内不再回来。无论哪一种局面出现，对酒店来说，都是一种损失。

如果我们对某些酒店所接到的投诉进行统计分析，就会发现一条规律，凡控告性投诉所占比重较大的酒店，肯定从服务质量到内部管理都存在着很多问题，过多的控告性投诉，会使酒店疲于奔命，仿佛是一部消防车，四处救火，始终处于被动状态。其员工队伍也必定是缺乏凝聚力和集体荣誉感。而建设性投诉所占重大的酒店，则应该是管理正规，秩序井然。酒店不断从客人的建设性意见中汲取养分，以改善自己的工作，员工的士气也势必高涨，从而形成企业内部的良性循环。

任务三 分析客人投诉的心理和性格

一、客人投诉的心理分析

当客人在酒店的消费过程中，遇到不满、抱怨、遗憾时，会有不同的反应，可能投诉，也可能不投诉，这与客人的心理因素有关。

（一）不愿意投诉的客人心理

（1）不习惯：有些客人由于对高档服务环境规范不够了解而不投诉，而有些客人则由于不习惯表达自己的意见而不提出投诉。

（2）不愿意：有些客人由于宽宏大量、善于理解他人而不提出投诉，生活方式为粗线条型的客人通常也不愿意为小事投诉。

（3）不相信：部分客人会自认倒霉，认为投诉解决不了什么问题而不愿投诉。

（4）怕麻烦：有一部分客人会因时间紧迫、不愿多事而不愿投诉。

（二）采取投诉的客人心理

（1）热心提出建议：生活严谨、认真的客人。

（2）想表现自己见多识广：表现欲强且有一定知识的客人。

（3）想挽回损失、保全面子：自我保护意识强的客人及了解服务规范的客人。

（4）借题发挥：自控性不强或遇事个性太强的客人。

（5）无理取闹、无端生事：情绪不稳定、素质较低的客人。

（6）有意敲诈：存心不良、另有企图的客人。

二、宾客投诉的性格分析

（一）理智型宾客

理智型客人在酒店内下榻，如果受到一种冷遇服务，或受到一种较为粗鲁的言行，或是一种不礼貌的服务以后，往往会产生一种不满和生气的情绪。但他们不会动情，更不会因此而发怒，他们那时的情绪显得比较压抑，他们力求以理智的态度、平和的语气和准确清晰的表达，向受理投诉者陈述事情的经过以及自己的看法和要求。理智型客人很容易打交道，出现问题，只要对他们表示同情，并能立即采取必要的改进措施，他们会发出感谢之言。因为，这类客人多数受过良好的教育，既通情达理又会在发生问题时表现出冷静和理智，所以对他们提出的投诉较容易处理。为此，酒店应该注意向理智型客人提供最佳服务，争取他们再次光临酒店，他们是酒店的主要客人。

（二）失望型宾客

失望型客人在遇到他们事先预订好的服务项目，如电话预订客房，因酒店的某些部门的粗心服务而被忘却、失约；或当客人所付出的费用与得到的服务产品质量不成比例，未能体现出"物有所值"时，都会引起客人的失望、不满或发火。失望型客人的情绪起伏较大，时而愤怒，时而遗憾，时而厉声质问，时而摇头叹息，对酒店或事件深深失望，对自己遭受的损失痛心不已，是这类客人的显著特征。处理这类客人的有效办法便是让他们消气、息怒，即刻采取必要的补救措施。

（三）发怒型宾客

发怒型客人很容易识别，在他们受到不热情、不周到服务时，或受到冷遇服务或碰到个别服务员粗鲁言行的场面，发怒型客人很难抑制自己的情绪，往往在产生不满的那一刻就会发出较高的骂声，言谈不加修饰，不留余地。他们急于向酒店人员讲清道理，获得理解，对闪烁其词、拖拉应付的工作作风深恶痛绝，希望能干脆利落地解决问题，并要酒店承认过失。对这类客人的投诉，首先要使他们息怒，消气，然后耐心听取他们的批评意见。

任务四　正确理解客人投诉

投诉是酒店管理者与客人沟通的桥梁，对客人的投诉应有一个正确的认识。投诉是坏事也是好事，它可能使被投诉者感到不快，甚至受罚，接待投诉客人也是一件令人不愉快的事，对很多人来说，是一次挑战；但投诉又是一个信号，告诉我们酒店服务和管理中存在的问题。形象地说，投诉的客人就像一位医生，在免费为酒店提供诊断，以使酒店管理者能够对症下药，改进服务和设施，吸引更多的客人前来住宿。因此，酒店对客人的投诉应给予足够的重视。

一、客人投诉的必然性和合理性

酒店向客人提供的是服务产品，作为一种公开销售的服务产品，客人有权对服务项目、服务设施和设备、服务态度、服务感情、服务程序、服务效率以及服务效果等产品质量进行评论。客人投诉不仅仅意味着客人的某些需求未能得到满足，同时又说明酒店的工作有漏洞，实际上，投诉也正是客人对酒店服务质量和管理质量的一种评价。真正投诉的客人并不多，虽然投诉并不令人愉快，任何酒店、任何员工都不希望有客人投诉自己的工作，这是人之常情。然而，即使是世界上最负盛名的酒店也会遇到客人的投诉。

首先，对酒店来说，无论服务的软件和硬件多么完善，都不可能达到完美的程度，所以客人的投诉是难于避免的。

其次，客人的要求具有多样性和特殊性，可谓是众口难调。

再次，酒店服务工作在运行中，难免有不尽如人意的地方。

最后，现在的客人自我保护意识越来越强，他们清楚自己付出的较高费用应该享受的服务程度。

二、客人投诉的积极性和消极性

（一）投诉的积极因素

客人来自四面八方，不乏有一些见多识广、阅历丰富的人。客人从自身的角度，对酒店服务工作提出宝贵的批评意见，有利于酒店不断改进和完善服务工作。所以，客人的投诉是酒店完善服务工作的一种信息来源，尤其一些善意的投诉正是酒店所希望的。同时，通过投诉的处理，加强了酒店同客人之间的沟通，进一步了解了市场需求，提高了竞争力，有利于争取更多的客源。因此，对客人的投诉，酒店应将其看作是发现自身服务及营运管理的漏洞，改进和提高酒店服务质量的重要途径。

（二）投诉的消极因素

客人在服务环境或公众面前投诉，会影响酒店的声誉和形象，这是对酒店最不利的消极因素。对于酒店来说，争取和维持客人是一件很不容易的事，如果对客人投诉处理方式不当，客人因不满而离去，真正受损失的还是酒店；同时，有些客人并不轻易投诉，而把不满留在心里，拒绝下次光顾，或向其亲友、同事抱怨，这也影响了酒店对外的形象和声誉。

事实上，投诉产生后，引起客人投诉的原因并不重要，关键是酒店怎样看待客人的投诉，使用怎样的态度去面对，采取怎样的方法来解决客人的投诉。成功的酒店善于把投诉的消极面转化为积极面，通过处理投诉来促进自己不断提高工作质量，防止投诉的再次发生。

美国一家网站在对客人满意度的调查过程中，发现这样一些现象。

（1）多数公司对96%的客人不满情况一无所知。

（2）在提出投诉的客人中，有54%～70%的人在问题获得解决的情况下就会再次光顾，如果问题解决得快，这个比例会攀升95%。

（3）当一位客人不满时，他平均会告诉9～10人，更有13%人会把这件事告诉20人以上。

（4）平均每位提出投诉而获得圆满解决的客人，会把其受到的待遇告诉5～8人。

（5）问题没有得到圆满解决的客人，会把他们的负面经验告诉8～16人。

该网站的另一项重大发现是：大约有50%的客人在遇到问题时会选择沉默忍受，他们懒得投诉，只是选择离开进而转向竞争对手。

由此可见，正确地看待投诉和合理的处理投诉对酒店发展宾客关系具有至关重要的作用。

三、客人投诉对酒店的作用

（1）可以帮助酒店管理者发现服务与管理中的问题和不足。

酒店中的问题是客观存在的，但管理者不一定能发现。原因之一是"不识庐山真面目，只缘身在此山中"。管理者在一家酒店一工作就是几年，甚至几十年，长期在一个环境工作，对本酒店的问题可能会视而不见，麻木不仁；而客人不同，他们付了钱，期望得到与他们所付的钱相称的服务，某家酒店存在的问题，在他们眼里可能一目了然。原因之二是尽管酒店要求员工"管理者在与不在一个样"，但事实上，很多员工并没有做到这一点，管理者在与不在完全两样，因此，管理者很难发现问题。但客人则不同，他们是酒店产品的直接消费者，对酒店服务中存在的问题有切身的体会和感受，因此，他们最容易发现问题，找到不足。

（2）为酒店方面提供了一个改善宾客关系、挽回自身声誉的机会。

研究表明：使1位客人满意，可以招揽8位客人上门，而惹恼一个客人则会导致25位客人从此不再光临。因此客人有投诉，说明客人不满意，如果这位客人不投诉或投诉了没有得到满意的解决，客人将不再入住该酒店，同时意味着失去了25位潜在的客人，无疑，这对酒店是一个巨大的损失。通过客人投诉，给酒店提供了一个使客人由"不满意"到"满意"的机会，加强了彼此的沟通，消除了对酒店的不良印象。

（3）有利于酒店改善服务质量，提高管理水平。

酒店通过客人的投诉不断地发现问题，解决问题，进而改善服务质量，提高管理水平。

（4）投诉有助于创造常客。

目前，酒店业非常重视培养忠诚顾客，而研究表明，提出投诉而又得到妥善处理的客人大多会成为回头客，所以，投诉在使酒店为难的同时，也创造了常客。

（5）投诉说明客人对酒店还有较高的期望值。

通常，如果客人认为某一酒店令他不满是一个例外才会投诉，在该客人心目中酒店的形象远比现在客人感受到得要好，客人认为通过投诉，酒店就会表现出应有的水平；如果客人对某酒店的服务不满而又认为该酒店的正常水平就是如此，通常也不会投诉，他会去寻找其他理想中的酒店。

任务五　正确处理客人投诉

一、投诉处理的原则

在处理客人投诉的过程中，酒店方面要注意把握以下几个原则。

（一）真心诚意帮助客人

处理客人投诉，"真诚"两字非常重要。应理解客人的心情，同情客人的处境，努力识别和满足他们的真实需求，满怀诚意地帮助客人解决问题。只有这样，才能赢得客人的信任和好感，才能有助于问题的解决。处理客人投诉时的任何拖沓或"没了下文"都会招致客人更强烈的不满。因此，酒店要制定合理、行之有效的有关处理投诉的规章制度，以便服务人员在处理投诉时有所依据。

（二）绝不与客人争辩

处理客人投诉时，要有心理准备，即使客人使用过激的语言及行为，也一定要在冷静的状态下同客人沟通。当客人怒气冲冲前来投诉时，首先，应适当选择处理投诉的地点，避免在公共场合接受投诉；其次，应让客人把话讲完，然后对客人的遭遇表示同情，还应感谢客人对酒店的关心。一定要注意冷静和礼貌，绝对不要与客人争辩。

（三）"双利益"原则

处理投诉时，应真诚为客人解决问题，保护客人利益，但同时也要注意保护酒店的正当利益，维护酒店整体形象。不能仅仅注重客人的陈述，讨好客人，轻易表态，给酒店造成不该有的损失，更不能顺着或诱导客人抱怨酒店某一部门，贬低他人，推卸责任，使客人对酒店整体形象产生怀疑。对涉及经济问题的投诉，要以事实为依据，具体问题具体对待，不使客人蒙受不应蒙受的经济损失，酒店也不应无故承担赔偿责任。仅从经济上补偿客人的损失和伤害不是解决问题的唯一有效方法。

（四）切不可在客人面前推卸责任

在接待和处理客人投诉时，一些员工自觉或不自觉地推卸责任，殊不知，这样给客人的印象反而更糟，使客人更加气愤，结果，旧的投诉未解决，又引发了客人新的更为激烈的投诉，出现投诉的"连环套"。

（五）尽快处理投诉问题

美国服务业质量管理奖的获得者Patrick Mene总结了"1-10-100"的服务补救法则，

即出现服务失误后，当场补救可能要使企业花费1美元，第二天补救的费用就会是10美元，而以后进行补救的费用会上升到100美元。这是对服务补救经济效益的最好诠释。

100-1=0与100-1+1＞100

作为酒店人，大家可能对100-1=0这个定律都非常清楚，这个定律最初来源于一项监狱的职责纪律：不管以前干得多好，如果在众多犯人里逃掉一个，便是永远的失职。随后，这个定律慢慢地延伸到各个行业，在酒店行业内，这一定律含有两层含义：第一层含义是酒店的对客服务是由一个个环节串成的，只要有一个环节没有让客人满意，那么即使其他环节做得再好，客人对酒店的满意度还是等于零；第二层含义是100个客人中只要有一个客人不满意，那么说明酒店的服务质量还是存在问题的。由此衍生出了100-1+1＞100定律，该定律主要说明了酒店中服务补台和服务补救的重要性，后面的那个"1"就是针对前面那个"1"所采取的补台措施。换言之，酒店服务中出现投诉或差错并不意味着就是世界末日了，只要补台工作做得好，也许所产生的正面效果将超过原先预计的效果。

在阐述之前首先跟大家分享奔驰公司的一个经典案例，通过这个案例也许大家会对100-1+1＞100定律有更加深刻的理解。有一次，一个法国农场主驾驶着一辆奔驰货车从农场出发去德国。可是，当车行驶到了一个荒村时，发动机出故障了。农场主又气又恼，大骂一贯自我标榜高质量的奔驰骗人。这时，他抱着试一试的心情，用车上的小型发报机向奔驰汽车的总部发出了求救信号。这样的事情现在也经常发生，一般来说驾驶员只好自己找拖车拖到4S店进行维修，可是奔驰公司却不是这样做的，不仅用直升机将工程师和检修工人送到现场进行免费维修，而且后来还为这位农场主免费换了一辆崭新的同类型货车。结果也就可想而知了，法国农场主不仅没有了一点抱怨之心，反而连连夸赞他们，夸赞奔驰公司。

从上述案例中可以明显地看到，只要我们处理得当，那么坏事也会变成好事。统计结果表明：如果全球市场中的1个消费者对某产品或服务的质量满意，会告诉另外8个人；如果不满意，则会告诉25个人。这一正一付之差可以充分说明补台在酒店服务中的重要性。那么酒店的服务补台又该如何操作呢？首先申明一点，补台的操作跟投诉的处理有共通点，但是又有区别，因为补台不一定要发生投诉后才进行，换言之补台的范围比投诉处理更广。

首先，上至管理人员，下至普通员工，要具有补台的意识，对于补台的重要性要充分认识，对于补台不及时所造成与负面影响也要有全面、清晰的认识，如果不够重视那么势必会影响到接下来所采取的措施，甚至会无动于衷。某酒店保安员在提供代客泊车的服务时把客人的车子给撞了，保安员当场就跑了（由于车子当时是在路边停车时撞的，不在酒店停车场，车子后来被交警支队拖走了），而领班发现这个问题后害怕承担责任没有上报，并且一开始还隐瞒事实，导致客人发现车子不见后上升成为一个重大的投诉，最后还报了警（由于他的隐瞒导致酒店领导对这个事件也不清楚，同时由于不在酒店范围内监控也看不到）。由此可见补台意识的重要性，如果当时这个领班发现该员工不见了并调查清楚问题后立即上报领导，由领导出面解决，也许这个事件就不会恶化到最后的地步了。

其次，部门与部门之间、班组与班组之间、员工与员工之间要形成一种团队的氛围，不要因为这是某个人、某个班组或者某个部门产生的问题就熟视无睹或者一味地埋怨别人，而是要积极地为其他人、其他班组、其他部门做好补台工作。在中国饭店业协会的一次接待中，有一场宴请，从场地的布置、主桌的设计、菜肴的质量、服务的提供等方面都非常令会务组满意，可就在宴请已过大半的时候意外发生了，两名来自厦门一家酒店的同行突然外出回来了，一方面当时已经没有空位子了，另一方面考虑到大部分菜肴已被用光，就算加位子，此时上去能吃的东西也不多了，于是酒店方只好请示会务组，会务组的负责人表示由于已超过用餐时间，会务组不另外安排了。一般来说，会务组都这样表示了，酒店也完全可以这样去答复客人。不过作为接待方，这样可能会让这两位同行对酒店产生一些不必要的误会或负面印象，因此酒店接待人员请示了一下总经理，最终安排两位同行去西餐厅就餐。在陪同两位同行的过程中，可以明显地感受到两位同行的心理变化，从最初的满腹抱怨到后面对酒店设备设施、服务的表扬，虽然问题的发生不是由酒店直接造成的，但如果处理得不好却可能带来一些负面的影响。

最后，酒店需建立首问责任制和快速反应机制。首问责任制即是任何员工预见客人的需求、接到客人的投诉或者收到客人的请求后必须第一时间协助客人解决，如果解决不了必须第一时间找到能够解决该问题的人，而不是相互推脱。而快速反应机制则要把客人的任何需求作为当前最紧急的事来处理，不以正在忙、没时间、这不归我管等任何理由来推脱，要让客人感受到对他的重视。要做到真正在工作中贯彻这两种机制，就需要所有员工具备这种意识和具备解决问题的能力，这就离不开酒店的培训，除了服务意识方面的培训外，还有岗位技能的培训、部门/班组之间的交叉流程培训等。

100-1+1＞100定律如果在酒店工作中得到充分的执行，那么酒店不仅会少很多投诉的客人，而且还会增加许多忠诚客人和新客人。

（六）解决投诉不应在公众场合进行

如果在大堂接待处等人多的场合发生客人激烈的投诉，需先陪伴客人到安静、舒适并与外界隔离的地方，如办公室等，以避免客人投诉的激烈情绪与批评在公共场合传播。要有礼貌地接待，请他坐下，最好与客人一起坐在沙发上，使客人有一种受尊重的平等感受，再给客人倒一杯饮料或茶，请他慢慢讲述。在态度上给投诉人以亲切感。有人认为由女性负责人来接待客人投诉比较合理，因为女性微笑容易使暴怒的投诉者趋于平静。

（七）客人投诉时要保持冷静

向酒店服务好的方面引导，不要任由客人贬低酒店服务质量，否则容易引发"连锁反应"，最终使客人对酒店服务整体给予否定。

二、投诉处理的程序

接待投诉客人，无论对服务人员和管理人员，都是一个挑战。要正确、轻松地处理客人投诉，同时又使客人满意，就必须掌握处理客人投诉的程序和方法。

（一）作好接待投诉客人的心理准备

1.树立"客人永远是对的（The guest is always right）"的信念

一般来讲，客人来投诉，说明酒店服务和管理工作有问题，不到万不得已，客人是不愿前来投诉的。因此，首先应该替客人着想，树立"客人永远是对的"的信念。"客人永远是对的"说明：客人的需求在服务中是至高无上的，将这句格言作为处理酒店员工与客人之间的一种准则，是保证酒店产品质量的标准之一。

正确理解"客人永远是对的"。评判一件投诉处理结果的好坏，站在不同的角度，其标准是不同的。往往是客人对其结果满意而酒店却承受了重大的损失；反之亦然。因此，处理投诉的结果理想与不理想，主要视双方的满意程度而定。应该说投诉的处理没有固定的模式和方法，而应根据不同对象、不同时间、不同地点、不同内容、不同程度等采取恰如其分的措施和解决方法，力争达到双方都能接受的完美程度。在酒店服务行业有一种约定俗成的说法："客人总是对的（The guest is always right）"。

规则一：客人永远是对的。

规则二：如果客人是错的，请参照规则一执行。

这是酒店的服务宗旨，是服务观念需要达到的一种境界。但是，在具体处理客人的投诉时，不应机械地、教条地去理解执行，还需认真分析，判断是非。一方面要为客人排忧解难，为客人的利益着想；另一方面又不可在未弄清事实之前或不是酒店过错的情况下，盲目承认客人对具体事实的陈述，讨好客人，轻易表态，给酒店造成声誉上和经济上的损失。

当然，一般情况下，在一些非原则性或非重大问题上，若酒店与客人之间产生纠纷，酒店还是应该礼让三分，主动而又积极改善与客人的关系。所以，如何理解"客人总是对的"，应该持正确的、客观的态度，应该这样认为：

"客人总是对的"强调的是一种无条件为客人服务的思想；

"客人总是对的"是指一般情况下，客人总是对的，无理取闹、无中生有者很少；

"客人总是对的"是因为"客人就是上帝"；

"客人总是对的"并不意味着"员工总是错的"而是要求员工"把对让给客人"；

"客人总是对的"意味着酒店管理人员还必须尊重员工，理解员工。

案例链接

故事发生在斯塔特勒在麦克卢尔旅馆当领班的时候。

一位刚刚与餐厅服务员吵了架的客人冲到服务台要值班员评理。值班员说："因为我认识那个服务员比你要早得多，所以我只好说他是对的。"客人听罢，二话不说，收拾东西，结账离店。

看到这一切的斯塔特勒（Statler）在他的小本子上写下："The guest is always right。"老板对斯塔特勒说："你是不是对服务员太苛刻了，你甚至都不想打听一下服务员是否也有他的道理。"斯塔特勒回答："不是的，先生。我的意思是，服务员不应该与客人争吵，不管什么原因都不应该与客人争吵。您看，我们失去了一位客人，是不是？"

这就是"客人总是对的"这句话的来历。

2.要掌握投诉客人的心态

第一，求发泄。客人在酒店遇到令人气愤的事，怨气满腹，不吐不快，于是前来投诉。

第二，求尊重。无论是软件还是硬件出现问题，在某种情况下都是对客人的不尊重。客人前来投诉就是为了挽回面子，求得尊重。

第三，求补偿。有些客人无论酒店方有无过错，或问题不论大小，都会前来投诉。其真正目的不在事实本身，而在于求补偿，尽管他可能一再强调"这不是钱的事"。因此，在接待客人投诉时，要正确理解客人，给客人发泄的机会，不要与客人进行争辩。如果客人的真正目的在于求补偿，则要看自己有无权限。如果没有这样的权限，就要请上一级管理人员出面接待客人的投诉。

3.设法使客人消气

先让客人把话讲完，切勿乱解释或随便打断客人的讲述。客人讲话时（或大声吵嚷时），接待投诉者要表现出足够的耐心，绝不能随客人情绪的波动而波动，不得失态。即使遇到一些故意挑剔、无理取闹者，也不应与之大声争辩，或仗理欺人，而要耐心听取意见，以柔克刚，使事态不致扩大或影响他人（引导客人理解酒店服务好的方面，不要任由客人贬低酒店的服务质量）。讲话时要注意语音、语调、语气及音量的大小。

接待投诉时，要慎用"微笑"，否则，会使客人产生"幸灾乐祸"的错觉。

（二）认真做好记录工作

边聆听边记录客人的投诉内容，不但可以使客人讲话的速度放慢，缓和客人的情绪，还可以使客人确信，酒店对其反映的问题是重视的。同时，记录的资料也是酒店处理客人投诉的原始依据。

（三）对客人的不幸遭遇表示同情、理解和道歉

设身处地考虑分析，要对客人的遭遇表示抱歉（即使客人反映的不完全是事实，或酒店并没有过错，但至少客人感觉不舒服、不愉快），同时，对客人不幸遭遇表示同情和理解。这样，会使客人感觉受到尊重，同时也会使客人感到你和他站在一起，而不是站在他的对立面与他讲话，从而可以减少对抗情绪。

例如，客人对你说："你们的服务简直糟透了。"这种否定一切的说法，显然是不客观的、不恰当的。根据接待礼仪要求，正确的作法是先适当地满足客人一下，"真抱歉，我们的服务工作是有做得不够好的地方"。等客人的态度变得较为缓和的时候，再向他提出问题："为了进一步改进我们的工作，希望您多指教。您能不能告诉我，您刚才遇到了什么问题？"客人发泄不满时要表示出宽容，不要计较他的气话，在适当的时候说："是的，是这样，关于这件事，您能否说得再具体一点？""现在我们有两种办法来解决这个问题，您看用哪一种办法好？"

（四）把将要采取的措施和所需时间告诉客人并征得客人的同意

如有可能，可请客人选择解决问题的方案或补救措施。不能对客人表示由于权力有限，无能为力，更不能向客人作不切实际的许诺。既要充分估计解决问题所需要的时间，最好能告诉客人具体时间，不含糊其辞，又要留有一定余地，切忌低估解决问题的时间。

（五）立即采取行动，为客人解决问题

这是最关键的一个环节。客人投诉最终是为了解决问题，因此，对于客人的投诉应立即着手处理，如果是自己能解决的，应迅速回复客人，告诉客人处理意见；如果确实属于酒店服务工作的失误，应立即向客人致歉，在征得客人同意后，作出补偿性处理。

如若超出自己权限的，须及时向上级报告；确属暂时不能解决的投诉，要耐心向客人解释，取得谅解，并请客人留下地址和姓名，以便日后告诉客人最终处理的结果。

（1）把要采取的解决方案告诉客人，客人投诉的最终目的是为了解决问题，在解决客人投诉所反映的问题时，应有多种解决方案（处理问题前应有多种准备，划出多条心理底线，预估客人能够接受的条件）。

（2）征求客人的意见，请客人自己选择解决问题的方案或补救措施，以示对他们的尊重。一般人的心理是最相信自己的选择。

（3）切忌一味地向客人道歉、请求原谅而对客人投诉的具体内容置之不理，也不可在客人面前流露出因权力有限而无能为力的态度。

（4）把解决问题的时限告诉客人，应充分估计处理该问题所需的时间。明确地告诉客人，绝不能含糊其辞、模棱两可，从而引起客人的不满，为解决问题增加难度。

（5）立即着手调查，弄清事实，找出根源。

（6）将解决问题的进展情况随时通知客人。

（六）对投诉的处理过程予以跟踪

接待投诉客人的人，并不一定是实际解决问题的人，因此，客人的投诉是否最终得到了解决，仍然是个问号。事实上，很多客人的投诉并未得到解决，因此，必须对投诉的过程进行跟踪，对处理结果予以关注。

（七）检查落实、记录存档，同时感谢客人

检查、核实客人的投诉是否已经圆满解决，并将整个过程记录存档，作为日后工作的依据。与此同时，应再次感谢客人，感谢客人把问题反映给酒店，使酒店能够发现问题，并有机会改正错误。这样，投诉才算得到真正圆满的解决。

处理客人投诉的程序可概要归纳为下列模式，即：

① 承认客人投诉的事实（Get the Facts）。

② 表示同情或歉意（Sympathize or Apologize）。

③ 同意要求并采取措施（Agree and Act）。

④ 感谢客人的批评指教（Thank the Guest）。

⑤ 快速采取行动补偿客人的损失（Act Promptly）。

⑥ 落实、监督和检查解决客人投诉的具体措施和结果（Follow-up）。

⑦ 总结提高（Summarize and Improve）。

三、投诉处理的艺术

为了妥善地处理客人投诉，达到使客人满意的目的，处理客人投诉时要讲究一定的艺术。

（一）降温法

投诉的最终解决只有在"心平气和"的状态下才能进行，因此，接待投诉客人时，首先要保持冷静、理智，同时，要设法消除客人的怒气。比如，可请客人坐下慢慢谈，同时为客人奉上一杯茶水或不含酒精的饮料（Soft Drinks）。

（二）移步法

客人投诉应尽量避免在大庭广众之下处理，要根据当时的具体环境和情况，尽量请客人移步至比较安静、无人干扰的环境，并创造良好的气氛与客人协商解决。避免在公共场所与客人正面交锋，影响其他客人，或使酒店及投诉客人都下不了台。

（三）一站式服务法（One-stop Service）

"一站式服务法（One-stop Service）"也称为"首问负责制"，就是客人投诉的受理人从受理客人投诉、信息收集、协调解决方案、处置客人投诉的全过程跟踪服务。"一站式服务法"要求如下。

（1）快速：受理人直接与客人沟通，了解客人的需求，协商解决方案，指导客人办理相关手续，简化处置流程，避免多人参与以致延误时间，提高办事效率。

（2）简捷：就是节约客人投诉的时间，省去复杂的处理环节。

（3）无差错：避免因压缩流程、减少批准手续产生差错，造成客人重复投诉。

（四）交友法

向客人表达诚意的同时，适时寻找客人感兴趣的、共同的话题，与客人"套近乎"、交友，解除客人的戒备和敌意，引起客人的好感，从而在投诉的处理过程中赢得主动，或为投诉的处理创造良好的环境。

（五）语言艺术法

处理客人投诉时，免不了要与客人沟通，与投诉客人沟通时，特别要注意语言艺术。特别要注意运用礼貌的语言、诚恳的语言以及幽默的语言，另外还要注意避免无意中伤害客人或容易引起客人误解的语言。

（六）博取同情法

对客人动之以情、晓之以理，让客人理解问题的出现并非酒店的主观意愿，而且酒店也愿意承担一定的责任或全部责任，必要时告诉客人，赔偿责任将由当事服务员全部负责，以体现酒店对投诉的重视，同时博取客人的同情。在这种情况下，很多客人会放弃当初的赔偿要求。

（七）多项选择法

即给客人多种选择方案。在解决客人投诉中所反映的问题，往往有多种方案，为了表示对客人的尊重，应征求客人的意见，请客人选择，这也是处理客人投诉的艺术之一。

项目四 建立宾客客史档案

📖 **学习与训练子目标**

1. 掌握客史档案的意义、内容和功能。
2. 明确客史档案收集和管理的方法。
3. 了解客史档案的管理和使用中的注意事项。

 案例导读

胡萝卜汁的故事

有一位客人讲述了他在REGEHT酒店的奇妙经历：几年前，我和香港REGENT酒店的总经理一起用餐时，他问我最喜欢什么饮料，我说最喜欢胡萝卜汁。大约6个月以后，我再次在REGENT酒店做客。在房间的冰箱里，我发现了一大杯胡萝卜汁。以后的几年中，不管什么时候住进REGENT酒店，他们都为我备有胡萝卜汁。最近一次旅行中，飞机还没在启德机场降落，我就想到了酒店里等着我的那杯胡萝卜汁，顿时满嘴口水。几年来，尽管酒店的房价涨了3倍多，我还是住这家酒店，就是因为他们为我准备了胡萝卜汁。

【解析】

酒店就是一个浓缩了的小社会。在这个小社会里，所有光顾消费的客人既有共同的特性和需求，又各有不同的特点，他们对于酒店提供的服务既有相同的要求，即要求服务热情周到规范，又各有不同的个性化要求，这是由他们不同的个体特点决定的。要想超越服务的现有水平，提供富于针对性服务，就必须深入了解每位客人的需求特点。了解客人的需求特点，是提供个性化服务的基础，必须做到真心、细心、耐心。有一位长包住户，是经常下工地的建筑商，每次回到客房后，皮鞋上都沾满了泥浆，用普通的擦鞋纸根本起不了作用，服务员看在眼里，马上为他专门配备了成套的擦鞋用具。这是真心。

客人在消费时，其需求上的特点只要细心，便不难发现。例如，餐厅服务员看到客人品尝某道菜时面露难色，但并没有吭声，便要上前询问，菜是否不合口味，需不需要回锅重做；而不能等到客人忍无可忍自己提出来。这是细心。

客人认可了酒店的服务水准，成为忠诚的回头客以后，不要放松对客人需求的进一步了解，长年累月的细心观察累积起来，对客人需求的特点就形成了全面深刻的认识，在此基础上提供的服务就是抓住回头客的奥妙关键。

总的来说，我们对经常来酒店消费的客人，尤其是那些消费数量和消费金额都很大的客人，或是对酒店声誉影响很大的客人，可以视为重点或目标客源。对于这些客人我们可以制作一份客人历史档案卡，以便及时发现他们的需求特点细节，从而更好地对他们进行有的放矢的推销和服务。服务要做到有的放矢就必须先明确目标客源是什么，这是组织服务的第一步。在实践中，我们往往还会发现，由于酒店迎来送往的客人数以万计，而他们的要求和特点又五花八门，令接待员感到"一个头两个大"，能按程序和规范要求做好接待工作就已经不错了，至于还要充分照顾到客人的个性化要求，则是心有余而力不足了。

解决这个问题的最好办法就是建立客史档案馆，将日常工作中收集到的有关客人的消费资料全部以资料的形式，以制度化的规范文本记载下来。这样一来就克服了个人记忆力的有限性，而完全准确地保留了客情资料，对于那些力图搞好市场营销，使服务工作更有成效的人来说，客史档案是一个珍贵的工具。同时，建立客史档案馆，拥有全面详尽的客情资料还有助于提高酒店经营决策的科学性。具体到操作上来说，客史档案的有关资料主要来自于客人的订房单、住宿登记表、账单、投诉及处理结果记录、客人意见簿及其他平时观察和收集到的有关资料。在以前，这类工作大都是通过手工操作来完成的，速度慢、工作量大、管理困难、调用不方便，随着电脑的普及与应用，这个难题已经得到了极大的解决。无论是从竞争的需要还是从现实的硬件条件来看，建立客史档案都是十分必要而又力所能及的。

知识点与技能点

客史档案（Guest History Record）又称为客人档案，是酒店在对客服务过程中对客人的基本情况、消费行为、信用状况、癖好和期望等进行的记录。建立客史档案是现代酒店宾客关系管理的重要一环。

任务一　了解客史档案的作用

一、客史档案的意义

建立客史档案是酒店了解客人，掌握客人的需求特点，从而为客人提供针性服务的重要途径。对于那些力图搞好市场营销，努力使工作卓有成效，并千方百计使自己的一切活动都针对每个客人个性的酒店经理和工作人员来说，客史档案是一个珍贵的工具。建立客史档案对提同高酒店服务质量，改善酒店经营管理水平具有重要意义。

（1）有利于酒店提供"个性化"服务（Personalized Service），增加人情味。

服务的标准化、规范化（Standard Service），是保障酒店服务质量的基础，而个性化服务（Personalized Service）则是酒店质量的灵魂，要提高服务质量，必须为客人提供更加富有人情味的、突破标准化与规范化的"个性化"服务，这是服务质量的最高境界，是酒店服务的发展趋势。

（2）有利于做好针对性的促销工作，争取回头客，培养忠诚顾客。

客史档案的建立，不仅能使酒店根据客人需求，为客人提供有针对性的促销工作。比如，通过客史档案，了解客人的基本情况，定期与客人取得联系，为酒店培养更多的忠实顾客。

（3）有助于提高酒店经营决策的科学性，提高经营管理水平。

任何一家酒店，都应该有自己的目标市场，通过最大限度满足目标市场的需要来赢得客人，获取利润，提高经济效益，如果酒店管理者未能对这一潜力巨大的资料库很好地利用，忽视了它的作用，就会影响到酒店的经营活动，进而影响到酒店经营决策的科学性。

案例链接

一次美国纽约交响乐团访问曼谷。曼谷文华东方饭店（Mandarin Oriental Bangkok）得知，该团的艺术大师祖宾·梅塔酷爱芒果和蟋蟀，便派人遍访泰国乡村，为他找来早已下市的芒果，甚至通过外交途径，弄到不久前刚刚进行过的蟋蟀大赛录像。当然，人们也就不难理解，为什么梅塔一行106人，竟然会拒绝曼谷其他豪华酒店的免费住宿的美意，宁肯花钱进"文华东方"的道理。也许是同样的原因，文华东方饭店接待的客人中，曾经下榻过的客人达50%以上。尽管那里的房价昂贵，但仍有不少巨贾富商不惜巨金，长时间地把几间客房包租下来。

二、酒店客史档案的功能

（一）有利于增强酒店的创新能力

酒店行业是服务型行业，所提供的产品必须适应自身客源市场不断变化的消费需求，通过客史档案的管理和应用，酒店能够及时掌握客人消费需求的变化，适时地调整服务项目，不断推陈出新，确保持续不断地向市场提供具有针对性、有吸引力的新产品，满足客人求新、求奇、求特色的消费需要。酒店产品体系的创新是酒店生命力所在，而客史档案的科学建立和运用是提升酒店创新能力的基础。

（二）有利于提升酒店的服务品质

酒店行业是好客工业（Hospitality），当今世界客人需求的个性化特征日趋明显，要求酒店适时跟进，为客人创造更加温馨、富有人情味的消费环境和空间。客史档案是酒店宾客关系管理（Guest Relation Management）系统和顾客忠诚（Customer Loyalty）系统的组合平台，一方面宾客关系管理系统的作用就在于通过对客户信息的深入分析，能够全面了解客人的爱好和个性化需要，开发出"量身定制"的产品，大大提高客人的满意度；另一方面，顾客忠诚系统的作用则体现在通过个性化服务和一系列酒店与客户间"一对一"的情感沟通，客人对酒店会产生信任感，会认为在这里消费比其他地方更可靠，更安全，更有尊严感，客人满意将升华为顾客忠诚，酒店服务的品质会得到客人进一步的认同。

（三）有利于提高酒店的经营效益

客史档案的科学运用将有助于酒店培养一大批忠诚顾客，一方面可以降低酒店开拓新市场的压力和投入；另一方面由于忠诚顾客对酒店产品、服务环境熟悉，具有信任感，因此他们的综合消费支出也就相应比新客户更高，而且客户忠诚度越高，保持忠诚的时间越长，酒店的效益也就越好。

（四）有利于提高酒店的工作效率

客史档案为酒店的经营决策和服务提供了翔实的基础材料，使得酒店的经营活动能够有的放矢，避免许多不必要的时间、精力、资金的浪费。由于对客户消费情况的熟悉，员工的服务准备更为轻松。良好客户关系的建立，也有助于酒店工作氛围的改善，员工的工作热情，主动精神将得到有效发挥，酒店整体的工作效率也将极大地提高。

（五）有利于塑造酒店的显性品牌

口碑效应是酒店品牌塑造的关键因素。忠诚客户一个显著的特点是会向社会、同事、亲戚朋友推荐酒店，义务宣传酒店的产品和优点，为酒店树立了良好的口碑，带来新的客源。根据客史档案划分、培育忠诚客户，可以为酒店创造更为重要的边际效应。

任务二　掌握客史档案的内容

一、常规档案

常规档案包括客人姓名、性别、年龄、出生日期、婚姻状况以及通信地址、电话号码、公司名称、头衔等，收集这些资料有助于了解目标市场的基本情况，了解"谁是我们的客人"。

二、预订档案

预订档案包括客人的订房方式、介绍人，订房的季节、月份和日期以及订房的类型等，掌握这些资料有助于酒店选择销售渠道，做好促销工作。

三、消费档案

消费档案包括包价类别、客人租用的房间、支付的房价、餐费以及在商品、娱乐等其他项目上的消费；客人的信用、账号；喜欢何种房间和酒店的哪些设施等，从而了解客人的消费水平、支付能力以及消费倾向、信用情况等。

四、习俗、爱好档案

这是客史档案中最重要的内容，包括客人旅行的目的、爱好、生活习惯，宗教信仰和禁忌。住店期间要求的额外服务。了解这些资料有助于为客人提供有针对性的"个性化"服务（Personalized Service）。

五、反馈意见档案

反馈意见档案包括客人在住店期间的意见、建议；表扬和赞誉；投诉及处理结果等。

根据以上内容，可设计客史档案卡如表9-1所示：

表9-1　客史档案卡（参考式样）

姓名：	性别：	国籍
出生日期及地点：		身份证号：
护照签发日期与地点：		护照号：
职业：		头衔：
工作单位：		
单位地址：		电话：
家庭地址：		电话：
其他：		

住店序号	住宿期间	房号	房租	消费累计	习俗爱好特殊要求	表扬、投诉及处理	预订信息（渠道、方式、介绍人）	信用及账号	备注

任务三　收集和管理客史档案

客史档案的建立必须得到酒店管理人员的重要支持，并将其纳入有关部门和人员的岗位职责之中，使之经常化、制度化、规范化。

一、客史档案资料的收集

及时、准确地收集和整理客史档案资料，是做好客史档案的管理工作的基础。这既要求酒店要有切实可行的信息收集方法，又要求前台和酒店其他对客服务部门的员工用心服务，善于捕捉有用信息。收集客史档案资料的主要途径如下。

（一）通过预订单、办理入住登记、退房结账等收集有关信息

客史档案的有关资料主要来自于客人的"订房单"、"住宿登记表"、"账单"等有关资料。有些信息从客人的证件和登记资料中无法获得，应从其他途径寻找，如索取客人的名片、与客人交谈等。

（二）大堂副理每天拜访客人

了解并记录客人的服务需求和对酒店的评价；接受并处理客人投诉，分析并记录投诉产生的原因、处理经过及客人对投诉处理结果的满意程度。

（三）认真记录客人的意见

客房、餐饮、康乐、营销等服务部门的全体员工主动与客人交流，对客人反映的意见、建议和特殊需求认真记录，并及时反馈。

此外，酒店有关部门及时收集客人在报刊、电台、电视台等媒体上发表的有关酒店服务与管理、声誉与形象等方面的评价。

二、客史档案的管理

酒店的客史档案管理工作一般由前厅部承担，而客史信息的收集工作要依赖于全酒店的各个服务部门。所以，做好这项工作必须依靠前厅部员工的努力，同时还有赖于酒店其他部门的大力支持和密切配合。客史档案的管理工作主要有以下几方面内容。

（一）分类管理

为了便于客史档案的管理和使用，应对客史档案进行分类整理。如按国别和地区划分，可分为国外客人、国内客人及港澳台客人；如按信誉程度划分，可分为信誉良好客人、信

誉较好客人、黑名单客人等。经过归类整理的客史档案是客史档案有效运行的基础和保证。

（二）有效运行

建立客史档案的目的，就是为了使其在有效运行中发挥作用，不断提高经营管理水平和服务质量。客人订房时，预订员可以了解其是否曾住过店。属重新订房的，可直接调用以往客史，打印客史档案卡，与订房资料一道存放，并按时传递给总台接待员；属首次订房的，应将常规资料和特殊要求录入电脑，并按时传递给总台接待员。总台接待员将次日抵店的客人档案卡取出，做好抵店前的准备工作。未经预订的常客抵店，总台接待员在客人填写登记表时，调出该客人的客史档案，以提供个性化服务。未经预订的客人第一次住店，总台接待员应将有关信息录入电脑。对涉及客房、餐饮、康乐、保卫、电话总机等部门服务要求的，要及时将信息传递到位。

（三）定期清理

为了充分发挥客史档案的作用，酒店应每年系统地对客史档案进行1～2次的检查和整理。检查资料的准确性，整理和删除过期的档案。对久未住店的客人档案予以整理前，最好给客人寄一份"召回书"，以唤回客人对曾住过酒店的美好回忆。

三、客史档案的管理和使用中的注意事项

（一）树立全店的档案意识

客史档案信息来源于日常的对客服务细节中，绝不是少数管理者在办公室内就能得到的资源，它需要酒店全体员工高度重视，在对客服务的同时有意识地去收集，因此酒店在日常管理、培训中应向员工不断灌输"以客户为中心"的经营理念，宣传客史档案的重要性，培养员工的档案意识，形成人人关注，人人参与收集客户信息的良好氛围。

（二）建立科学的客户信息制度

客户信息的收集、分析应成为酒店日常工作的重要内容，应在服务程序中将客户信息的收集、分析工作予以制度化、规范化。如可规定每月高层管理者最少应接触5位客人，中层管理者最少应接触15位客人了解客户的需求，普通员工每天应提供2条以上客史信息等。在日常服务中应给员工提示观察客人消费情况的要点，如客房部员工在整理客房时应留意客人枕头使用的个数、茶杯中茶叶的类别、电视停留的频道、空调调节的温度数、客房配备物品的利用情况等。餐饮部员工可注意客人菜品选择的种类、味别，酒水的品牌，遗留菜品的数量，就餐过程中对酱油、醋、咸菜等的要求等。从这些细节中能够捕捉到客人的许多消费信息。同时应以班组为单位建立客户信息分析会议制度，每个员工参与，根据自身观察到的情况，对客人的消费习惯、爱好作出评价，形成有用的客史档案。

（三）形成计算机化管理

随着酒店经营的发展，客史档案的数量将越来越多，如连续二十年被评为世界服务质量第一名的曼谷文华东方酒店（Mandarin Oriental Bangkok）中散客档案便达到二十多万份，同时随着客户生活情况的改变会发生变化，客史档案中的许多内容靠人工管理是非常困难的，因此客史档案的管理必须纳入酒店计算机管理系统中。

（四）利用客史档案开展经营服务的常规化

酒店营销部门、公关部门应根据客史档案所提供的资料，加强与VIP客户、回头客、长期协作单位之间的沟通和联系，使之成为一项日常性的常规工作，如通过经常性的回访、入住后征询意见、客户生日时赠送鲜花、节日期间邮寄一张贺卡、酒店主题活动、新产品

推出时邮寄宣传资料等方式都能拉近酒店与客户之间的关系，让客人感到亲切和尊重，客人的忠诚度也会得到极大的提高，这样客户即使偶尔对酒店的服务有意见。也不会轻易弃你而去。

总之，酒店客史档案的管理和应用是一项系统性工程，需要酒店高度重视，积极探索，形成科学完整的体系，以从客人日积月累的消费记录中进行各方面的分析，为管理者提供有利的决策依据，使之成为酒店经营决策的财富。

思考与训练

一、单项选择题

1.服务的英文单词是Service，根据所学内容，你认为单词中S的英文含义应该是_____。

A. See   B. Smile   C. Sand   D. Sun

2.处理投诉时，以下哪种行为是错误的_____。

A.真心诚意帮助客人解决问题   B.可以与客人发生争辩

C.自己不能处理的事，及时转交上级   D.不损害酒店的利益和形象

3.酒店中负责处理客人投诉的是_____。

A. FOM   B. GRS   C. AM   D. GM

4.研究表明：使一个客人满意，可以招揽8位客人上门，惹恼一个客人则会导致_____位客人从此不再光临。

A. 8   B. 16   C. 25   D. 50

5.下列有关客人投诉原因的说法中，错误的是_____。

A.客人投诉主要是由酒店方面引起的

B.服务过度热情也会造成客人投诉

C.有部分客人投诉是故意找茬

D.一些意外事件，如交通、天气、地震、台风等也会引发客人的投诉

6.关于投诉服务的说法正确的是_____。

A.投诉对酒店来说是件好事，能发现酒店存在的问题

B.酒店能做到零投诉

C.投诉会影响酒店形象，因此应避免投诉的产生

D.处理投诉时为了让客人满意可以在一定程度上损害酒店的利益

二、问答题

1.如何成为一名优秀的大堂副理？

2.如何正确理解客人？

3.谈谈对客沟通中有效沟通的技巧。

4.造成客人投诉的原因有哪些？

5.谈谈客人投诉的类型及应对措施。

6.如何正确认识客人投诉？

7.酒店中能做到零投诉吗？为什么？

8.如何正确处理客人投诉？

9.客史档案的意义和功能有哪些？

10.如何正确使用客史档案？

11.分析"双重"售房产生的原因以及AM处理方法和补救服务。

三、案例分析

1.一位客人在浴缸里洗完澡，起身时由于浴缸比较滑而导致客人摔倒，使得客人多处软组织挫伤。客房服务员请大堂副理前去解决。如果是你，应该怎样处理？

2.总台收银员在为一位客人办理退房手续时，接到客房查房结果：发现客人房间里一条毛巾有血渍，要求客人赔偿一条毛巾的费用。而客人则说是客房中新送的水果刀太锋利把他的手划破了，才使得他不小心将血滴到了毛巾上，说到赔偿，应该酒店赔偿他的人身损伤费。这时，作为大堂副理的你应该怎样解决？

3.一位客人前来投诉说昨下午外出回来时发现放在房间里的一台价值1万余元的手持摄像机不见了。你应该怎样处理？

四、实训项目

项目名称：客人投诉处理。

练习目的：通过训练，使学生能掌握客人投诉处理的程序和注意事项，并能根据投诉处理的程序熟练地解决客人投诉，与客人建立良好的客我关系。

实训内容：散客投诉处理程序。

测试考核：根据《前厅服务员国家职业标准》要求考核。

附录一
前厅英语专业术语及解释

1. Arrival time　客人到达酒店的时间。

2. Advanced deposit　预付定金。指客人在订房时所缴纳的定金。

3. Average room rate　平均房价。计算方法：客房总收入除以总住房数。

4. Adjoining room　相邻房，指相邻而不相通的房间，适于安排相互熟识的客人，不宜安排敌对或不同类型的客人。

5. Amenities　令人愉快的事物和环境，即为了改进和提高宾客的物质舒适程度，酒店向客人所提供的所有项目。

6. American Plan　美式计价方式，即酒店标出的客房价格包括一日三餐的费用在内，三餐基本上是定餐，菜单供应项目没有客人的额外付费。

7. Auto post　自动全面转账，即按电子计算机的一个按钮便可自动转入客人在一个部门的全部费用，如客房费用及商业税。

8. Block room　保留房，是酒店为已预订客房的客人和团队的留房。

9. Back-to- Back　当天结账离店而又在当天再次回来登记入住的客人。

10. Concierge　委托代办。

11. Connecting room　连通房，指相邻且相通的房间。适于安排关系密切及需互相照顾的客人，不宜安排敌对或不同类型的客人。

12. Coupon　客人已支付费用的住宿凭证。

13. Commercial rate　商务房价。指酒店为争取更多的客人而与一些公司签订合同，给予这些公司优惠的房间价格。

14. Confirmed reservation　确认类订房。

15. Cancellation　取消预订，指客人取消预订的要求。

16. Company rate　公司协议价。

17. Check-in　客人入住酒店办理登记手续的过程。

18. Check-out　指客人办理结账离店手续。

19. Complimentary（Comp）　免费房，免费向某一客人提供客房下榻或服务（通常是用于企业宣传答谢，或奖励客人来酒店下榻）。

20. Confirmation letter　确认函，即酒店寄给客人的通知单，书面通知客人有他（她）的预订细节。

21. Continental Breakfast　欧洲大陆式早餐，通常包括有饮料、面卷、奶油、果酱或是柑橘酱等。

22. Corporate rate　公司价格。

23. Credit card　信用卡，在这里，指的是旅游信用卡、银行卡以及由酒店或其他一些公司发的信用卡等。

24. Departure time　客人离开酒店的时间。

25. Day use　日用房，指客人要求租用客房半天，不过夜。一般租用时间为六小时以内，退房时间为下午六点钟以前，房价是全价的一半。

26. Double occupancy　两人占用房比例。客房同时有两位客人入住，称两人占用房，两人占用房在出租房中所占的比例，叫两人占用房比例。

27. DND　Do not disturb 的缩写，请勿打扰，客人避免外界打扰而出示的标志。

28. DDD　Domestic direct dial 的缩写，指直拨国内长途电话。

29. DNA　Did Not Arrive 的缩写，指没有到来的客人。

30. Due out　客人预期结账离店，但他还没有搬出房间或者是还没有付款结账。

31. Executive floor　行政楼层，酒店将一层或几层的客房相对划分出来，用以接待高级商务行政人员，这些楼层称为行政楼层。它设有自己的总台、收银处、餐厅、休息室等，为客人提供细致周到的服务，其房间也比一般客房豪华。

32. Emergency exit　紧急出口。酒店专门设置的，供酒店人员在发生火灾等紧急情况时逃生用的出口。

33. Early arrival　提前到达，指客人在预订时间之前到达。提前到达有两种情况：①是指在预订日期之前到达；②在酒店规定的入住时间之前到达。无论以上哪种情况，都要妥善安排好客人。

34. Early departure　客人在其原来计划离店日期或时间之前结账离店，即提前离店结账客人。

35. ETA　Estimated time of arrival 的缩写，指估计客人到达饭店的时间。

36. European Plan（EP）　欧式计价方式，价格中只含房费。

37. Front office　前厅部，指设在酒店前厅销售酒店产品，组织接待工作，调度业务经营和为客人住店提供一系列综合性服务的部门。

38. FIT　Free individual tourist 的简称，指散客。

39. Full house　房间客满。

40. Folio　客人费用账单，它是在客人登记入住之时便开始建立，然后用它来记录客人下榻期间各方面的费用，最后再转入客人费用账目。

41. Group　团体，指那些有组织地进行旅游活动的群体。

42. Guest history　客史档案。客人离店后，前台人员将客人的有关资料记录下来并加以保存；客史档案是酒店极富价值的资料，有利于对客提供针对性、个性化的服务以及开展市场调研，以巩固和稳定客源市场。

43. Guaranteed reservation　保证类订房。指客人通过使用信用卡、预付定金、订立合同等方法，来确保酒店应有的收入。酒店必须保证为这类客人提供所需的客房，它使双方建立起了一种更为牢靠的关系。

44. Hotel chain　旅馆连锁。拥有和经营两个以上旅馆的公司或系统。连锁旅馆使用统一名称、同样的标志，实行统一的经营。管理规范服务标准。

45. House credit limit　赊账限额。指酒店允许客人在酒店内消费赊账的最高数额。

46. House-use　酒店人员用房。酒店提供一部分房间给管理人员休息用，以便于工作。要控制好酒店人员用房的数量。

47. IDD　International direct dial 的缩写，指直拨国际长途电话。

48. ID（Identification）　证件（身份证）的缩写。

49. Job description　工作描述，即承担一项酒店具体工作所列明的职责。

50. Late check-out　逾时退房。

51. Lost-and-found　失物招领处。

52. Logbook　工作日记本。

53. Late arrival　即晚到客人。指持有事先预订客房的客人期望在酒店指定的终止时间晚些到达酒店，为此通知酒店。

54. Message　留言服务，它是一项酒店帮助客人传递口信的服务。

55. Master folio　总账户，两人或两间房以上发生的所有费用有一个特定账户来记录，结账时统一结算，此账户称总账户。

56. MOD　Manager-on-duty 的缩写，即值班经理。

57. Modified American Plan（MAP）　修正美式计价。

58. Night audit　夜间稽核，主要负责复核各营业点的营业收入报表、单据、客人房租是否正确，各类特殊价格的审批是否符合规定，发现错误应立即更改，以保证酒店营业收入账目的准确。

59. Net rate　净房价，指房价中除去佣金、税收、附加费等剩下的纯房间收入。

60. No-show　没有预先通知取消又无预期抵达的订房。

61. On-Change　需要马上整理的房间，即客人已经退房，但还没有整理，使其整洁、舒适以便再次出租。

62. Overbooking　超额预订。

63. Out of order（OOO）　坏房，指那些由于需要维修而不能出租的房间。

64. Overstay　客人延长原定在酒店的住宿时间。

65. Pre-assignment　预先分房。指客人抵达前预先安排所需要的房间。

66. Pick-up service　接车服务，酒店派人或车到车站、机场、码头把客人接回酒店。

67. Package　包价服务，指酒店将几个项目组成一个整体，一次性出售给客人。

68. Pre-registration　预先登记，在客人到达前，根据客人历史资料帮客人填好登记表。

69. Register　入住登记，指要入住酒店的客人需要办理手续，如填写登记表等。登记的意义在于可以确保客人身份的真实性，便于查询、联络和沟通；登记的内容包括客人的姓名、出生年月、国籍、证件号码、签发机关、有效期等。

70. Rack rate　门市价格，是指客人直接在酒店购买客房商品的价格。

71. Rooming list　团体名单，它作为旅行团预订和入住登记时分房之用。

72. Room status　房间状态。一般房间状态分为住房已清洁、住房未清洁、空房已清洁、维修房等。

73. Room type　房间种类。常见的房间种类有单人房、双人房、三人房、标准房、豪华房、套房、连通房和公寓等。不同种类的房间适于不同种类的客人。

74. Room change　为客人转换房间。客人转房的两种主要原因是客人休息受到影响及房间设备出现问题。转房的手续是：叫行李员拿新的房间钥匙及欢迎卡到客人的房间换旧的房匙及欢迎卡，请客人在新的欢迎卡上签名。最后通知相关部门，更改有关资料。

75. Rollaway bed 折叠床，又叫"加床"。

76. Registration form 入住登记表。即客人入住登记时需要填写的表格，包括客人姓名、住址、企业关系以及其他方面信息等。

77. Run of the house 用来指酒店与某一团队客人签订的协议，即酒店按着具体的客房出租价格向团队成员提供最好的客房下榻。

78. Settlement 付账或清账。将赊欠酒店的款项付清或签报。付账的方式有现金、信用卡、支票、报账等。

79. Sleep-out 简称"外宿"，指宾客在店外住宿。

80. Skipper 故意逃账者。其特征是：无行李或少量行李者，使用假信用卡或假支票等。对于无行李或少量行李者都要留意其消费情况，使用假信用卡或假支票者，要收取其消费保证金。

81. Sleeper "沉睡者"，这里是指实际上的空房而房态架上仍然标志是占用的。

82. Shut off date 留房截止日期。指为客人留房的最后期限，如过期酒店自动取消其预订。

83. Safe Deposit Boxes 贵重物品储存保险箱，即客人将自己贵重物品在总服务台办理免费储存。

84. Share（room） 两位客人同时分享一个标准间，即两位客人下榻在同一房间，各用自己的名字分别进行结账。

85. Shoulder period 旅游平季，在旅游旺季和淡季之间的季节，房间价格可以略低以便加强宣传广告吸引较多的客人前来下榻。

86. SOP（Standard operating Procedure） 标准操作程序。

87. Stay-over 在酒店下榻过夜的客人。

88. Studio（Executive room） 工作室或行政办公室；室内设有一个长沙发，它可以转变成床。

89. Tariff 价目表，是一种向客人提供酒店的房间类型及房间价格等信息的资料。

90. Tips 小费，指客人为感谢服务员所提供的服务而给予的赏金。应按酒店规定处理小费。

91. Turn-away 谢绝客人入住，即没有多余的房间再向客人提供，因此谢绝客人预订客房或是谢绝前来入住。

92. Up-selling 根据客人特点，推销更高价格的客房。

93. Upgrade 将高价格种类的房间按低价格的出售。用途：用于房间紧张时，给有预订的客人；提高接待规格给重要客人。

94. Under stay 客人提前退房离店，即客人比其原定计划的日期提前离店结账。

95. VIP very important person的缩写，是重要客人之意。

96. Voucher 付款凭证。（1）指酒店一线服务经营部门所使用的一种表格，用此单来通知前厅部在这里的客人费用，前厅部人员收到此项费用通知单后便转达记到客人费用账单和有效客人费用付款凭证上；（2）同时也是指旅游代理商向他们代办的旅游者提供的预先登记付款收据（凭证）。

97. Walk-in 简称"无预订散客"，指没有预先订房而前来入住的客人。

98. Waiting list 等候名单，当酒店房间已满，仍有客人要求订房或入住，可作等候名单。不管以上哪一种情况，都要妥善安排客人。

99. Wake-up call 叫醒服务。

附录二
前厅部常见英语词汇汇总

Executive Office	行政办公室
Human Resources Dept.	人力资源部
Front Office Dept.	前厅部
Housekeeping Dept.	管家部
Room Division	客务部
Food & Beverage Dept.	餐饮部
Recreational Dept.	康乐部
Financial Dept.	财务部
Sales & Marketing Dept.	市场营销部
Security Dept.	保安部
Purchasing Dept.	采购部
Public Relation Dept.	公关部
Engineering Dept.	工程部
Shopping Arcade	商场部
Expatriate General Manager	外方总经理
Deputy General Manager	副总经理
Finance Controller	财务总监
Director of Sales & Marketing	市场销售总监
Director of Rooms Division	客务总监
Department Manager	部门经理
Division Manager	部门经理
Section Manager	部门经理
Assistant Manager	大堂副理
Manager on Duty	值班经理
Guest Relation Officer	宾客关系主任
Supervisor	主管
Captain	领班
Executive Chef	行政总厨

Manager's Office	经理室
Lobby/Hall	大堂
Corridor	走廊
Lounge	休息室
Reservation Desk	预订处
Concierge	委托代办
Reception Desk	接待处
Inquiry Desk	问讯处
Business Centre	商务中心
Telephone Switchboard	电话总机
Casher's Desk	收银处
Foreign Exchange Service	外币兑换处
Traveler's Check	旅行支票
Hong Kong Dollar	美元
Pound Sterling	英镑
French France	法郎
Japanese Yen	日元
Australian Dollar	澳大利亚元
Canadian Dollar	加拿大元
Single Room	单人间
Double Room	双人间
Standard Room	标准间
Suite	套房
Presidential Suite	总统套房
Sitting Room	客厅
Complain	投诉
Overbooking	超额预订
Luggage/Baggage	行李
Visa	签证
Passport	护照
Signature	签名
Identification Card	身份证
Single Ticket	单程票
Return Ticket	往返票
Mini-Bar	小酒吧
Laundry Service	洗衣服务
Room Service	送餐服务

附录三
2014年度全球酒店集团排行榜（前十名）

排名		集团名称	总部	酒店数		客房数	
2014年	2013年			2014年	2013年	2014年	2013年
1	2	Hilton Worldwide 希尔顿国际	美国	4322	4115	715062	678630
2	3	Marriott International 万豪国际集团	美国	4175	3916	714675	675623
3	1	InterContinental Hotels Group（IHG） 洲际酒店集团	英国	4840	4653	710395	679050
4	4	Wyndham Hotel Group 温德姆酒店集团	美国	7645	7485	660826	645423
5	5	Choice Hotels International 精品国际饭店公司	美国	6300	6340	500000	506058
6	6	Accor Hotels 雅高集团	法国	3717	3576	482296	461719
7	12	Plateno Hotels Group 铂涛酒店	中国	3023	1726	442490	166446
8	7	Starwood Hotels & Resorts Worldwide 喜达屋全球酒店与度假村集团	美国	1222	1175	354225	346819
9	10	Shanghai Jin Jiang International Hotel Group Co. 上海锦江国际酒店集团	中国	2910	1566	352538	235461
10	8	Best Western International 最佳西方	美国	3931	4079	303522	317838

资料来源：MKG酒店数据库，2015年9月。

参考文献

References

［1］黄志刚.前厅服务与管理.北京：北京大学出版社，2012.

［2］吴玲.前厅运行与管理.上海：上海交通大学出版社，2014.

［3］周丽.旅游饭店前厅服务与管理.北京：对外经济贸易大学出版社，2008.

［4］李俊.酒店前厅经营与管理.北京：北京大学出版社，2013.

［5］姚蕾.前厅服务与管理.北京：清华大学出版社，2011.

［6］王秀红.前厅客房服务与管理.北京：北京理工大学出版社，2014.

［7］蔡万坤.前厅与客房管理.北京：北京大学出版社，2014.

［8］王苗，王诺斯.酒店前厅客房管理实训教程.北京：中国铁道出版社，2014.

［9］王培来.酒店前厅运行管理实务.北京：中国旅游出版社，2013.

［10］苏北春.前厅客房工作实务.北京：人民邮电出版社，2014.

［11］张青云.前厅客房服务与管理.北京：北京大学出版社，2013.

［12］职业餐饮网.http://www.canyin168.com.

［13］最佳东方国际酒店网.http://www.veryeast.cn.

［14］中国旅游网.http://www.china.travel.

［15］中国旅游饭店网.http://ctha.com.cn.

［16］中国酒店网.http://www.china-hotel.com.cn.

［17］携程网.http://hotels.ctrip.com.

［18］中国酒店招聘网.http://www.hoteljob.cn/.